KB212520

양의 큰 목자이신

우리 주 예수 그리스도께서

귀하게 사용하시는

아름다운 일꾼 되시길 기도하면서

사랑하는   님께 드립니다.

하나님의 집에 아름다운 일꾼

지은이 : 최정성 · 윤정한
펴낸이 : 이규종
펴낸곳 : 엘맨출판사
초판1쇄 인쇄 : 2019. 9. 30

서울 마포구 토정로222, 422-3
출판등록 제10-1562(1985. 10. 29)
Tel. 02-323-4060
Fax. 02-323-6416
이메일 elman1985@hanmail.net
홈페이지 www.elman.kr

저자와 협의하여 인지를 생략함.

하나님의
집에
아름다운
일꾼들

장로, 집사, 권사 필독서

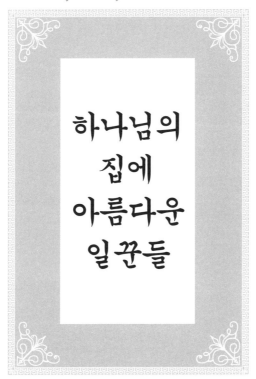

하나님의
집에
아름다운
일꾼들

최정성 · 윤정한 함께 지음

엘맨

책을 내면서

　교회는 하나님의 구원활동의 무대입니다. 하나님은 그리스도 예수를 통하여 우리의 죄악을 용서하시고, 구원하여 주시고, 다시 우리로 하여금 우리의 이웃에게 그리스도의 십자가를 전하라고 하십니다. 많은 사람들 가운데서 우리를 하나씩 부르시고, 이제 각각 소속한 교회에서 그 귀중한 사명을 다하도록 직분을 주셨습니다. 그 중에서도 장로와 집사, 그리고 권사는 교회의 기둥이요 아름다운 사명자들입니다.

　본서는 부족한 종이 그 동안 짧은 목회생활과 교회와 대학 강단에서 후학들을 가르치면서 항상 생각하던, 그리고 바라는 바 아름다운 교회의 모습을 생각하면서 장로, 집사, 권사 그리고 교회에서 직분을 처음 맡으시는 분들이 읽고 참고하셨으면 하는 바람으로 서툰 붓을 옮겨 보았습니다.

2021년 초겨울에 저자

차 례

제 1 장 하나님의 집을 이루는 기초

부록 회의와 의사결정

하나님의
집을 이루는
기초

1. 교회의 의미

사람들은 교회를 교인들이 모이는 건물로 생각하는가 하면, 또 어떤 이들은 교회를 교파 또는 교단의 하나라고 생각합니다. 그러나 교회에 대한 성경적 의미는 그리스도 안에서 예배하고 기도하며, 하나님의 말씀을 공부하고, 또 예식(성만찬)을 지키기 위해 모인 신자들의 무리로서, 영적 공동체가 되는 것을 의미합니다.

교회란 헬라어로 '에클레시아' (ἐκκλησία)라고 하는데(행 19:32), 이 단어의 원래 의미는 '성령에 의해서 소집된 회중'을 의미합니다. 이것이 신약성경에 쓰이면서 '종교적인 목적으로 하나님 앞에 모인 이스라엘 회중'을 뜻합니다. 따라서 교회란 말의 의미는 '살아 계신 하나님께서 메시아이신 예수님을 중심으로 모으신 회중'을 가리키는 말로 사용됩니다.

그러므로 교회는 하나님을 예배하기 위하여 부르심을 받아 모인 사람들의 모임을 의미하며, 하나님의 영적인 가족으로서, 그리스도 예수 안에서 하나님께서 행하신 위대한 일을 증거함으로 인하여 성령에 의해서 이루어진 그리스도인의 모임입니다.

또한 교회는 제도적인 실체가 아닙니다. 교회의 모든 구성원들은 그리스도에게 속해 있으며, 초자연적인 혈연관계로 얽혀 있는 초자연적인 실체입니다. 교회의 구성원들은 그리스도로부터 부여받은 모든 은사와 성령의 능력에 의해서 그리스도의 사역을 지속시키고 있으며, 하나님 나라의 완성이라는 궁극적인 목표를 향하여 협력하고 있습니다.

하나님께서는 자기의 독생자를 죄인들의 구세주와 메시아로 택하셨습니다. 그리고 그 아들 안에서 자기 백성들을 선택하시고 부르십니다. 이부르심에는 족장들, 고대 이스라엘의 회중, 예수님과 그의 제자들, 예수님의 부활을 목격한 초기 기독교인들, 그리고 현재의 모든 기독교 교회가 포함됩니다. 따라서 구약시대는 오실 메시아에 대한 약속의 시대요, 신약시대는 오신 그리스도로 말미암은 구원의 성취의 시대였습니다. 다시 말하면, 구원은 오실 메시아를 바라봄으로써, 그리고 오신 메시아를 바라봄으로써 이루어지는 역사입니다. 그러므로 구원은 구약시대나 신약시대나 오늘날 현대사회에서도 모두 예수 그리스도를 통하여 이루어지는 하나님의 사역인 것입니다.

그리고 교회는 가시적 교회와 불가시적 교회로 구분합니다. 신앙고백, 교회의 조직과 행정, 복음 사역 등 눈으로 식별될 수 있는 요소를 갖춘 교회를 가시적 교회라고 하며, 진정한 의미에서 구원에 동참할 수 있는 자격을 갖춘 자들로 구성된 교회 곧 영적인 신앙공동체를 불가시적 교회라고 합니다.

1) 하나님께서 세우신 집

하나님께서 교회를 세우신 것은 초자연적인 사역입니다. 즉 구약 성경이나 신약 성경을 볼 때, 하나님께서 교회를 세우셨다는 것은 인간이 만든 신화가 아니라 하나님께서 이루신 분명한 역사적 사실입니다. 즉 하나님께서는 고대 이스라엘에게 교회의 설립을 약속하셨을 뿐만 아니라, 그 약속에 따라서 교회를 완성하신 것입니다(마 16:17-18: 11:25-30).

신약 성경에는 교회가 '하나님의 집, 포도원, 전', 그리고 '하나님의 감람나무, 하나님의 성, 하나님의 백성' 등으로 언급되어 있습니다. 그리고 교회의 사역자들은 하나님께로부터(고전 12:28), 승천하신 그리스도께로부터(엡 4:11), 성령께로부터(행 20:28) 은사를 받은 자들로 묘사되어 있습니다. 따라서 교회는 그리스도가 메시아이심을 인정하고, 하나님께서 예수님 안에서 능력 있게 역사하심을 인정함으로써 그리스도 안에서 서로 교제하는 하나님의 백성들이며, 하나님께서 이루신 거룩하신 모임으로 볼 수 있습니다.

2) 구원받은 백성들의 모임

교회란 거듭난 성도들이 모인 그 모임을 하나님의 성전이라고 말씀하고 계십니다. "너희는 너희가 하나님의 성전인 것과 하나님의 영께서 너희 안에 거하시는 것을 알지 못하느냐? 누구든지 하나님의 성전을 더럽히면 하나님께서 그를 멸하시리니 이는 하나님의 성전이 거룩하며 너희가 곧 그 성전이기 때문이라"(고전 3:16-17).

출애굽 사건은 하나님께서 택하신 백성을 타락한 세상(애굽)으로부터 시내산이라는 곳으로 불러내어서 자신을 섬기게 하시는 것입니다. 이것이 곧 교회란 단어 '에클레시아' (ἐκκλησία)가 의미하는 '세상으로부터 불러내어 모인 모임' 이란 것입니다. 곧 타락한 세상에서 복음으로 구원받고 세상과 구별되어 함께 모여 하나님을 찬양하고 경배 드리며, 하나님의 사역을 감당하는 모임인 것입니다. 그러므로 교회의 구성원인 교인을 성도(聖徒)라고 하며, 성도는 구원의 확신을 가지며, 교회의 사명을 감당하는 자들을 의미합니다.

사도행전에서 교회가 처음 세워질 때, 베드로는 이스라엘 백성들에게 확실한 복음의 메시지를 선포하였습니다. 그 때 백성들은 자신들의 죄를 깨닫고 어떻게 해야 구원을 받을 수 있느냐고 베드로에게 물었을 때 베드로는 분명히 말하기를, "회개하고 주 예수 그리스도의 이름으로 세례를 받고 성령을 선물로 받으라"고 하였습니다. 바울은 교회의 회원이 되기 위해서 "이는 우리가 유대인이나 이방인이나 매인 자나 모두 한 성령에 의하여 세례를 받아 한 몸 안으로 들어왔음이요, 곧 한 성령에 의하여 마시게 되어 한 성령 안으로 들어왔음이라"(고전 12:13)고 말하고 있습니다.

교회는 확실한 거듭남의 증거가 없이는 결코 성립하지 않습니다. 교회는 말씀과 성령으로 거듭난 하나님의 자녀들이 모여서 그리스도의 몸의 지체로서 연합되어서 세워지는 것입니다. 그러므로 교회는 교인들이 모인 숫자적인 의미가 중요한 것이 아니라, 거듭난 하나님의 자녀들이 다 함께 모여서 주를 경배하는 곳입니다.

3) 하나님을 예배하는 모임

교회는 결코 사람들이 모인 장소가 아닙니다. 교회는 그리스도께서 십자가에서 흘리신 피의 댓가를 지불하고 세우신 것입니다. 그러므로 우리가 모인 것은 하나님의 크신 구원의 은혜에 대하여 찬양과 경배와 영광을 돌리고, 하나님의 뜻을 이루기 위해서 모인 것입니다.

우리가 흔히 말하는 보이는 교회는 구원 받은 성도들이 함께 모인 곳으로서의 집이란 장소입니다. 집은 교회가 될 수가 없습니다. 단지 교회가 모일 장소를 제공하는 것일 뿐입니다. 오직 거듭난 무리들이 모이는 장소가 교회이며, 그 장소가 건물이든, 초막이든, 사막이든, 들판이든 세상으로부터 거룩하게 구별된 무리들이 모인 장소에 지나지 않습니다.

"아시아의 교회들이 너희에게 문안하고 아굴라와 브리스길라가 자기 집에 있는 교회와 함께 주 안에서 너희에게 많이 문안하느니라."(고전 16:19)고 하였습니다. 여기서 "아굴라와 브리스길라의 집에 있는 교회"라고 말씀하고 있는데, 이것은 곧 그 집에 거듭난 무리들이 모였다는 의미이지, 그 집이 곧 교회라고 하는 것이 아닙니다.

예수 그리스도는 새로운 하나님을 계시하신 것이 아니라 새로운 예배 방법을 제시하셨습니다. 구약시대에는 '이스라엘의 온 회중'(신 31:30)이 율법의 말씀을 듣고(신 4:10: 행 7:38), 유월절 양으로 희생을 드렸으며 (출 12장), 하나님께서는 그 회중을 애굽에서 구속하셨고(출 15:13, 16: 시 77:15: 행 20:28), 그 회중과 함께 시내산에서 언약을 세우셨으며(출 33장-35장), 회중의 죄를 위하여 속죄의 희생을 준비하셨습니다(레 4, 6장).

그리고 하나님께서 하나님 자신을 찬양하기 위한 거룩한 백성이 되게 하신 것도 역시 이스라엘의 온 회중이었습니다(출 19:6: 호 2:23: 시 22:22: 히 2:12: 벧전 2:9-10).

따라서 교회는 거듭난 무리들이 모인 장소이며, 그 장소는 구약에서 하나님께서 임하였던 성전과 동일시됩니다. 그리고 거듭난 성도의 모임은 거룩하다는 것을 우리는 성경을 통해서 확실하게 알 수가 있습니다. 다만 건물은 성도들이 모여서 하나님께 경배하며, 성도가 서로 교통하며 효율적으로 하나님의 사역을 이루기 위하여 필요한 공간입니다.

4) 하나님의 구원활동의 장소

이 땅의 목회자들과 성도들은 크고 화려하고 웅장한 건축물과 수많은 교인들이 모이는 교회를 꿈꿉니다. 교회는 거룩한 하나의 공동체(Holy Catholic Church)입니다. 그것은 하나의 거대한 오늘 우리들이 말하는 대형화 교회를 가리키는 것이 아니라, 구원받은 모든 성도들의 전체를 가리키는 의미입니다. 대형교회를 만들려고 노력할 것이 아니라, 초대교회와 같이 흩어져 전도하며 지역마다 교회를 세우는 일이 곧 복음전도입니다.

부활하신 주님께서는 이 교회 안에서 인간들을 만나시고, 창조주께 반역한 인간들을 변화시켜서 하나님 아버지의 자녀가 되게 하시며, 대적하는 자들과 화해를 원하십니다. 하나님께서는 전도의 미련한 것을 통하여 믿는 자들을 구원하시기를 기뻐하십니다(고전 1:21). 그리고 복음은 우리를 구원하시고 우리를 믿게 하신 하나님의 능력입니다(롬 1:16: 15:16-17:

딤후 1:8).

사도행전을 보면 하루에도 3,000명이나 되는 새신자가 생겼고, 수많은 무리들이 회개하는 역사가 일어났습니다. 그러나 그곳에는 결코 거대한 교회 건물은 존재하지 않았습니다. 오로지 "성령을 받으면 사마리아와 유대와 예루살렘, 그리고 땅 끝까지 이르러 내 증인이 되리라"는 말씀을 믿고 실천한 것뿐이었습니다. 그러므로 교회는 건축물에 가두어져 있는 것이 아니라 날마다 확장되어 가는 것입니다.

5) 그리스도의 몸

교회는 왕이신 메시아와 하나님의 백성은 연합하여 한 몸을 이룹니다. 큰 교회와 작은 교회들이 모여서 전체 교회가 되는 것이 아니고, 전체 교회가 작은 모임들로 나누어지는 것도 아닙니다. 어떠한 크기든지 일단 성도들이 모이면 그곳에 교회가 존재하며, 그것은 또한 전체로서의 완전한 교회인 것입니다.

'하나님의 교회'나 '그리스도 안에 있는 교회'란 말은 "그리스도 예수 안에 있는 하나님의 교회들"(살전 2:14)이라는 말로써 완전히 표현됩니다. 이 말 속에는 교회란 하나님이나 예수 그리스도와 관련되어 있는 것이 그 중요한 특징이라는 의미가 포함되어 있습니다.

우리는 예수님께서 승천하신 후, 성령께서 임하시자 성령으로 세례를 받아서 그리스도와 한 몸을 이루게 되었고, 그리스도의 몸 안에서 각각 특별한 기능을 갖게 되었습니다. 교회는 그리스도의 몸이기 때문에 그리스도는 바로 교회라고 말할 수도 있습니다. 그리스도는 교회의 머리이시고, 교회는 그의 몸이기 때문에 그리스도는 또한 교회와 구별되기도 하십니다. 그러므로 교회의 생명과 거룩함과 통일성은 바로 그리스도 안에 존재하며, 나아가 교회는 신랑 되신 그리스도를 기다리고 있는 신부이기도 합니다(막 2:19-20; 고후 11:2; 롬 7:1-6; 계 19-21장).

2. 교회의 성격과 특성

1) 교회의 성격

(1) 사도성

신약적 의미에서의 교회는 사도들에 의해서 세워졌습니다. 예수께서 부활, 승천하신 후, 그가 우리의 죄 때문에 돌아가신 우리의 구세주시라 는 사실을 증거한 예수님의 제자들에 의해서 예루살렘 교회와 안디옥 교 회가 생겨나고, 이후 사도 바울의 선교에 의해서 교회가 소아시아와 로마 그리고 전세계로 퍼져나가게 된 것입니다. 예수께서는 베드로의 "주는 그 리스도시요 살아계신 하나님의 아들이시라"(마 16:16)는 신앙고백 위에 그의 교회를 세우시겠다고 하셨습니다.

(2) 유일성

포도나무 가지가 각기 여러 방향으로 뻗어 있지만, 그 모든 가지는 한 뿌리에서 나온 것처럼 교회는 전 세계에 흩어져 있지만, 예수 그리스도라는 한 뿌리에서 나온 것이기 때문에 모든 교회는 하나입니다. 이 하나 된 교회의 머리는 예수 그리스도이시고 교회는 그의 몸입니다. 그러므로 모든 사람들은 그 몸의 지체로 한 형제이고 자매입니다.

(3) 거룩성

교회는 하나님의 택하신 백성들의 모임이며, 이것을 하나님은 거룩하다고 하셨습니다(고전 3:17). 그러므로 교회는 세상과는 구별된 모습을 가집니다. 그리고 모든 사람들 자신은 하나님을 모신 성전입니다. 하나님은 교회가 그분의 거룩한 특성을 나타내도록 계획하셨고, 사람들을 구원하시고, 그들로 거룩한 삶을 살며, 그분의 특성과 길을 나타내도록 사람들을 부르셨습니다.

(4) 비차별성

교회 안에는 계급, 인종, 빈부, 지역감정이 존재하지 않습니다. 교회는 단지 죄인 된 모든 사람들이 죄를 고백하고 하나님을 예배하는 곳입니다. 그러므로 이 세상의 모든 사람은 누구나 다 그리스도인이 될 수 있고, 누구나 다 하나님의 백성이 될 수 있습니다.

2) 교회의 특성

(1) 하나님의 주권이 있음

예수 그리스도의 복음은 하나님의 주권과 하나님의 통치가 이루어지는 하나님의 나라입니다. 즉 오직 하나님만이 만물의 통치자입니다. 그러므로 어떤 인간도 인간 위에서 호령하고, 부리고, 억눌러서는 안 됩니다. 하나님의 통치 아래서 모든 그리스도인들은 형제와 자매입니다. 그러므로 예수님의 말씀대로 "만약 높은 자가 되려거든 낮은 자가 되어 섬기는 자"(마 20:25-28)가 되어야 합니다. 그리고 섬김의 정신, 섬김으로부터 나오는 권위가 교회 직무의 본질이어야 합니다.

초대교회는 예수 그리스도가 세상과 교회의 주님이 되신다는 고백 속에서 예수의 하나님 나라 선포를 새롭게 이해하고 받아들였습니다. 예수님이 만인을 통치하십니다. 그러나 그의 통치는 권력이나 힘으로써가 아니라 희생, 용서, 부활의 능력, 성령의 임재를 통해서 이루어집니다. 그래서 초대교회에서 나타난 최초의 직무인 집사(디아코니아: $\delta\iota\alpha\kappa\sigma\nu\iota\alpha$)는 아주 세상적인 용어(식탁에서 주인을 섬기는 자)로부터 가져왔습니다. '디아코니아'에는 그 어떤 권한, 특권, 계급의식, 명예도 없습니다. 초대교회의 최초의 직무는 이처럼 '낮아지는 봉사'의 특징을 갖고 있습니다. 이것은 예수 그리스도의 정신과 일치합니다.

(2) 생명(은사)이 있음

교회의 봉사와 기능을 포괄적으로 표현하는 개념은 '카리스마'(은사:

$\chi\alpha\rho\iota\sigma\mu\alpha$)입니다. 또한 "하나님의 은사는 우리 주 예수 그리스도 안에 있는 영생이니라"(롬 6:23)고 하였습니다. 즉 영생은 다른 여러 은사들 중의 한 은사가 아니라 우리 주 예수 그리스도 안에 있는 유일한 종말론적인 은사입니다. 그리스도는 생명, 은혜, 영 그 자체이고, 우리의 주님이 되십니다. 그러므로 은사를 가진다는 것은 곧 생명, 은혜와 그리고 성령에 참여한다는 것을 말합니다.

교회의 모든 지체들은 각각 자신의 은사를 가지고 있습니다. 이 은사는 크게 세 가지 종류로 구분할 수 있습니다.

첫째, '선포'의 은사로서 사도, 예언자, 전도자, 교사, 권고자 등이며, 그 밖에도 영감, 환상도 선포의 은사로 간주될 수 있습니다.

둘째, '봉사'의 은사로서 신유, 악귀 추방 등이 있습니다.

셋째, '치리'의 은사로서 장로와 감독 등이 있습니다. 그러므로 그리스도의 부름을 받은 자들은 모두 은혜의 분량대로 은사를 가지고 있습니다(롬 12:3: 고전 7:7). 모든 은사들은 교회의 머리인 예수 그리스도에게 순종하여, 그리스도 안에서 한 몸이 됩니다.

그리스도의 생명과 은혜, 그리고 성령에 참여하는 것은 봉사입니다. 봉사는 은사가 현실로 드러나는 것이며, 이 참여로 인하여 이 땅에 생명이 전파되는 것입니다.

(3) 기능을 가지고 있음

교회의 조직에도 지위가 있습니다. 그러나 그것은 지위를 강조하는 것이 아니라 기능을 강조하는 것입니다. 즉 장로가 집사보다 높고, 집사가 평신도의 지위보다 높다는 것이 아니라 각각의 중요한 기능을 한다고 하여야 합니다. 만약 장로의 기능이 떨어진다면 그 교회의 손실은 매우 크다고 할 수 있습니다. 장로의 기능이 교회 안에서 매우 중요하므로 우리는 장로를 존중해야 합니다. 그러므로 교회에서 직분을 세울 때에는 교회 안에서 어떤 위치이며, 어떤 역할을 감당하는가를 고려해야 합니다.

은사가 없는 사람이 기능을 가지기가 쉽지 않지만, 은사가 있다고 반드시 기능을 가지고 있는 것은 아닙니다. 기능은 은사를 초월하며, 은사보다 많은 것들을 포함하고 있습니다. 기능은 사람의 성격과 관계가 있기 때문에, 좋은 성격을 가지고 은사를 받았을 때 훌륭한 기능을 하게 되는 것입니다. 우리가 받은 은사가 매우 뛰어나다 할지라도, 게으르고 무책임하며, 꾸준함과 인내심이 없고 일을 대충대충 처리하는 성격을 가졌다면 훌륭한 일꾼이 될 수 없습니다. 즉 기능은 은사를 포함하지만 은사는 결코 기능을 포함하지 않습니다. 기능은 은사에 어떤 것이 더하여진 것으로, 사람됨에 은사를 더할 때 비로소 기능을 가지게 됩니다.

(4) 사역을 가지고 있음

교회의 조직은 반드시 생명이 있어야 할 뿐만 아니라 하나님의 주권을 가지고 있어야 하고, 기능을 가지고 있어야 할 뿐만 아니라 반드시 사역을 가지고 있어야 합니다. 그리스도의 몸에 있는 모든 지체들은 다 그들의 사역을 가지고 있습니다. 작은 지체라 할지라도 그의 사역과 기능을 가지고 있습니다. 우리가 사역과 기능을 나누기란 매우 어려우나 이 둘은 분명한 차이가 있습니다. 기능은 일반적인 것이고, 사역은 좀 더 전문적인 것이며, 기능은 어떤 기술을 의미한다면, 사역은 그 기술을 가지고 활용하는 것을 의미합니다. 그러므로 사역을 가지고 있는 사람은 당연히 기능을 가지고 있습니다. 따라서 사역은 직분이라는 말로 표현할 수 있습니다(롬 11:13, 고후 4:1).

교회 안에서 대부분의 개개인은 모두 각각의 기능을 가지고 있으나, 일부분의 사람들은 그들의 특별히 사역 곧 직분을 가지고 있습니다. 사도, 예언자, 복음 전하는 자, 교사들(엡 4:11)은 모두 사역을 가지고 있는 것입니다. 그러므로 사역은 은사와 기능을 갖춘 자에게 주어지는 사명입니다.

3. 교회의 임무

1) 하나님께 대하여

(1) 예배

하나님에 의해 창조된 인간은 하나님을 향하도록 창조되었습니다. 하나님을 향하는 것은 인간다운 본질입니다. 왜냐하면 하나님은 자신과 사귐을 나누고 자신의 영광을 드러내기 위한 목적으로 인간을 창조하였기 때문이며, 인간도 하나님과의 사귐 안에서 참 기쁨과 평화, 소망과 영생을 누릴 수 있기 때문입니다. 그래서 인간은 하나님의 거룩한 임재(臨在)를 경험하기 위하여 하나님 앞으로 나아갑니다.

예배는 예수 그리스도를 통하여 하나님과의 교제 혹 만남이라고 합니다. 그러므로 교회의 예배는 살아 계신 하나님과의 인격적 교제를 가지며, 마음과 뜻과 힘을 다해 신령과 진정으로 드려야 합니다. 예배는 하나님께서 예수 그리스도를 통하여 우리를 구원해 주신 것을 감사하며, 몸과 뜻과 정성을 다하여 하나님을 높이는 것입니다(롬 12:1).

우리의 예배는 아버지이신 하나님과 아들이신 예수 그리스도와 성령이신 하나님, 즉 삼위일체가 되시는 하나님께 드리는 것입니다. 그러므로 예배는 인간 중심적 생활을 하나님 중심적 생활로 고치는 행위이며, 세상에서 더러워진 심령을 깨끗이 하는 동시에 신령한 힘을 하나님께로부터 받는 시간입니다.

(2) 찬양

하나님을 경배하고 하나님에게 영광을 돌리는 주된 통로는 찬양입니다. 비록 그리스도인들도 세상 사람들과 같이 각양 무거운 짐을 지고 살지만, 그들과는 달리 거룩하신 하나님 앞에서 감사하고 기뻐하는 무리가 됩니다. 왜냐하면 하나님은 우리의 모든 짐을 지기 때문이요 만사를 통하여 그의 거룩한 뜻을 이루기 때문입니다. 무엇보다도 그리스도인들은 통회하는 마음과 기쁜 찬양을 통해서만, 하나님 앞에 가까이 나아갈 수 있기 때문입니다.

마음으로 하나님을 찬양할 수 있는 자에게는 하나님의 은혜의 기적들이 무한히 열립니다. 그리고 찬양할 때 세상에서 상한 마음과 몸이 치유됩니다. 아울러 찬양을 통하여 모든 피조물들은 다함께 하나님의 영광에 참여하기 때문에, 인간들 간의 깨어진 관계만이 아니라 자연과의 어긋난 관계도 회복됩니다. 그리고 찬양 속에서 천국의 비밀이 나타납니다. 천국은 사랑과 예배와 찬양이 가득한 곳이기 때문입니다. 그래서 찬양을 통하여 장차 올 천국을 미리 맛보며, 널리 전파합니다.

(3) 기도

하나님과의 관계에서 그리스도인들이 행해야 할 또 하나는 중요한 일은 기도입니다. 왜냐하면 기도는 믿음의 실천이며, 기도를 통하여 하나님의 은혜를 받는 통로가 되기 때문입니다. 하나님은 진실하게 간구하는 자에게 가까이 하시며(시 145:18), 우리는 기도를 통하여 하나님에게 가까이 나아갈 수 있습니다.

그리고 기도가 그리스도인들이 실천해야 할 행동이듯이, 실천적인 행동도 하나님께 드리는 기도이어야 합니다. 바울이 "쉬지 말고 기도하라"(살전 5:17)고 한 것같이, 우리는 몸으로 산 제사를 드리고, 생활로 항상 기도해야 합니다.

2) 세상에 대하여

(1) 선교

이 세상과의 관계에서 교회가 행해야 할 가장 중요한 일은 바로 선교입니다. 왜냐하면 교회는 그리스도로부터 지상명령인 선교 명령을 받았기 때문입니다. "너희는 온 천하에 다니며 만민에게 복음을 전파하라"(막 16:15). "너희는 가서 모든 족속으로 제자를 삼아 아버지와 아들과 성령의 이름으로 세례를 주고, 내가 너희에게 분부한 모든 것을 가르쳐 지키게 하라"(마 28:19-20).

선교의 근거는 바로 하나님의 의지에 있습니다. 즉 하나님이 아들을 세상에 보내듯이, 아들은 제자들을 세상에 보냅니다. "아버지께서 나를 보내신 것과 또 나를 사랑하심같이 저희도 사랑하신 것을 세상으로 알게 하려 함이로소이다"(요 17:23). 하나님이 성령을 보내었듯이 성령은 그리스도인들을 세상에 보냅니다. "오직 성령이 너희에게 임하시면 너희가 권능을 받고 예루살렘과 온 유대와 사마리아와 땅 끝까지 이르러 내 증인이 되리라"(행 1:8). 이처럼 선교는 언제나 삼위일체 하나님의 선교(Missio Dei)입니다.

선교의 주체는 교회가 아니고 하나님입니다. 교회는 선교의 도구일 따름입니다. 만일 교회가 이 사명을 외면하면, 교회가 세상에서 존재해야 할 가치는 사라집니다. 교회의 사업은 주님의 뜻에 복종하는 것이어야 하고, 자신의 주권이 아니라 주님의 주권을 선포하는 것이어야 합니다. 그러므로 교회는 예수 그리스도의 은혜와, 하나님의 사랑과, 성령의 교통하심을 구체적으로 증거하는 증인인 것입니다.

(2) 빛과 소금

교회는 세상 밖의 나라로 도피하는 방주가 아니라, 이 세상을 하나님의 나라로 변화시키는 누룩이요, 어둠을 밝히는 빛이요, 부패를 방지하고 맛을 내는 소금입니다. 그렇기 때문에 교회는 불가피하게 하나님의 나라를 끝까지 거부하는 이 세상의 어둠의 세력을 지적하고 비판할 사명을 갖습니다.

구약성서의 예언자들과 예수 그리스도, 그리고 제자들은 고난을 무릅

쓰고 악한 세상을 향하여 회개를 촉구했습니다. 교회가 악한 사회를 비판하면 고난이 초래되고, 교회의 양적 성장에 해롭다고 해서 교회가 악한 사회를 비판하기를 주저한다면, 그것은 맛을 잃은 소금처럼 아무 소용도 없게 될 것입니다. 예수의 제자가 된다는 것은 좁은 길을 가고, 좁은 문으로 들어가는 것입니다. 그러므로 고난을 회피하기 위하여 악한 세력에 대해 침묵하고, 이를 방조하고, 이와 타협하는 교회는 아무리 크게 성장한다고 하더라도 참다운 교회는 아닙니다.

(3) 봉사

봉사는 하나님의 사랑에 대한 응답이요, 하나님 나라를 이 땅에 확장하기 위한 수단입니다. 사람들과 세상을 섬기기 위해서 존재하는 교회가 행하는 구제, 자선사업 등등은 하나님을 사랑하고 이웃을 사랑하라는 율법의 기본정신을 실천하는 것입니다.

교회는 이웃을 위해 봉사할 책임이 있습니다. "인자는 섬김을 받으러 온 것이 아니라 섬기러 왔고 많은 사람을 위하여 대속물로 자기 목숨을 내어 주러 왔다"(마 20:28)고 하셨으니, 그리스도는 우리를 위해 죽으심으로 우리에게 모범을 보여 주셨습니다. 그러므로 초대교회는 그들이 처한 사회에 있어서 그리스도인의 책임을 다하므로 그들 가운데 가난한 사람이 하나도 없었다고 하였습니다(행 4:34). 교회는 사회의 빈곤과 세계의 평화와 같은 문제에 대해서도 책임을 가지고 착한 사마리아 사람이 되어야 합니다. 시민 공동체인 사회와 신앙 공동체인 교회는 그리스도를 중심으로 섬기는 생활이 되어야 합니다. 교회는 세상을 위한 그리스도의 공

동체로서 사회와 이웃을 위해 봉사함으로써 세상의 빛과 소금의 역할을
다할 수 있습니다.

3) 성도들에 대하여

(1) 양육

교회는 예수 그리스도가 분부한 모든 것을 가르쳐 지키게 할 사명을 갖
고 있습니다(마 28:19-20). 선교는 제자 양육을 낳고, 또 제자 양육은 선
교를 가능하게 합니다. 신앙과 신학은 저절로 하늘에서 떨어지는 것이 아
니기 때문에, 교회는 교육적 사명을 수행하게 됩니다. 교육은 교회가 감
당해야 할 여러 가지 일들 중의 하나이지만, 다른 한편으로는 교회가 하
는 모든 일은 결국 교육적 효과를 낳습니다. 그러므로 모든 일에서 교회
는 모범이 되도록 힘써야 합니다.

(2) 교제

예배를 통해서 주님과의 내적 교제(코이노니아: $koinonia$)를 나누고, 또
한 성령님을 통해서 하나 됨을 느끼게 됩니다. 교회는 단순히 예배만 드
리고 흩어지는 곳이 아닙니다. 사람들과의 사귐 속에서 우리는 하나님의
사랑을 발견할 수 있으며 신앙을 배울 수 있습니다. 예수께서는 우리에게
서로 사랑하라고 하셨습니다. 성도들이 주 안에서 서로 사귀는 것은 아름
다운 일입니다. 서로 받은 여러 가지 은혜와 하나님의 사랑을 나누고, 서
로의 짐을 나누어 지는 일이 교회의 할 일입니다.

신자가 교회의 공동 예배에 참석하며 성만찬에 참여하는 것이 교제의 중심입니다. 교회에는 여러 기관들이 있습니다. 이러한 모임에도 적극적으로 참가하므로 성도의 교제가 이루어지고 신앙이 성장하게 됩니다. 성도의 교제는 같은 교회의 신자만 아니라 여행 중에 만나는 세계의 모든 신자들과도 한 몸의 지체로서 교제해야 합니다. 성도의 교제가 끼리끼리 모이는 그룹이 되어 배타적이 되면 교회 생활에 방해가 될 수도 있습니다. 그러므로 교회 중심의 교제는 질서와 순결을 보존하기 위해 사랑과 이해로 연결되어야 합니다.

(3) 돌봄

교회는 곤궁에 처한 그리스도인들과 이웃들을 돌보아야 할 사명이 있습니다. 이것은 주로 부름을 받은 목회자들에 의해 이루어지지만, 모든 그리스도인들의 사명이기도 합니다. 인간과 인간의 관계는 허약하여 깨어지고 상처를 입기 쉽습니다. 그러므로 교회는 교회 안팎의 약한 지체들을 감싸주고 격려하며 지원하는 돌봄의 사역을 감당하여야 합니다.

(4) 봉사

하나님은 무슨 일이든지 다 하실 수 있지만, 우리의 손을 통해서 일을 하시듯, 우리도 이웃의 손이 되고 발이 되어 주어야 합니다. 세상에 비천한 종으로 오신 예수 그리스도의 본을 받아 우리도 서로 섬기고 나누는 곳에 하나님의 나라가 이루어지는 것입니다. 그리스도인들은 모두 지배자나 주인이 아니라 종과 청지기입니다. 그러므로 교회의 모든 직책은 오로지 섬김으로부터 나고, 섬김을 목표로 합니다. 다시 말하면, 그리스도인들은 지배하기 위해서 섬기지 않으며, 섬기기 위해서 지배하지도 않습니다. 교회의 모든 직책과 활동은 오직 하나님 섬김(예배)과 사람 섬김(봉사) 안에서만 거룩한 가치를 발휘하는 것입니다.

4. 교회의 조직

    교회란 하나님의 부르심을 받고 그리스도 안에 있는 자들의 집단을 가리키는 말입니다. 교회는 그리스도의 몸이요(엡 1:23) 신자들은 각각 그 지체입니다(고전 12:27). 그러므로 교회는 시간과 장소를 초월하여 예수 그리스도와 생명적 관계를 맺고 있는 산 조직체이므로, 교회에서 청지기 직을 맡은 제직들은 그리스도의 뜻을 실천하여야 합니다. 보다 능동적이며 효과적으로 교회의 사명을 달성하기 위해서는 제직들이 교회의 사명과 목적을 분명히 인식하고, 교회가 성장하도록 관리하여야 합니다.

    교회는 선교적 사명을 완수하기 위해 조직 체계를 가집니다. 교회의 조직과 운영체계나 직책의 명칭은 성경적 권위에 근거하지만, 시대의 변화와 요구에 따라 그 직책과 운영 방식에는 많은 변화가 있습니다.

1) 교회 조직의 근거

(1) 구약의 근거

구약의 교회 조직에 관한 근거는 이스라엘 백성을 통치한 모세의 사건에서 찾아 볼 수 있습니다.

"그들에게 율례와 법도를 가르쳐서 마땅히 갈 길과 할 일을 그들에게 보이고 그대는 또 온 백성 가운데서 재덕이 겸전한 자 곧 하나님을 두려워하며 진실무망하며 불의한 이를 미워하는 자를 빼서 백성 위에 세워 천부장과 백부장과 오십부장과 십부장을 삼아 그들로 때를 따라 백성을 재판하게 하라 무릇 큰 일이면 그대에게 베풀 것이고 무릇 작은 일이면 그들이 스스로 재판할 것이니 그리하면 그들이 그대와 함께 담당할 것인즉 일이 그대에게 쉬우리라"(출 18:20-22).

모세는 240여 만 명이나 되는 출애굽 한 이스라엘 백성을 혼자서 재판하고 상담하고 다스렸습니다. 이 일을 본 모세의 장인 이드로가 "이 일이 그대에게 너무 중함이라 그대가 혼자 할 수 없으리라"(출 18:18)고 주장한 것처럼 혼자 할 수 없는 일입니다. 모세는 장인 이드로의 권면을 받아들여 군사체제의 특성인 천부장, 백부장, 오십부장, 십부장을 뽑아 조직을 하였습니다.

모세가 세운 조직은 언제든지 군사체제로 전환할 수 있는 특성을 지닌 것이었습니다. 이 조직은 오늘날의 군대 조직과 같이 분대, 소대, 중대,

대대, 연대, 사단으로 편성된 전투조직과 유사한 것입니다.

그 후로부터 큰 일은 모세가 담당하고 작은 일은 천부장으로부터 십부장에 이르기까지 직분에 맞게 위임하므로 백성들이 재판을 받거나 상담하기 위하여 줄을 서가며 모세를 기다리지 않아도 되었습니다. 이렇게 해서 모세는 이스라엘의 지도자로서 수많은 무리들을 잘 이끌 수 있는 계기가 되었습니다. 이것이 오늘날 교회 조직의 필요성을 지지하는 성경적 근거가 됩니다.

(2) 신약의 근거

구약의 조직적 체계가 이스라엘 백성들의 안위와 관계된 것이라면, 신약의 조직적 체계는 교회 조직의 형태를 예시한다는 점에서 약간의 차이가 있습니다.

① 가룟인 유다의 결원을 보충한 사건에서 찾을 수 있습니다.

"봉사와 및 사도의 직무를 대신할 자를 보이시옵소서 유다는 이를 버리옵고 제 곳으로 갔나이다 하고 제비뽑아 맛디아를 얻으니 저가 열 한 사도의 수에 가입하니라"(행 1:25-26).

예수님은 공생애 기간 중에 열두 사도를 선택하사 복음전도자로 삼으셨는데, 이와 같이 열둘이라는 수의 제자를 선택하심도 일종의 조직적 형태입니다. 가룟인 유다가 사단의 유혹을 받아 배반하므로 열둘의 조직 수가 깨어졌습니다. 이에 교회를 위해 열둘의 수 조직을 다시 정비하였습니다. 요셉과 맛디아 두 사람 중 맛디아를 제비로 뽑아 열두 사도에 가입시키므로 교회 조직의 수가 재정비되었습니다. 그러므로 맛디아를 선택하여 열둘의 숫자인 제자의 반열에 가입시킨 것은 교회조직의 근거가 됩니다.

② 사도들이 일곱 집사를 선택하여 세운 사건에서 찾아볼 수 있습니다.

"그때에 제자가 더 많아졌는데 헬라파 유대인들이 자기의 과부들이 그 매일 구제에 빠지므로 히브리파 사람을 원망한대 열두 사도가 모든 제자를 불러 이르되 우리가 하나님의 말씀을 제쳐 놓고 공궤(供饋)를 일삼는 것이 마땅치 아니하니 형제들아 너희 가운데서 성령과 지혜가 충만하여 칭찬듣는 사람 일곱을 택하라 우리가 이 일을 저희에게 맡기고 우리는 기도하는 것과 말씀 전하는 것을 전무(專務)하리라 하니"(행 6:1-4).

사도들이 전파하는 복음의 말씀을 듣고 회개하는 무리가 날로 더하므로 초대교회 성도의 숫자가 많아지자 사도들이 공궤(供饋)를 겸하다 보니 하나님의 일에 전무할 수 없었습니다. 이에 사도들이 말씀과 기도에 전무할 수 있도록 집사 제도를 조직했습니다. 일곱 집사는 신약 최초의 교회 조직의 모습입니다.

칼빈(John Calvin)도 "목사는 말씀과 성례에 주력하며 나머지는 성도들이 봉사해야 한다."고 하였습니다. 그러므로 초대교회에 일곱 집사를 세워 조직한 사건은 교회 조직의 성경적 근거가 됩니다.

2) 교회 조직의 동기

(1) 교인이 증가하기 때문에

초대교회의 제자들의 수가 점점 많아졌다(행 6:1)는 것이 교회 조직의 동기입니다. 교인 수가 적으면 조직 없이도 진행할 수 있지만, 날마다 증가하는 여러 계층의 사람들을 조직 없이 관리하거나 훈련할 수가 없습니다. 점점 많아지는 교인을 관리하게 위해 조직이 필요했습니다.

(2) 문제를 해결하기 위하여

헬라파 유대인들이 히브리파 유대인들에게 자기네 과부들이 매일 구제하는 일에 소홀히 여김을 받는다고 불평을 했습니다. 헬라파 유대인이란 헬라 문화에 익숙한 사람들로, 습관과 생활이 다른 사람들 사이에 불평이 생긴 것입니다. 이러한 문제들을 해결하고, 교회의 분열을 막기 위해서 교회 조직은 필요했습니다.

(3) 직무를 분담하기 위하여

"우리가 이 일을 저희에게 맡기고 우리는 기도하는 것과 말씀 전하는 것을 전무하리라"(행 6:3-4)하였으니, 사무 분담을 위해 조직하였습니다. 집사들은 구제를 맡고 사도들은 기도와 전도를 맡아 교회에 봉사했습니다. 교회 조직은 치리가 목적이 아니라, 많은 교인들의 화목과 구제를 잘하는 것과, 전도를 열심히 하기 위하여 필요했던 것입니다.

(4) 신앙 훈련이 필요하기 때문에

신앙 훈련이 부족하면 마귀가 틈을 타고 교회의 분열 작용을 일으키기 쉽습니다. 초대교회는 사도들이 의견을 제안하고(행 6:4), 교인들이 그 의견을 듣고 일곱 집사를 택하였으니(행 6:5), 결정권은 교인들에게 있었습니다. 사도의 말에 복종해서가 아니라 온 무리가 사도의 말을 기뻐하여 (행 6:5) 집사를 택하였으니, 이것이 교회 조직의 시작입니다.

3) 교회 조직의 기능

조직은 어떤 일을 관리하고, 조직의 목적을 효과적으로 달성하기 위해 필요합니다. 조직은 공동 목적을 달성하기 위한 공동체를 이룬 형태를 말하며, 공동으로 사업을 수행하도록 기구화된 것입니다.

어떤 교회는 교인은 많은데 교역자나 봉사할 제직이 적은 경우도 있고, 어떤 교회는 그와 반대로 교인은 얼마 안 되는데 교역자와 제직의 수가 많은 교회도 있습니다. 문제는 얼마나 효율적인 조직이 구성되었느냐 하는 것입니다. 또한 조직이 아무리 잘되어 있어도 일하는 제직의 기능이 부족하거나 열심과 충성심이 부족하면 효과는 없습니다. 그러므로 교회는 누구로 하여금 일하게 하는가가 매우 중요합니다. 조직은 조직이 수행해야 하는 일을 가장 효율적으로 달성하는 기능을 가지고 있는 것입니다.

4) 교회 조직의 원리

(1) 전문화의 원리

전문화의 원리는 가급적 한 사람에게 동일한 업무를 분담시키는 것으로 개인의 직업 능률을 향상시키는 것입니다. 일의 전문화란 업무를 세분화하여 반복적이며 기계적으로 단순화함을 의미하는 것으로, 업무의 동질화로 인하여 구성원의 능력발전을 저해하고 사기를 저하시킬 우려가 있습니다. 뿐만 아니라 조정의 비용이 증대되고, 전문화에 의한 무능의 훈련이 발생하기 쉽습니다.

(2) 조정의 원리

조정의 원리란 공동된 목적으로 달성하기 위한 행동을 통일하도록 하는 것을 의미합니다. 현실적으로 책임소재의 불명확성, 조직의 경직성, 행정기능의 전문화와 복잡화, 합리적 의사결정 체계의 미비, 일체감의 부족 등은 조정의 저해요인으로 작용합니다. 행정적 조정에는 목표의 명확화, 의사전달의 촉진, 상위계층의 권위적 조정, 인사에 의한 조정, 자율적 자기조정 등이 있습니다.

(3) 계층제의 원리

계층제는 관료제 조직의 기본적인 조직 구조라 할 수 있습니다. 총괄적인 리더십이 존재하고, 권한이 하위층에 위임되고 각 계층에 따라 기능이 배정됩니다(피라미드형이나 군대식 조직). 조직의 규모와 전문화가 확대되고 업무의 다양성과 구성원이 증가하면 조직의 계층도 증가하게 됩니다.

계층제와 관료제는 유사한 성격을 지니고 있지만 차이 또한 존재합니다. 계층제는 질서 유지의 필요에 의하여 인간 역사의 시작부터 형성되었으나, 관료제는 합리성과 능률성의 확보의 필요에 의하여 형성됩니다. 그러나 계층제는 지휘계층의 수립에, 관료제는 비인격화된 업무 처리에 관심이 집중됩니다. 계층제는 수직적 분화만 강조하나 관료제는 수직적 분화보다 수평적 분화를 강조하는 경향입니다.

(4) 통솔범위의 원리

통솔 범위란 한 사람의 상관이 자기에게 직접 보고하는 부하의 수로 규정되며, 상황론적으로 결정됩니다. 직무의 성질, 시간, 공간, 기술적·인적 요인, 계층의 수, 참모집단의 발달 여부 등에 좌우됩니다. 미래의 조직은 참모기능의 확대, 의사결정의 집권화, 통신수단의 발전 등에 의하여, 그리고 조직민주주의와 연관되어 수평 조직을 추구하게 되고, 이에 의하여 통솔 범위는 넓어지게 될 것입니다.

(5) 명령통일의 원리

명령통일의 원리란 오직 한 사람의 상관으로부터만 명령을 받고 그에게만 보고하여야 한다는 원리를 말합니다. 명령통일의 원리는 합법적 권위, 즉 공식적인 계층적 권위만을 극단적으로 강조합니다. 명령통일의 원리는 누구에게 보고를 하고 보고를 받는가를 알 수 있게 하여 지위의 안정감을 부여하고, 조직 책임자의 전체적 조정 및 통합이 가능하도록 합니다. 나아가서 책임의 한계를 명확하게 합니다.

(6) 부처편성의 원리

조직을 편성하는 원리로서, 조직의 경우 사회의 변화에 따라 부처의 수는 일반적으로 확대되고 분화되는 경향이 있습니다. 부처편성의 원리를 적용할 때에 여러 기준이 혼합되어 사용될 필요가 있으며, 부서의 수는 통솔범위의 문제를 고려하여 결정해야 합니다.

(7) 인화단결의 원리

조직에는 인간관계가 올바로 되어야 합니다. 기계도 각각의 부분들이 제기능을 발휘하지 못하면 그 기계는 제구실을 할 수 없습니다. 하물며 교회는 인간들의 조직체이므로 인간의 융화가 잘되어야 합니다. 서로 돕고 아끼고 이해하는 관계가 되어야 교회는 성장할 수 있습니다. 발이 "나는 손이 아니니 몸에 속한 것이 아니다"(고전 12:15)고 말하면 그 몸이나 지체는 제구실을 할 수가 없습니다. 바울은 "한 지체가 고통을 당하면 모든 지체가 같이 고통을 당하고 한 지체가 영광을 받으면 모든 지체가 같이 즐거워하느니라"(고전 12:26)고, 교회의 유기적 관계를 강조했습니다.

5) 교회 조직의 유형

교회조직을 세분화하면 계선조직(係線組織)과 막료조직(幕僚組織), 그리고 위원회조직(委員會組織)으로 구분할 수 있습니다. 이러한 조직의 형태를 잘 조화시키면 효율적인 조직 운영을 꾀할 수 있으나, 부조화를 이루면 해로울 수 있습니다.

(1) 계선조직

계층제의 구조를 가진 조직으로서 정책을 수립 · 집행할 뿐만 아니라,

하급기관에 대하여 지휘·명령을 함으로써 조직의 목표 달성을 위하여 직접적으로 활동하는 조직을 말합니다. 행정조직에 있어서는 각 기관장을 정점으로 하는 피라미드 구조를 말합니다.

① 계선조직의 특징

계선조직은 조직의 목표달성에 직접적으로 공헌하고, 정책 결정권과 구체적인 명령집행권을 가지며, 그 집행에 대하여 직접 책임을 집니다. 그리고 관리자와 부하와의 관계가 최고 책임자를 정점으로 하는 수직적인 권한의 계열로 이루어지며, 회원들과 직접적인 관계를 가지고 접촉하고 봉사합니다.

② 계선조직의 장점

㉠ 최고 지도자 의사결정권이 크다.

㉡ 책임소재 분명하다.

㉢ 명령의 통일성이 이루어진다.

㉣ 조직 안정이 이루어진다.

㉤ 신속한 업무 수행 가능하다.

③ 계선조직의 단점

㉠ 단일지도체제로 지도자의 독선이 우려된다.

㉡ 조직의 흐름이 경직되기 쉽다.

㉢ 구성원들의 자율성과 창의성이 결여된다.

② 유능한 인재를 기르기 어렵다.

(2) 막료조직

막료조직은 조직 규모가 확대됨에 따라 업무집행에 직접 가담하지 않지만, 업무를 기획하고 기타 부수업무를 수행하는 참모들로 구성되는 조직입니다.

① 막료조직의 특징

참모조직은 계선조직을 통하지 않고서는 직접 명령이나 지휘할 수 없으며, 전문적 지식을 가지고 조직체의 목적달성에 간접적으로 참여하고, 계선을 돕는 여러 가지 기능을 수행하는데, 그 주요 업무는 권고, 조사, 자문에 응하는 것입니다.

계선조직의 상층부에 부설되어 있어, 전문적 지식과 기능을 가지고 기관장의 통솔범위를 확대시키고, 보다 합리적인 지시와 명령을 내릴 수 있도록 합니다.

② 막료조직의 장점

㉠ 지도자의 합리적인 의사결정을 돕는다.

㉡ 유능한 인재들의 의견이 수렴되므로 조직이 주관적이거나 독단적으로 흐를 수 있는 점을 차단할 수 있다.

㉢ 업무의 조정과 협조를 가능케 할 수 있고, 조직이 신축성을 띨 수 있다.

③ 막료조직의 단점

㉠ 참모기관의 설치로 조직 내의 인간관계가 복잡해진다.

㉡ 계선조직과의 알력(軋礫)과 대립이 조성되며, 책임소재가 불분명하다.

㉢ 권한이 점차 확대됨에 따라 중앙집권화(中央集權化)의 경향이 나타날 우려가 있다.

㉣ 집단지도체제적인 성격을 띠므로 의사결정과 일의 신속성이 결여된다.

㉤ 파당을 짓는 근원을 제공할 수 있다.

(3) 위원회조직

위원회조직은 다수의 위원으로 구성되는 집단적 의사결정체를 말합니다. 즉 위원회 조직은 계선조직에 대응되는 개념으로서, 의사결정을 지도자 단독으로 하는 것이 아니고, 다수의 위원이 참여하는 조직체에서 집단적으로 하는 조직 형태를 말합니다.

① 위원회조직의 특징

위원회조직은 업무수행상 책임을 분산시키는 것이 필요할 경우, 조직의 중요한 전략적 의사결정에 광범위한 경험과 배경을 가진 사람들이 필요한 경우, 의사결정 결과에 이해관계가 있는 부서의 대표자를 참가시켜 해당 부서의 요구 사항을 반영시키고자 할 경우, 그리고 어느 한 개인이 조직을 이끌어 나가기 곤란한 경우에 효과적입니다.

② **위원회조직의 장점**

㉠ 다수인의 유능한 위원들에 의한 토의결과를 활용하므로 능률적 의사를 결정할 수 있다.

㉡ 조직의 여러 부문에 관련 있는 공통적 문제를 해결할 때 유용하게 활용할 수 있다.

㉢ 한 사람에게 집중되기 쉬운 권한을 분산시킬 수 있다.

㉣ 조정의 역할을 하면서 커뮤니케이션의 활성화에 기여한다.

㉤ 집단토의로 위원들은 전체조직의 주요 업무내용을 파악하고, 필요시 적극적 업무협력 가능하다.

③ **위원회조직의 단점**

㉠ 많은 시간과 비용을 낭비할 수 있다.

㉡ 중요한 안건에 대한 충분한 토의보다 적당하게 타협할 수 있는 위험성이 있다.

㉢ 강력한 몇 명의 위원들에 의해 일방적으로 의사결정이 되고 운영될 우려가 있다.

㉣ 책임을 추궁할 수 없는 결정을 할 경우가 발생한다.

(4) 조직의 조화

교회의 조직에서 주의하여야 할 점은, 조직 사이에 일어나게 될 세력다툼의 성격을 차단시켜야 합니다. 자칫 잘못하여 주도권 잡기의 양상을 띠게 되면 조직의 목적은 상실하게 됩니다. 효과적이지 못하거나 통제,

통솔의 능력을 잃는다고 생각될 때에는 과감하게 조직체계의 변화를 시도하여야 합니다.

그러나 이러한 문제점이 있음에도 불구하고 이 모든 조직의 기초가 성경적이며, 믿는 것과 아는 것이 일치되는 신앙 속에서 운용될 때에는 아무런 문제가 없을 것입니다. 그러므로 모든 조직의 체계를 성경의 틀 속에서 세우고, 성경이 지향하는 방향으로 이끌어 나갈 때에 조직 간의 충돌은 일어나 지 않게 될 것입니다.

그리고 특별히 유의하여야 할 것은, 이와 같은 충돌의 가능성 때문에 독단적, 주관적 판단 아래 다급한 마음만 앞세워 폐하거나 제외시키는 폐단은 없어야 할 것입니다. 지도자는 기도하는 가운데 하나님의 나라와 의를 위한 것이라면 자신에게 불이익이 있을지라도 과감하게 수용하여야 할 것이 나, 반대로 그 나라와 의를 이루는 데에 불필요한 해만 끼친다고 판단되면 어떤 출혈을 감수하고라도 차단시키는 결단이 필요합니다. 왜냐하면 이 모든 조직적인 체계의 정립은 하나님의 교회를 활성화시켜 땅끝까지 이르러 복음을 전파하는 사역을 잘 감당하기 위한 것이기 때문입니다.

5. 교회의 회의

1) 교회를 운영하는 회의

(1) 공동의회(사무연회 또는 당회)

공동의회는 성결교회에서는 사무연회라고도 하며, 감리교에서는 당회라고 합니다. 공동의회는 직분자 회의는 아니지만 일반적인 사항들에 대한 최고 의결기관입니다. 교회에 속한 모든 입교인들이 공동의회의 회원이 되어 질의하고 의결할 수 있는 권리를 가지며, 성도로서 갖추어야 할 모든 의무를 감당하게 됩니다. 공동의회는 교회 회중이 목사와 장로로 세워서 맡긴 당회의 일과 집사를 세워서 맡긴 집사회의 일, 그리고 제직회의 일들에 대해 보고를 받고 승인하는 기관입니다.

여기서 우리가 잊지 말아야 할 점은, 영적인 일에 대해서는 목사와 장로로 구성된 직분자 회의인 당회의 권위가 가장 소중하며, 일반적인 논의에 있어서는 공동의회가 가장 중요한 최종 의결권을 가지게 된다는 사실입니다.

공동의회는 교회 최고의 의결기관으로 정기회와 임시회로 모입니다. 공동의회는 그 교회의 무흠 세례교인을 회원으로 조직하여 다음과 같은 사항을 결의합니다.

첫째, 당회에서 제시한 사항.

둘째, 교회의 예산 및 결산.

셋째, 교회 직원의 선거.

넷째, 상회가 지시한 사항.

공동의회에서 장로, 집사, 권사의 선거 및 목사의 청빙을 위한 투표를 합니다. 공동의회는 당회 결의로 당회장이 소집하되 일시, 장소, 안건을 한 주일 전에 교회에 알려야 합니다. 명시된 사항이 아닌 것은 다수결로 결정합니다.

공동의회 회장은 당회장이 되고, 서기는 당회 서기가 겸합니다. 공동의회의 결의는 교회 전체에 관계되는 중요한 일이므로 교인은 책임 있게 출석하고, 결의는 신중히 하되 일단 결정된 결의에 순종할 마음을 가져야 합니다.

(2) 제직회

제직회는 목사, 장로, 안수집사, 권사, 서리집사, 전도사를 회원으로 조직합니다. 감리교회에서는 기획원원회, 성결교에서는 직원회라고도 합니다. 제직회의 회장은 당회장이 되고 서기 회계 등은 제직회에서 선택합니다. 제직회는 공동의회에서 결의한 예산의 집행과 수입, 지출, 예산, 구제비의 수입과 지출 및 특별 헌금의 취급과 그 밖의 교회 일을 의논합니다.

제직회 소집은 회장이 합니다. 제직 과반수가 소집을 요청할 때도 소집하지만 교회마다 보통 한 달에 한 번씩 모여 교회 일을 의논합니다. 제직회는 그 직무를 수행하기 위하여 각 부서를 두어 사업을 계획하고 추진합니다.

여기에서 조금 더 생각할 것은, 집사회의의 구분입니다. 당회와 당회원들이 포함된 제직회가 재정을 비롯한 집사들에게 맡겨진 일들을 통괄적으로 논의하다 보니 직분적 봉사영역이 명확하지 않아 집사들의 직분 기능이 약해지는 것입니다.

당회로부터 독립된 집사회가 교회의 재정을 비롯한 구제사역에 관련된 제반사항을 논의하고 의결하는 것은 매우 중요합니다. 그래야만 직분의 독립성과 다른 직분과의 상호연관성을 통한 협력이 원활하게 이루어질 수 있습니다. 그러므로 교회에 필요한 기관은 당회와 제직회 두 기구가 아니라 당회, 집사회, 제직회의 세 기구가 필요한 것입니다.

당회에서 결정한 내용들은 당회가 제직회를 거쳐 공동의회를 통해 교회의 최종 의사를 확인하듯이, 집사회 역시 제직회와 공동의회에 맡겨진 직무들에 대한 보고를 함으로써 교회의 최종 의사를 확인해야 하는 것입니다.

교회에서 가장 중요한 영적인 권위는 당회가 가지지만, 재정과 일반구제에 관련된 일은 집사회가, 그리고 교회가 위임한 일들에 대한 의결권은 제직회가 가지며, 그것들에 대한 일반적인 보고와 승인에 대해서는 전체

교인들의 공동의회가 최고의 권위를 가지고 있음을 잘 알아야 합니다.

① 제직회의 임무

제직회는 교회가 맡긴 직분자들의 전체적 대의기관입니다. 그 회에서는 목사, 장로, 집사 등 모든 직분자들이 모여 영적인 일과 일반 행사들을 논의하며, 교회의 제반 사항들에 대한 논의를 하며 의결하게 됩니다. 그리고 당회나 집사회에서 행해진 중요한 사항에 대한 보고를 받고 논의하게 되는 것입니다.

교회는 제직회를 통해 교회에 필요한 새로운 문제들을 논의하기도 하고 전반적인 교회 행사들에 대해 검증하기도 합니다. 목사, 장로, 집사들의 모임인 제직회는 교회의 전반적인 일반 사항들에 대해 논의하는 직분자들의 최고 의결기관인 셈입니다. 즉 당회와 집사회가 전문적 기능을 가지고 있다면 제직회는 일반 직분적 의결기관이라 할 수 있습니다.

② 집사회의 의무

교회의 재정과 구제에 관련된 집사회의 논의와 결의는 제직회에 보고하고, 당회의 허락을 받아 집행해야 합니다. 그리고 집사회는 성도와 이웃들의 직업이나 일상생활을 잘 살핌으로써 그들의 의식주에 관련된 삶의 어려움이 없는지 살펴야 합니다.

이 일을 위해 집사회는 정기적으로 모임을 가지면서 관련된 내용들을 나누며 기도하게 됩니다.

2) 교회를 다스리는 회의

일반적으로 교회를 다스리는 회의를 당회, 노회(지방회), 총회라고 하며, 이를 치리회라고 합니다. 치리회는 교회의 입법, 사법, 행정의 세 기능을 치리회가 맡고 있는데, 모든 치리회는 목사와 장로로 조직합니다. 장로회 정치에 기본 치리회는 당회입니다. 그러나 교회를 설립하거나 당회를 조직하는 권한은 노회(지방회)에 있으므로 장로회 정치의 중심은 노회(지방회)입니다. 이러한 의미에서 개교회를 지교회 또는 개체교회라고 부릅니다. 그리고 총회는 교회의 최고 치리회입니다.

(1) 당회

일반적으로 장로교와 성결교단은 당회라 하고, 감리교에서는 임원회라고 합니다. 당회는 대체로 시무하는 목사, 부목사, 시무장로로 구성되며, 대체로 당회장과 당회원 과반수가 모이면 개회합니다. 당회장은 그 교회 시무 목사가 됩니다.

당회의 직무는 다음과 같습니다.

첫째, 당회는 교인의 신앙과 행위를 통찰하며 학습, 세례, 입교할 지원자를 문답하며 세례식과 성찬식을 관장합니다.

둘째, 당회는 교인의 이명을 처리하며, 예배를 주관하고 각 기관을 감독하여 신령한 유익을 얻도록 살핍니다.

셋째, 당회는 장로, 집사, 권사를 임직하며, 각종 헌금을 수집할 방안을 협의 실시합니다.

넷째, 당회는 교회의 토지나 가옥 등 부동산을 관리합니다.

당회는 1년에 1차 이상 모이도록 되어 있으나 보통 한 달에 한 번씩 모입니다.

당회는 당회에서 논의된 사항을 집사회에 보고할 의무를 가지지 않습니다. 그렇지만 당회의 중요 결정사항을 제직회와 공동의회에 공적으로 발표함으로써 교회의 승인을 받아야 합니다.

당회는 목회자를 통해서 선포된 하나님의 말씀을 함께 나누며, 성도들을 말씀으로 지도하기 위해 힘써야 합니다. 올바른 말씀 이해가 전제될 때 장로는 목사의 설교에 대한 논의에 참여할 수 있을 것이며, 그런 가운데서 각 성도들을 심방하며 파악하게 된 형편들을 기도제목으로 나누게 되는 것입니다. 그것을 배경으로 성례와 권징사역에 관한 논의를 하며, 교회를 말씀으로 세워나가게 됩니다.

(2) 노회(지방회)

노회(지방회)는 일정 구역 안에 있는 시무 목사와 당회, 그리고 일정한 규모의 입교인이 있어야 조직할 수 있습니다. 그리고 노회(지방회)는 소속 목사와 각 당회에서 파송한 장로로 조직합니다.

노회의 직무는 노회의 구역 안에 있는 각 교회와 소속 기관 및 단체를 관리하고, 목사에 관한 사항과 교회에서 장로 선택과 임직 및 전도사와 장로의 자격을 고시합니다.

(3) 총회

총회는 전국 노회에서 파송 목사와 장로로 조직한 교회의 최고 치리기관입니다. 총회의 직무는 소속 각 치리회와 교회의 소속 기관 및 단체를 총괄합니다. 교회 헌법을 해석할 전권이 있고, 목사 자격 고시와 선교사업, 교육사업, 사회사업 등 여러 가지 사업을 계획 실천합니다.

3) 교회를 연합하는 회의

교회는 그 목적을 달성하기 위하여 여러 기관을 둡니다. 교인들의 교육을 위하여 교회학교를 두되 어린이, 중학생, 고등학생, 대학생, 청년, 장년을 따로 구분해서 교회학교를 운영 관리합니다. 전도하는 단체로 남선교회, 여전도회, 청년회, 학생회도 있습니다. 교회의 예배를 위해 성가대, 그밖에 성도의 봉사와 교제를 위한 각각 단체를 조직할 수 있습니다. 직분자들은 어느 기관에든지 가입해서 성도의 교제와 신앙의 훈련과 봉사를 해야 합니다. 그리고 교회의 모든 기관은 당회의 지도와 감독을 받아야 합니다.

6. 교회의 정치

어떤 단체를 유지 발전시키는데 적절한 조직과 정치가 필요하듯이 교회의 성장 발전에도 조직과 정치가 필요합니다. 교회의 정치는 교회의 사역을 방해받지 않고 적절하고 질서 있게 유지하려는데 그 목적이 있습니다.

성경에 교회의 정치에 관한 일반적인 원리는 나타나 있지만 세부적 사항까지 지시되어 있지 않습니다.

초대교회에 이미 예배와, 친교와, 권징과, 사업을 위한 규율이 정해져 있음을 성경에서 발견할 수 있습니다.

① 교회의 회집(행 20:7, 히 10:25)

② 직원들의 선거(행 1:23-26, 행 6:5-6)

③ 직원들의 명칭(빌 1:1, 행 20:17, 28)

④ 권징(고전 5:4-5, 13)

⑤ 연보(롬 15:26, 고전 16:1-2)

⑥ 과부들의 등록(딤전 5:9)

⑦ 공통한 규례(고전 11:16)

⑧ 성례의 법도(행 2:4, 고전 11:23-26).

1) 교회의 정치 체제

역사상 교회가 취한 정치체제는 여러 가지 형태가 있으나, 크게 나누면 감독제, 장로제, 회중제로 구분할 수 있습니다.

(1) 감독 정치제

교회의 머리 되신 그리스도가 교회의 정치를 사도들의 계승자인 감독들에게 위임하였다는 사도적 계승이 이 제도의 기초적 원리입니다.

이 정치체에 있어서는 성직자들의 서열이 중요합니다. 천주교, 성공회, 감리교 등의 성직 제도는 감독 정치를 따른 것이라 할 수 있습니다.

(2) 장로 정치제

대의정치(代議政治)를 위주로 하는 교회의 정치체제입니다. 이 체제에서 권위는 신도들이 선거한 대표자 곧 목사와 장로들에게 있습니다.

목사와 평신도인 장로의 평등이 중요합니다. 그리스도 안에서 지체 의식이 강하게 작용하며, 그리스도께서 "인자가 온 것은 섬김을 받으려 함이 아니라 도리어 섬기려 하고 자기 목숨을 많은 사람의 대속물로 주려 함이니라"(마 20:28, 막 10:45)고 하신 말씀처럼 서로 사랑으로 봉사와 희생을 해야 합니다. 장로교가 이 제도를 따르고 있습니다.

(3) 회중 정치제

독립파(獨立派)의 제도라고 불리기도 합니다. 이 제도에 의하면 개교회는 상호 독립한 충분한 정치권을 가진 완전한 교회입니다. 장로회 제도에서처럼 교직자들의 동일 서열을 인정하나 권위는 선택된 대표자들에게 있지 않고 신도들의 직접 결의에 있습니다.

교직자(敎職者)들은 교회의 회원으로서의 정치권만 가진 교회 사무의 집행자들입니다. 이 제도에서는 교회의 정치권은 교회의 회원들에게만 있습니다. 이 제도는 침례교회와 회중교회 등이 따르고 있습니다.

2) 교회 정치의 원리

오늘날 감독제도를 따르는 교회의 회의에 평신도 대표들이 참석하고 있으며, 회중제도를 따르는 개교회 대표자들이 지방 및 전국 협의회를 구성하여 대의정치를 하고 있습니다. 장로제도를 따르는 장로교회도 감독제도와 회중제도의 편익들을 취하고 있음이 사실입니다. 교회의 정치적 성격은 군주주의 성격과 민주주의 성격을 모두 가집니다.

교회의 정치는 수단이지 목적은 아닙니다. 다스림의 기술보다 교회의 머리되신 그리스도를 사랑함으로 그의 몸을 사랑하는 사랑이 중요한 것입니다. 교회의 정치체가 이상적이며 우수하다고 자랑할 것이 아니라, 그리스도의 말씀의 권위에 순종하는 공의와 자비와 신앙의 문제에 더욱 전념해야 합니다.

교회의 다스림은 인간들의 독립적 권세에 의해서가 아니라 하나님의 말씀과 그의 영의 사역에 복종함으로 해야 합니다. 그러므로 "그리스도를 경외함으로 피차 복종하라"고 하셨습니다(엡 5:21).

따라서 교회의 정치는 다음과 같은 근본 원리를 가지고 있습니다.

① 그리스도는 교회의 머리요, 모든 권위의 원천이십니다.

② 그리스도는 성경 말씀과 그의 영으로 권위를 행사하십니다.

③ 왕이신 그리스도는 교회에게 권세를 부여하십니다.

④ 다스리는 권세는 기본적으로 지교회에 있습니다.

7. 교회의 직분

1) 교회 직분의 정의

직분(職分)이란 말은 직무상의 본분, 즉 마땅히 하여야 할 본분을 의미합니다. 그리고 직무(職務)란 말은 직업상 책임을 지고 담당하여 맡은 사무, 즉 '맡은 일'로 이해할 수 있습니다. 따라서 교회에서 사용하고 있는 '직분자'란 장로, 집사, 권사, 교사, 성가대원 등 '교회의 일을 맡은 자'를 뜻하며, 그들이 수행하여야 할 일은 직무로서, 교회에서는 흔히 '직분을 다한다'는 말을 사용합니다.

직분은 교회를 지탱하는 뼈대와 같습니다. 직분이 없으면 아무리 순수한 성도들이라 할지라도 제각기 자기 마음에 따라 행하려고 하는 인간의 본성으로 인해 온전히 교회를 세워나갈 수 없게 됩니다. 그래서 주님께서는 교회를 온전히 세우기 위한 방편으로 직분을 은사로 허락하셨습니다.

교회의 다양한 직분들은 내적 소명과 외적 소명을 요구합니다. 하나님께서 교회의 직분자를 세우실 때, 부르심을 받은 자신이 느끼는 바 내적인 소명과 교회 회중이 선출하는 방법의 외적인 소명을 통해 세우십니다.

내적 소명은 주님의 몸된 교회를 세움에 진정한 관심을 가지고 봉사하고자 하는 선한 마음입니다. 그 마음은 하나님께서 선물로 허락하시는 것이기에 은사인 것입니다. 각 성도들의 내적 소명을 확인하는 일은 교회에 맡겨져 있으므로, 교회의 직분자 선출은 매우 중요합니다.

교회의 가장 본질적인 직분은 구주 예수 그리스도이십니다. 히브리서와 요한계시록에는 보좌 가운데 있는 어린 양, 즉 하늘의 기도 제단에서 언제나 중보의 기도를 하고 계시는 대제사장의 모습이 기록되어 있습니다. 이처럼 그리스도께서 우리를 위해 중보의 기도를 하고 계시기 때문에, 우리는 은혜의 보좌 앞에 담대히 나아갈 수 있는 것입니다. 따라서 신약시대의 교회에는 성직자와 평신도 사이에 구별이 없습니다. 모든 신자들은 하나님의 상속자요, 왕같은 제사장이요, 하나님의 소유가 되는 백성입니다(벧전 2:9: 5:2-3).

2) 교회 직분의 유형

(1) 성경에 나타난 유형

교회의 직분자들은 크게 나누어 하나님의 종으로서 특별한 소명감 속에 목회하기 위해 부름을 받아 전적으로 교인들을 섬기는 교역자와 교인인 평신도가 있습니다.

교역자는 하나님의 말씀을 전파하며 양을 먹이는 목자로서 목양(牧羊)에 힘쓰고, 하나님의 말씀을 가르치며 기도해야 합니다(딤후 4:2, 행 20:28, 마 28:20). 교역자는 목사와 강도사 혹은 전도사로 구분되는데, 목사는 교단마다 약간 자격이 다르나 교단이 인정하는 신학 교육을 받고 안수를 받는 것이 공통점이며, 맡은 직무에 따라 위임목사, 담임목사, 부목사, 전도 목사, 음악 목사 등의 칭호가 있으며, 강도사나 전도사의 직무를 거친 후에 안수를 받게 됩니다.

강도사나 전도사는 교회마다 역할이 약간 다르나, 신학 교육을 받고 교회에 시무하는 교역자로서, 목회자를 도와 심방과 교육을 담당합니다.

하나님께서는 평신도 중에서도 직분자를 세워 교회를 섬기게 하고, 교회의 사명을 온전히 이루게 하셨습니다. 교회의 직분은 교파에 따라 명칭이나 역할이 약간은 다르지만 여러 가지가 있으며, 평신도 중에서 최고의 직분으로는 장로가 있습니다. 장로라는 말은 교회의 지도자로서의 직분을 강조하는 것이고, 감독이라는 말은 기능을 강조하는 것입니다. 장로는 감독자로서 교회를 섬기는 것이므로, 신실한 믿음을 가지고 양무리의 본이 될 만한 자이며, 목회자를 도와 교회의 행정과 권징을 관리하는 일을 합니다.

이와 같이 성도들을 돌아보는 일을 하는 장로 외에 교회에는 집사라는 직분이 있어 장로의 보조자로서 교회에서 공식적으로 인정하여 봉사의 일을 하게 합니다.

그러므로 그리스도의 몸된 교회에는 예수님을 대신하여 세운 교역자가 있어 교회 전체를 치리하되 기도에 힘쓰며, 하나님 말씀을 준비하는 것에 전무하는 것이 하나님의 뜻이므로, 성도들 중에서 장로, 집사 등 직분자를 세워서 교회와 성도들을 섬기게 하는 것입니다.

① 사도

그리스도께서는 자신을 보좌하는 목자로 먼저 사도(아포스톨로스: *αποστολος*)로 임명하셨습니다.

아포스톨로스는 '보내다'를 뜻하는 동사에서 왔으며, 그 기본적 의미는 '보내심을 받은 자' 입니다. 구약성경 열왕기상 14:6에, 여로보암의 아내에게 신적인 메시지를 전달한 아히야의 임무를 서술하는데 사용되었습니다. 역대하 17:7-9에 의하면, 이 보냄을 받은 자들은 단순한 사절이 아니라 책임 있는 직무, 즉 어떤 사람의 권한을 위임받은 대표를 말합니다. 그의 행위는 '보낸 사람'에 의해 결정됩니다. 그러므로 사도는 '전권을 가지고 다른 사람을 위해서 행동하는 사람'을 의미합니다. 아브라함, 엘리야, 엘리사의 경우, 하나님 자신이 행하시는 것과 같습니다. 희생 제물을 바치는 제사장들을 "하나님 앞에 있는 백성들의 대표자"로 불렀습니다.

아포스톨로스는 신약성경에서 80여 회 나타납니다. 신약성경에서 아포스톨로스라는 말은 오직 '사자'라는 일반적인 의미로 사용되었으며, 무엇보다 하나의 특정한 직무, 즉 원(原) 사도직에 대한 확고한 명칭으로 사용되었습니다.

누가복음 6:12-13에, "이 때에 예수께서 기도하시러 산으로 가사 밤이

맞도록 하나님께 기도하시고 밝으매 그 제자들을 부르사 그 중에서 열둘을 택하여 사도라 칭하셨으니"라고 하셨습니다. 그리스도께서는 그를 따르고, 그의 삶을 함께 나누고, 그에게 속한 제자들 중에서 특별한 방식으로 그를 대표하고, 그와 보다 더 친밀하게 교제하고, 그럼으로써 특별한 권한을 가지게 될 열두 명을 선발하셨습니다. 그 역할에 대해서는 마가복음 6:7에서, 갈릴리에서 제자들에게 전도를 위해 보내실 때에 말씀하십니다. "열두 제자를 부르사 둘씩 둘씩 보내시며 더러운 귀신을 제어하는 권세를 주시고"(마 10:1-2). 여기서 우리는 사도직의 본질적인 특성을 보게 됩니다. 사도는 경건한 사람이며 예수님에 의해 다른 사람들 중에서 선택되어 부름받은 자입니다. 사도는 예수님의 처지를 공유하고, 그의 재산과 그의 직업과 그의 가족을 포기하며, 그의 잔을 마시고(마 20:23), 이와 함께 주님께서 받으시는 세례를 받게 될 것(막 10:39)을 포함합니다. 대리자나 대표로서 아포스톨로스는 그를 보낸 자보다 크지 못하지만'(요 13:16) 그럼에도 불구하고 "나의 보낸 자를 영접하는 자는 나를 영접하는 것이요 나를 영접하는 자는 나를 보내신 이를 영접하는 것"(요 13:20)입니다.

사도의 사명은 전도하는 일과 교회들을 세우고(고전 9:2), 죄를 용서하며(요 20:23), 성령을 전하고(행 8:18), 집사를 안수하고(행 6:6), 장로들을 세우는 것(딛 1:5)입니다.

이들은 그리스도께서 세상에 사역하시는 동안 함께 다녔고, 그가 부활하신 것을 목격한 자들이었습니다. 하나님께서는 이들의 복음 전파를 통해서 예수님을 보지 못한 자들로 사도들과 똑같은 고귀한 믿음을 갖도록 하셨습니다. 그러므로 사도들은 그리스도를 직접적으로 대신하고, 그리스도께서 주신 권위로써 그리스도에 대해서 증언하는 임무를 감당하는 자들입니다.

② 선지자

사도들 다음에 해당하는 교회의 직분으로서는 선지자들이 있었습니다. 선지자(프로페테스: προφητης")는 예언자(prophet), 선포자(proclaimer)로도 사용됩니다. 즉 '예언하는 사람', '미리 말하는 사람'이라는 의미입니다.

구약성경의 선지자들의 기능에 대하여 학자들은 하나님의 말씀을 받아 선포하는 것이라고 합니다. 그러나 강조점은 예언자(나비: navi)를 통한 하나님과의 의사소통을 받아들입니다.

신약성경은 선지자를 신적으로 영감을 받은 메시지의 성경적 선포자로 이해합니다. 선지자는 성령이 그에게 전달한 계시 때문에 미래에 대한 특별한 지식을 가지고 있습니다. 선지자는 미래를 예언할 수 있고(행 11:28), 사람의 과거를 알 수 있으며(요 4:19), 그가 만나는 자들의 마음을 통찰할 수 있습니다(눅 7:39). 선지자는 본질적으로 하나님의 말씀의 선포자입니다. 구약 선지자들은 신약을 위하여 미래 사건들을 예언하는 사람들일 뿐만 아니라, 신약성경의 기록자들에 의하면 예수님의 말씀과 사역의 진리를 지지하는 권위자들입니다(막 11:17, 요 6:45).

이들은 실제적인 생활상의 문제들을 위해서 하나님께 말씀의 계시를 받았으며, 교회에 대하여 분별력을 가지고 보살피는 책임을 가지고 있었습니다.

③ 전도자

전도자들은 복음을 전파하여 사람들로 하여금 그리스도를 믿게 하는 은사를 받은 자들이었습니다.

복음 전도자 유앙겔리스테스(ευαγγελιστης)는 '좋은 소식을 선포하다' 라는 동사에서 왔으며, '복음 전도자', '좋은 소식을 가져오는 사람'을 의미합니다. 이것은 사도행전 4:11에서 빌립에 대하여, 디모데후서 4:5에서 디모데에 대해 사용되었습니다. "그러나 너는 모든 일에 근신하여 고난을 받으며 전도인의 일을 하며 네 직무를 다하라." 그리고 에베소서 4:11에서 한 무리의 복음 전도자에 대해 사용되었습니다. "그가 혹은 사도로, 혹은 선지자로, 혹은 복음 전하는 자로, 혹은 목사와 교사로 주셨으니."

복음 전도자들은 신탁을 선포한 것이 아니라, 좋은 소식을 전파하였습니다(롬 10:15). 이 용어는 사도들도 행한 한 기능을 의미합니다. 하지만 모든 복음 전도자들이 사도인 것은 아니며, 이 기능은 사도들의 기능보다 낮은 것입니다.

초대교회에서 복음 전도자들은 사도들의 직무를 계속 수행했습니다. 이 단어는 또한 복음서의 저자를 가리키는 말로도 사용되었습니다.

④ 장로

장로들은 교인들의 신앙과 행위를 감독하는 자들이었습니다. 프레스뷔테로스(πρεσβυτερος)는 영어로 '손위'의 'elder'와 장로 'presbyter'를 의미합니다. 더 나아가 '보다 크게 중요한'(greater importance), '인간적인 것들과 비교되는 신의 것'이라는 의미가 있습니다. 결국 이 단어는 '더 존경 받는'(more honoured)이란 의미가 되었습니다.

히브리어의 자켄('수염이 난'이란 뜻으로 법적 성년에 도달한 사람이란 뜻이었다가 후에 노인이란 뜻이 되었다)의 역어로, 창세기 18:11과 그 밖의 곳에서 '나이 든'이나 '늙은', '노인'(신 28:50)을 나타내었습니다.

장로라는 호칭은 모세가 대표자들의 대표단을 구성하기 위해 두 번씩 이스라엘의 장로들 중에서 70인을 뽑은 사실에서 명백하게 나타나는 바와 같이 상당수의 사람들에게 주어졌습니다. 이 장로들은 시내산에서 언약이 비준될 때 하나님의 영광을 보았으며(출 24:1), 모세의 짐을 나눠지도록 하나님이 임명하셨습니다(민 11:16-17: 민 11:24-25). 그들은 부분적으로 모세의 명령을 받음으로써 권위를 인정받았습니다.

사사들과 군주시대에 장로들은 정치적, 군사적, 법적 문제들에 있어서 결정을 내리던 지방 자치 기구들의 지도급 인사들이었습니다(수 20:4, 삼상 16:4, 삿 11:5 이하, 룻 4:2 이하). 그리고 장로들은 지방 또는 부족에서 공통된 결정들을 위해 모였습니다(삼상 30:26 등). 장로들은 블레셋을 대적하여 법궤를 보낼 것을 결정하였고(삼상 4:3), 군주정치의 도입을 요구한 자들도 바로 그들이었습니다(삼상 8:4 이하). 왕들이 장로들의 뜻에 얼마나 의존했는가 하는 것은 사무엘에 대한 사울의 애원(삼상 15:30)과 다윗의 즉위(삼하 3:17: 삼하 5:3), 이에 대한 압살롬의 도전(삼하 17:4, 삼하 17:15, 삼하 19:12), 르호보암 시대에 왕의 옹립자로서 장로들의 역할(왕상 12:6 이하: 대하 10:6 이하), 아합의 위기 때에 장로들과의 협의와 그들을 조종하려고 하는 아합의 시도(왕상 20:7 이하: 왕상 21:8: 왕상 21:11) 등에서 증명됩니다.

마침내 장로들은 솔로몬의 성전 봉헌식에 부족과 지파들의 우두머리들과 함께 모든 백성을 대표하는 자로 나타납니다(왕상 8장, 대하 5장).

누가는 최초의 예루살렘 교회의 지도자로서 사도들 다음에 장로들을 거론합니다. 장로들은 각 교회에서 교회의 설립자들에 의해 기도와 금식으로 임명되었습니다(행 14:23). 비록 주도적인 역할이 사도들에게 있지만, 장로들도 사도회의에 참여합니다(행 15:2; 행 15:4; 행 15:6; 행 15:22).

요한계시록에서 24장로들은 하늘의 존재로 묘사됩니다. 그들은 흰 옷을 입고 있으며, 만국에서 온 수많은 순교자들로 기술되어 있습니다(계 7:9-17). 이들은 흰 옷을 입고 면류관을 쓰고 있으며, 전능하신 하나님의 보좌 주위에 앉아 있는데, 단지 네 생물이 이들과 보좌 사이에 있을 뿐입니다. 이곳에서 이들은 고귀한 천국 직분을 맡은 자로 등장하고 있습니다. 이들은 역사 가운데 나타난 하나님의 구속의 활동들을 인하여 하나님을 찬양하는 자들이며(계 4:10 이하; 계 5:6 이하; 계 11:16 이하), 또한 이 찬양들을 부를 때 그 자리에 참석하고 있습니다(계 14:3).

마지막으로 장로란 말은 단순히 연장자에게 사용되기도 합니다. 나이가 많은 사람에게는 책망을 해서는 안되며, 오히려 공손한 태도로 권면해야 합니다(딤전 5:1, 딤전 5:2 참조, 벧전 5:5). 베드로는 오순절 기도에서 요엘서 3:1을 인용하여 "너희의 젊은이들은 환상을 보고 너희의 늙은이들은 꿈을 꾸리라"(행 2:17)고 말합니다.

⑤ 감독

감독(에피스코포스: $\epsilon\pi\iota\sigma\kappa o\pi o\zeta$)은 '감독자'(overseer), '감시인'(watcher)을 의미하며, '보호자'(protector), '후원자'(patron)로 사용되었습니다. 에피스코포스는 하나님에 대하여 사용되었으며, 하나님은 만물을 감찰하시는 절대적인 감독자(에피스코포스)이십니다(욥 20:29).

신약성경에서는 베드로전서 2:25에서 그리스도에 대하여 사용하였으며, 다른 구절에서는 기독교 공동체 내의 기능이나 직무를 가진 개인들에 대하여 사용되었습니다(행 20:28, 빌 1:1, 딤전 3:2, 딛 1:7).

그리고 감독은 교회의 지도자들에 대해 사용되었으며, 순회하는 카리스마적인 복음의 전도자, 사도, 선지자에 대하여 결코 사용하지 않고 정착한 회중, 곧 특정한 지역 교회의 지도자들에 대해 사용되었습니다.

신앙생활에서 교회를 관리하는 목자적인 감독에 대한 필요는 히브리서 12:15에 분명히 나타나는 바와 같이, 원래 모든 구성원들에게 주어지는 의무였습니다. 그러나 처음부터 감독은 특별한 직분의 과제가 되었습니다.

처음에는 장로와 감독 사이에는 구별이 없었습니다. 모든 장로들은 감독으로 불리며, 그들은 신분상으로는 장로이며 책무상으로는 감독입니다. 그리고 그들의 책무는 양들을 돌보는 일입니다(벧전 2:25; 벧전 5:2이하).

⑥ 집사

집사(디아코노스: $\delta\iota\alpha\kappa o\gamma o\zeta$)는 '하인', '고용인'(servant), 집사(deacon), '주인의 명령을 수행하는 사람', '식사 시중드는 사람', '주인의 종(servent)', '임금의 사환'(마 22:13)으로 표현되었습니다. 따라서 그리스도인은 그리스도의 종입니다(요 12:26).

디아코노스는 '교회의 직분으로서 집사'를 의미합니다(빌 1:1, 딤전 3:8-13). 여기서 집사는 감독과 병행되어 나옵니다. 집사들은 책망할 것이 없으며 온유하며, 한 아내를 취하며, 가정을 잘 다스리며, 한 입으로 두 말을 하지 않으며, 욕심이 없고 깨끗한 양심으로 믿음을 지켜야 합니다. 그들의 책무가 행정과 봉사에 관한 것이라는 사실은 그들의 칭호, 그들에게 요구되는 자격, 그리고 그들과 감독과의 관계, 그리고 신약에서의 용법에서 추론될 수 있습니다. 따라서 집사들이 복음을 전하고 설교하기도 했으며, 일반적으로 식사 봉사와 관련되어 있습니다.

(2) 각 교단 헌법에 나타난 유형

① 대한예수교장로회(통합측) 헌법

제21조 교회의 직원의 구분

교회의 직원은 항존직과 임시직으로 구분한다.

제22조 항존직

항존직은 장로, 집사, 권사이며 그 시무는 70세가 되는 해의 연말까지로 한다. 장로에는 두 가지가 있으니

1. 설교와 치리를 겸한 자를 목사라 하고,

2. 치리만 하는 자를 장로라 한다. 단, 항존직에 있는 자가 사정에 의하여 70세가 되기 전에 은퇴를 하고자 하는 경우에는 소속치리회의 허락을 받아 은퇴할 수 있다.

제23조 임시직

임시직은 전도사, 서리집사이며 그 시무 기간은 1년이고 연임할 수 있다. 단, 연임되는 경우 70세가 되는 해의 연말까지 시무할 수 있다.

② 대한예수교장로회(합동측) 헌법

제2조 교회의 항존직(恒存職)

1. 강도(講道)와 치리를 겸한 자를 목사라 일컫고

2. 치리만 하는 자를 장로라 일컫나니 이는 교인의 대표자이다.

3. 항존직의 시무년한은 만 70세로 한다.

제3조 교회의 임시 직원

교회 사정에 의하여 다음과 같은 직원을 안수(按手)없이 임시로 설치(設置)한다. 단, 교회의 모든 임시직의 설치 연한은 70세까지로 한다.

1. 전도사

2. 전도인

3. 권사(勸師)

4. 남녀서리집사

제4조 준직원(準職員)

강도사와 목사 후보생은 준직원이다.

③ 기독교대한감리회 헌법

제9조(회원의 신분구별) 감리회의 회원은 일반교인, 평신도 임원 및 사역자, 그리고 교역자로 구분한다. 회원의 자격, 의무, 권리에 대해서는 이를 법으로 정한다.

제10조(일반교인의 반열) 일반교인은 원입인, 세례아동, 세례인, 그리고 입교인으로 구분한다.

제11조(개체교회 평신도 임원 및 사역자) 개체교회 평신도 임원은 집사, 권사 및 장로로 구분하고, 개체교회 사역자는 심방전도사와 교육사로 구분한다.

제12조(교역자) 교역자는 연회 정회원, 준회원, 협동회원, 서리담임자 및 전도사로 구분한다.

대체로 장로교에서는 직분을 항존직과 임시직으로 구분합니다. 흔히 목사, 장로, 안수집사와 같이 안수를 하여 직분자를 세우는 경우를 항존직이라고 하고, 전도사, 권사, 남녀 서리집사 등은 임시직이라고 합니다.

그러나 항존직인 집사로 장립을 받은 성도가 그 직분을 중단하고 장로로 장립되기도 하며, 집사나 장로로 장립 받은 성도가 그 직분을 중단하고 목사로 장립받기도 하는 경우도 있습니다. 직분이 개인을 위한 직책이 아니라 교회를 위한 직분이라면 교회의 의사에 따라 새로운 직분을 부여할 수 있는 것입니다. 물론 그것은 단순히 교회의 민주적 절차에 의해서가 아니라 성령의 인도하심에 따른 교회의 의사를 통한 직분자 선임에 의해서 이루어져야 합니다.

(3) 현대 교회의 직분 유형

① 목사직

목사는 공적인 예배에서 말씀선포와 성례집행, 권징사역, 축도를 감당하는 직분입니다. 즉 예배를 인도하는 것이 목사의 가장 중요한 직무입니다. 그 직분을 온전히 감당하기 위해서 말씀에 익숙하고, 교회의 인정을 받는 자로서 회중의 선임을 받아야 합니다.

어떤 의미에서는 교회의 직분자들 가운데 가장 자의적으로 직분 이행을 할 수 없는 자가 목사입니다.

목사는 자기 의중에 따라 설교할 수 없으며, 하나님의 말씀을 온전히 드러내야 하는 직분자입니다. 목사는 교회가 부여한 대로 하나님의 뜻에 따라 말씀을 드러내며, 예배에 수종들 수 있는 직무를 부여받은 자로 이해해야 할 것입니다.

목사는 결코 설교를 통해 자기 역량을 펼치는 통치자나 권력자가 아닙니다. 하나님께서 허락하시는 교회의 직분을 인간의 시대적 조류에 따라 결정한다는 생각을 가져서는 안됩니다.

그리고 목사가 해야 할 일 중 하나는 교사, 즉 신학교수들을 독려해야 한다는 점입니다. 이는 교권적 감독이 아니라 신령한 독려여야 합니다. 세상의 변화와 더불어 끊임없이 교회 내부로 침투해 들어오는 비신앙적 요소들에 대한 해답을 공교회적 입장에서 확인하기 위해 신학교수들에게 지속적인 답변을 요구함으로써, 목사와 교수들은 상호연관성 가운데 있어야 하는 것입니다. 장로교에서 개혁교회와 달리 교사, 즉 교수의 직분을 따로 두지 않는 것은 목사 직분과 신학교수 직분이 공교회 가운데서의 동등성과 밀접성을 보여 주고 있는 것이라 볼 수 있을 것입니다.

② 교사직

성경에서 말하는 교사 직분자란 오늘날 신학교수들을 일컫는 말입니다. 장로교회에서는 교사 직분을 독립된 직분으로 구분하지 않음으로써 목사직에 포함시키고 있습니다. 그러나 개혁교회에서는 교사를 일반 목회자와 구분된 특별한 직분으로 이해하고 있습니다. 여기서 특별한 직분이란 직분 자체의 의미에서도 그렇거니와 선임과정에서도 그렇습니다. 목사, 장로, 집사 등 다른 직분들이 노회와 지교회에 속한 직분인데 반해 교사는 노회 뿐 아니라 공교회, 즉 교단에 속한 직분입니다. 그러므로 지교회의 청빙과 투표에 의한 선임이 아니라 전체 공교회에서 살펴 선임함으로써 말씀 해석자와 교육자로서 교사 직분을 맡기는 것입니다.

그러므로 교사직은 공교회적 직분이며, 교사는 공교회의 신학적 일치와 유지를 위해 말씀을 끊임없이 해석해야 하는 직분자입니다. 그들은 교회의 치리나 교회 정치에서 중립적이어야 하는데, 이는 정치적 영향에 관계없이 순수하게 말씀을 잘 해석해야 할 의무가 있기 때문입니다.

③ 장로직

장로는 교회의 목사와 함께 교회를 관리하고 돌보는 감독자입니다. 이는 단순히 감시자라는 말이 아니라 치리하는 자라는 의미도 포함됩니다. 장로가 감당해야 할 두 가지 중요한 감독 직무는 '목사의 설교를 책임 있게 감독하는 일'과 '그 말씀에 따라 살아가는 성도들을 사랑으로 감독하는 일'입니다.

목사와 장로로 구성되어 정기적인 모임을 갖는 당회에서 지속적으로 행해져야 할 가장 소중한 직무는 목사가 선포한 말씀에 대한 당회원들 사이에서의 나눔입니다. 당회에서는 목사가 설교한 성경 본문을 펼쳐두고 함께 말씀을 다시 읽으면서 본문의 의미를 새기는 가운데 자연스럽게 목사의 설교가 올바르게 잘 선포되었는가를 점검하게 되는 것입니다. 그런 장로의 직무를 통해 목사는 자의적으로 설교하지 않는 은혜를 누리게 됩니다. 장로가 그 직무를 온전히 감당하기 위해서는 말씀에 대해 목사와 버금가는 이해가 있어야만 합니다.

장로의 직무 가운데 또다른 중요한 일은 성도들을 심방하는 일입니다. 그 심방의 기초는 역시 목사를 통해 선포되는 하나님의 말씀입니다. 그러므로 심방의 목적은 결코 교인들을 단순히 관리하거나 위로하기 위한 방편이 아닙니다. 한국 교회에서 일반적으로 심방을 부목사나 여전도사, 권찰 등에게 맡기는 것은 교인 관리 수준에 머무를 수 있으므로 재고해 보아야 할 일입니다.

대다수 교회들에서는 장로들이 자기들에게 맡겨진 일이 아니라 집사들에게 맡겨진 재정에 관한 것에 모든 신경을 집중하고 있는 현실입니다. 그리고 교회의 일반 의사결정을 위한 최고 의결기관인 것처럼 인식되어 있습니다. 그러나 그것은 매우 잘못된 관행입니다.

④ 집사직

집사 직분은 다른 직분들보다 덜 중요한 직분이라는 생각은 결코 옳지 않습니다. 다른 직분들과 마찬가지로 이 땅에 존재하는 주님의 몸된 교회를 세우고 유지하기 위해 주님께서 허락하신 귀중한 직분입니다.

집사 직분은 교인들의 일상적인 생활과 연관이 됩니다. 즉 먹고 살아가는 문제와 직접 연관이 있는 것입니다. 성도들은 일상생활 가운데서 정당한 노동을 하고, 그로 말미암아 얻게 되는 수입 가운데 일부를 하나님의 은혜에 감사하며 연보를 하게 됩니다. 그 연보는 단순히 기부금처럼 돈을 내는 행위가 아니라 하나님께서 허락하신 삶에 대한 고백적 표현입니다. 그렇게 해서 모여진 헌금은 집사 직분을 맡은 이들에 의하여 교회의 여러 일들에 사용하게 됩니다. 그러므로 집사직은 더더욱 교인들의 모범이 되어야 합니다.

집사 직분은 교회의 재정적인 논의와 함께 일반적인 구제사역에 관한 문제도 담당합니다. 이때 집사는 장로들로부터 심방을 통해 구제의 필요성이 있는 성도들에 관해 이야기를 들어야 하며, 그들의 구제에 대한 계획을 세워야 합니다.

이는 교회의 공적인 재정문제 뿐만 아니라 성도들의 일반적인 생활 형편에까지 관심을 기울여야 함을 의미합니다. 그렇게 함으로써 성도들이 함께 주 안에서 더불어 살아가는 것을 깨닫게 하고, 더욱 하나님의 교회를 사랑하도록 만드는 역할을 하게 됩니다.

⑤ 기타

성경에 나타나지 않는 교회의 직분으로는 강도사, 전도사, 준목사, 서리집사, 권사, 권찰과 공로목사, 원로목사, 원로장로 등이 있습니다. 이들 직분은 교회의 조직과 관리상 필요에 의하여 만들어진 것으로써, 교회의 형편에 적합하게 관리되어야 합니다. 만약 이런 직분들이 잘못 관리되면 오히려 교회의 질서를 어지럽히게 되고, 혼란을 초래할 수 있습니다.

3) 교회 직분의 의미

교회는 하나님의 나라를 확장해가는 사역을 감당하는, 그리스도 안에서 하나님의 나라를 증거하도록 부름 받은 백성들의 모임입니다. 그러므로 교회의 직분은 역사 속에 존재하고 있으므로, 교회의 조직과 활동을 위한 직분이 필요합니다. 지금 우리에게 필요한 것은 조직이나 새로운 직분을 고안해내는 것이 아니라, 이미 세움을 받은 교회의 모든 직분자들이 그리스도의 마음을 가지는 것입니다.

(1) 교회의 직분은 권세가 아닙니다.

성도의 의식 가운데 매우 잘못된 것이 있는데, 그것은 직분(職分)이나 직책(職責)에 대한 그릇된 인식입니다. 직분은 '마땅히 해야 할 본분'을 이르는 말이고, 직책은 '직무상의 책임'을 말하는 것으로 양쪽 모두 그것이 어떤 명예나 권리를 뜻하지 않지만 대개는 책임 측면보다는 권한 측면에 비중을 두고 있어 교회에서 가끔 문제가 되고 있습니다.

물론 직분이나 직책을 수행하는데 있어서 권리와 권한이 배제되는 것은 아닙니다. 그러나 그것들은 본연의 임무를 행하는데 있어서 매우 경계해야 할 부분으로써 본분과 책임보다 결코 앞서지 않아야 합니다. 그러나 교회의 대다수의 중직자들은 본분과 책임을 다하는 것보다는 권리를 앞세워서 마치 자신에게 특정한 업무의 전권이 주어진 것으로 착각하는 우를 범합니다.

이와 같은 현상은 목사의 독재만큼이나 교회를 병들게 하는 독소로 영향을 미치고 있습니다. 특히 교회의 직책(職責)은 맡아서 관리하고, 섬기며 봉사하는 청지기의 성격이 강하므로, 협력하며 민주적인 방법으로 일을 계획하고 진행하여야 함에도 불구하고 직책을 앞세워 권한을 중요시하는 독선적인 중직들이 상당수에 이르고 있는데, 그것은 교회가 세속화되어 가고 있는 단면을 보여 주는 것이라 할 수 있습니다.

교회에서 내가 맡은 직분이 중요한 것이 아니라 내가 어떤 열매를 맺었느냐가 중요합니다.

사도 바울이 예수님을 만나기 전에는 우리가 어두움 가운데 속했지만, 예수님을 만난 후 빛의 자녀가 되었다고 말하고 있습니다. 다시 말하면 우리는 과거에 불순종의 아들이었으며, 어둠의 열매를 맺을 수밖에 없었지만, 예수 그리스도의 보혈의 피로 새롭게 변화되어 현재는 빛의 자녀가 되었음을 우리는 기억해야 할 것입니다.

인간은 원래 자신을 남에게 나타내기를 좋아하고, 동료들 중에서 뛰어나며, 남을 지배하고자 하는 욕심들이 있습니다. 이에 대하여 선지자 예레미야는 "네가 너 자신을 위하여 큰일을 찾고 있느냐 그만 두어라"(렘 45:5)고 하였습니다. 여기에서 예레미야는 야심을 갖지 말라는 것이 아니라 오직 자기 중심적인 야심, 자신을 위한 큰일을 계획하지 말라는 경고입니다.

그리고 목회자는 교인들을 목회를 돕는 부수적인 도구로 생각해서는 안됩니다. 교인들은 자신의 직업에서 전문 지식을 가진 자들입니다. 그렇기 때문에 목회자는 교인들을 지배하고 다스리는 것이 아니라, 잘 양육하고 훈련시켜 목회의 파트너로서 목회 사역에 참여할 수 있도록 도와주어야 합니다.

세상에서 두각을 나타내지 못하는 것을 교회에서 찾으려고 한다면 그것은 참으로 부끄러운 일이며, 신성한 교회의 직분과 직책을 세상의 명예와 계급처럼 인식하는 중직자는 한마디로 졸장부에 지나지 않습니다.

교회의 직분은 어떤 경우에도 계급으로 인식되어서는 안 됩니다. 직분은 세상에서 보여주는 어떠한 명예를 제공하지 않으며, 여하한 개인적인 권력을 부여하지도 않습니다. 모든 직분은 상호관계 속에 놓여 있으며, 모든 직분자들은 성도들 간에 존재하는 유기적인 관계 가운데서 기능해야 합니다. 교회의 각 직분들은 개별적이지 않고 집합적이자 상호 연관성을 지니고 있는 것입니다.

그렇지만 교회에서 직분이 마치 계급제도처럼 인식되어 있습니다. 교회에 입교하면 일정한 기간이 지나면 집사 직분을 맡게 되고, 그 후 일정기간이 지나면 다시 장로가 될 수 있다고 생각하는 것입니다. 그래서 어떤 성도가 한평생 신앙생활을 했는데도 장로가 되지 못하면 신앙이 별로 좋지 않은 사람으로 생각하게 되는 것입니다. 온전하고 성숙한 교회라면 모든 성도들이 직분과 관계없이 동일하게 올바르며 성숙한 신앙을 가져야 하는 것입니다.

사도 바울은 디모데전서 3:1에서 말하기를 "미쁘다 이 말이여 사람의 감독의 직분을 얻으려면 선한 일을 사모한다 함이로다"라고 하였습니다. 사도 바울이 디모데전서를 기록할 당시의 상황은 교회 지도자의 직분을 욕심낼 분위기가 아니었습니다. 박해가 올 때에 지도자의 자리는 맨 먼저 고난을 당하는 자리였습니다. 그럼에도 불구하고 사도 바울은 교회의 지도자를 '명예로운 야망의 자리' 라고 한 것은 오늘날 같이 직분을 권위와 지위만을 추구하는 비뚤어진 의식을 갖는 것이 아니라, 정말로 낙담할 수밖에 없는 어려운 상황이나 모험을 불사하고, 성도들을 돌보며 가르치며 복음 전하는 일에 충성하는 그 모습이 귀하고 아름답기 때문이었습니다.

세상의 집권자, 고급관료, 귀족, 경영자 등의 직분은 그 아래 있는 사람들에게 권세를 부리거나 군림할 수 있습니다. 그러나 천국의 질서 체계, 즉 교회의 질서 체계는 서로 섬기기를 먼저하고 종이 되기를 힘쓰는 데 있습니다. 오늘날 직분을 신앙의 힘과 권위로 인식하고, 교회 안에서 성직자와 회원으로 구분하는가 하면, 교인들에 의해 위임되었거나 선출되어 직분을 맡았지만, 사람이 아닌 하나님이 세우신 직분이라는 우위적 지위개념 때문에 일반 교인보다 한 단계 높은 존재라고 인식하고, 교인들 위에 군림하려는 직분자들을 봅니다. 그러나 진정한 의미에서 가장 존경받는 존재는 자기를 종과 같이 생각하는 지극히 겸손한 자이어야 합니다.

예수님께서 이 세상에 육신으로 오신 목적은 섬김을 받으려함이 아니요 오히려 섬기려 하는데 있었고, 자기 목숨을 많은 사람의 대속물로 주시기 위해 오신 것입니다. 그러므로 예수님을 주인으로 삼는 교회의 직분자는 섬김을 받고 존경받기를 좋아하는 세상 사람들과는 달리 예수님의 모범을 따라 모든 이들을 섬기며, 겸손하게 자신의 삶을 살아야 하며, 자신의 삶 속에서 자신을 위한 유익과 기쁨을 얻어 내는 것보다는 오히려 자신의 삶 속에서 하나님과 동료 성도들에게 기여할 수 있는 봉사와 섬김에 더 관심을 가져야 합니다.

예수님께서 말씀하시기를 "너희 중에 누구든지 크고자 하는 자는 너희를 섬기는 자가 되고 너희 중에 으뜸이 되고자 하는 자는 모든 사람의 종이 되어야 하리라"(막 10:43-44)고 하셨습니다. 사도 바울도 로마교회 성도들에게 보낸 서신에서 "서로 마음을 같이하여 높은데 마음을 두지 말고 모든 사람들 앞에서 선한 일을 도모하라"(롬 12:16-17)고 말씀하였습니다.

하나님께서 교회 안에 다양한 직제를 세운 목적은 교회 안에서 성도를 교화시키고, 그리스도의 몸을 강건하게 세워서 봉사의 직무를 올바르게 수행하는데 있습니다. 이 일을 바르게 감당하게 위해서는 일을 맡은 자들이 겸손하여 섬기는 자들이 되어야 합니다.

(4) 교회의 직분은 기능적 구별입니다.

평신도란 말은, 3세기 중엽 교회의 제도화 과정에서 교직을 가진 성직자 위치의 강화를 위해 칼타고의 감독이었던 싸이프리안이 평신도라는 말을 사용하기 시작함으로써 일반화되었습니다. 이 평신도라는 말은 당시 교회 안에서 성직자의 상대적인 개념으로 사용되면서 직분의 계급화를 촉진시키는 결과를 가져왔습니다.

종교개혁자 루터는 믿음으로 모두가 하나님 앞에서 제사직을 갖는 만민제사장직을 주장하면서 성직자와 교회 회원은 동등하다고 강조하였습니다. 종교개혁 이후 얼마 동안은 이와 같은 개념이 강조되었으나, 개신교 안에서 또다시 성직자와 평신도라는 두 가지 종류의 교인이 생기게 되었습니다.

모든 그리스도인은 그리스도 안에서 생명을 유지하고 기능을 수행함으로써 그리스도의 몸된 교회를 세워나가며 유지하고 있는 동역자들입니다. 따라서 교회의 직분이라고 하는 것은 사실상 기능적 구별은 존재하지만 결코 신분상 구별은 존재하지 않으며 존재해서도 안 됩니다. 그러므로 교회의 직분은 기능적 구별이지 신분상의 구별이 아닙니다.

(5) 교회의 직분은 주님을 주인으로 선포하는 것입니다.

우리가 고백하는 것처럼 교회의 주인은 오직 하나님 한 분이십니다. 교회는 주님께서 친히 피로 값주고 사신 거룩한 공동체이기 때문입니다. 그러므로 주인이신 하나님 이외에 어느 누구도 주인 행세를 하거나 주인을 대리하려 해서는 안 됩니다. 모든 직분자들은 말씀을 통해 주님의 뜻을 알아가며 그의 요구에 순종해야만 하는 것입니다.

교회에 직분이 있는 것은 개인이 자기 취향이나 판단에 따라 교회를 움직이지 못하도록 하는 역할을 합니다. 그러므로 교회 내에는 어느 누구도 절대적인 위치를 차지하는 자가 있어서는 안 되며, 공동으로 주님의 뜻을 이루어가는 것입니다.

(6) 교회 직분의 권위는 말씀으로부터 나옵니다.

직분에 관한 모든 권위는 오직 하나님의 말씀에 의해서 행사되어야만 합니다. 교회에는 다양한 능력들이 필요하지만 교회가 필요로 하는 능력은 개인의 특별한 재능이 아니라 주님으로부터 제시된 직분, 즉 은사인 것입니다.

그렇지만 교회에서는 직책이나 직임이 직분보다 오히려 더 중요한 것으로 인식되는 경향이 있습니다. 즉 집사의 직분은 대중적인 것으로 생각하여 맡겨진 직분을 소홀히 하는 경향이 있으나, 직분이 아닌 다른 직책들에 대해서는 최선을 다해 봉사하고 일하는 모습을 쉽게 볼 수 있는 것입니다. 그러나 그것은 매우 잘못된 것입니다. 교회 직분의 권위는 오로지 하나님의 말씀으로부터 나오는 것입니다.

4) 직분자의 자세

(1) 감사하는 마음(딤전 1:12-17)

사도 바울은 직분을 주신 하나님께 항상 감사하는 마음을 잃지 않았습니다. "나를 능하게 하신 그리스도 우리 주께 내가 감사함은 나를 충성되이 여겨 내게 직분을 맡기심이니," 맡겨 주신 직분은 항상 감사하는 마음으로 받아야 합니다.

직분을 감당할 때 억지로 해서는 안 됩니다. 감사하는 마음으로, 자원하는 마음으로, 그리고 즐거운 마음으로 받는 것이 맡겨 주신 분에 대한 예의 있는 자세입니다. 하나님은 그런 이들을 더욱 신뢰하시고, 그들에게 마음 놓고 일들을 맡기시며, 그들을 통하여 많은 일들을 하십니다. 직분을 맡은 자들은 항상 감사하는 마음과 기쁨으로 맡겨주신 바 직분을 잘 감당하여야 합니다.

(2) 겸손한 자세(딤전 1:12-17)

사도 바울은 항상 겸손하였습니다. 그는 자신이 죽을 수밖에 없는, 또 말할 수 없는 죄인이라는 사실을 알고 있었습니다. 그래서 그는 "죄인 중에 내가 괴수"라고 고백하였습니다. 바울과 같은 생각을 한다면, 이렇게 큰 죄인을 구원하시고 영광스러운 직분을 맡겨 주시니 어찌 겸손하지 않을 수 있겠습니까?

사도 바울은 그의 모든 지식과 학문과 명예에도 불구하고 모든 것은 하나님의 은혜로 돌리고, 자신은 오로지 죽을 수밖에 없는 죄인이요 말할 수 없는 죄인이라고 말합니다. 직분자들은 언제나 사도 바울과 같은 자세로 임해야 합니다.

내가 잘나고 똑똑하고 훌륭해서 나를 부르신 것이 아니고, "나의 나 된 것은 오직 하나님의 은혜"라고 고백할 수 있는 사람이 진정으로 겸손한 자입니다. 이렇게 겸손한 사람만이 진정으로 직분을 받아 충성스럽게 감당할 수 있는 사람입니다.

(3) 섬김의 자세(고전 4:1-2)

교회의 직분은 자기를 높이는 수단이나 다른 사람 앞에 군림하는 하나의 감투도 아닙니다. 하나님은 우리에게 하나님의 일꾼으로서 자기를 부인하고, 자기 십자가를 지고 하나님이 맡기신 사역을 감당하기를 원하십니다. 섬김의 본을 보이신 예수님을 따를 것을 요구하십니다.

섬긴다고 하는 것은 자신을 낮추고 종이 된다는 의미가 있습니다. 종은 주인의 부르심에, 그리고 명령에 따라 사는 자를 말합니다. 그러므로 직분을 받음은 종의 도를 다하는 섬김의 길입니다. 직분자에게는 시간과 물질과 삶을 모두 하나님께 위탁할 수 있는 믿음이 필요합니다.

누군가를 섬긴다고 하는 것은 참으로 아름다운 삶입니다. 왜냐하면 그 것은 자기를 부인하고, 자기희생이 따르며, 자신을 죽이는 삶의 연속이기 때문입니다. 자신이 누릴 수 있는 모든 특권을 스스로 포기하는 삶이기 때문입니다.

그러므로 우리는 주님의 거룩한 사명을 부여 받은 직분자들로서 하나님과 교회와 주님의 백성들을 위해서 스스로 자기를 부인하고 희생적인 삶을 선택해야만 하는 것입니다. 그리고 주님의 몸된 교회를 위해서 철저히 종의 도를 갖춘 자들이 되어야 합니다.

"인자가 온 것은 섬김을 받으려 함이 아니요 도리어 자기 목숨을 많은 사람들의 대속물로 주고 섬기려"고 오신 주님의 말씀을 우리의 가슴에 깊게 간직하고, 섬김의 도를 실천하는 주님의 온전한 종들이 되어야 하겠습니다.

(4) 충성하는 자세(딤후 2:1-13)

그리스도인은 세 가지 면에서 충성을 다해야 합니다. 첫째는 지극히 작은 일에 충성하는 것이요, 둘째는 맡은 일에 대한 충성하는 것이며, 셋째는 죽도록 충성하는 것입니다.

바울은 직분자를 예수 그리스도의 좋은 군사라고 말합니다. 직분자들은 교회를 지키는 군사가 되어야 하고, 때때로 세상과 맞서 싸우는 군사가 되어야 합니다. 그러기 위하여 좋은 군사는 그리스도와 함께 고난을 받습니다. 전쟁에서 승리하기 위해서는 힘든 훈련과 피땀 흘림이 있어야 합니다. 마찬가지로 복음전파를 위해서도 우리는 훈련의 땀을 흘려야 합니다.

또한 "군사로 다니는 자는 자기 생활에 얽매이는 자가 하나도 없나니"라고 말씀합니다. 만일 군사가 전쟁 중인데 집안에 일이 났다고 전장을 뒤로한 채 자기 집으로 달려간다면 그 전쟁은 어떻게 되겠습니까? 군대에 다녀오신 분이나, 군에 자녀를 보내신 분들은 아마 군대에서는 자기 마음대로 활동할 수 없다는 것을 아실 것입니다. 즉 군사는 공동의 목표를 위해서 생활의 규제를 받게 됩니다. 이처럼 직분자들도 개인 생활은 그리스도 앞에 내어놓아야 합니다. 그리고 거기에 맞게 자신을 규제하며 생활을 해야 합니다.

그리고 "군사로 모집한 자를 기쁘게" 해야 합니다. 이것은 지휘관이나 국가 원수에게 충성을 다한다는 의미가 됩니다. 집에서 기르는 애완동물들도 주인을 알아보고, 주인이 오면 꼬리를 흔든다든지 하며 온갖 애교를 부립니다. 그것은 주인을 기쁘게 하려는 것입니다. 심지어 자기 목숨을 바쳐 주인을 구하기도 합니다.

우리도 우리를 직분자로 세우신 그리스도에게 충성을 다해야 합니다. 그리스도를 위해 함께 고난을 받는 모습, 자기 목숨까지도 내어놓을 수 있는 자세, 그리스도가 기뻐하는 행동을 하는 충성된 자세가 곧 직분자의 좋은 자세입니다.

(5) 규칙을 지키는 자세

직분자는 법대로 경기하는 자입니다. "경기하는 자가 법대로 경기하지 아니하면 면류관을 얻지 못할 것"이라고 했습니다. 요즘은 올림픽 경기에 임하는 선수들에게 약물검사를 합니다. 약물복용을 해서 경기에서 메달을 딴다 할지라도, 약물복용이 밝혀지면 메달을 박탈당하게 됩니다. 핵주먹으로 이름난 유명한 미국의 타이슨이라는 권투 선수가 있었습니다. 그와 경기를 하는 선수들은 공포에 떨었습니다. 그런데 한 경기에서 그는 상대방의 귀를 물어뜯어서 그만 실격패를 당하고 말았습니다. 아무리 실력이 좋았어도 반칙하는 바람에 경기에서 지고만 것입니다. 아무리 실력이 좋은 선수라도 경기의 규칙을 어기면 승리를 할 수 없습니다.

교회의 직분자들도 자신의 실력만 믿고 교회의 규칙대로 행하지 않는다면, 즉 하나님의 뜻을 거부하고 자기 뜻대로 행동하며, 교인들의 생각을 무시하고 자신의 권리만 주장한다면 그 결과가 아무리 좋아도 하나님은 기뻐하시지 않으십니다. 즉 하나님으로부터 상을 받지 못하는 것입니다.

교회는 하나님의 자녀들의 공동체로 하나님의 뜻이 있고, 교회 내의 규칙이 있습니다. 그래서 하나님의 직분을 맡은 자는 이 규칙을 지키는 경기자가 되어야만 면류관을 얻을 수 있는 것입니다.

(6) 봉사의 정신(고전 15:1-10)

하나님이 인간을 창조하실 때 '하나님의 형상대로' 창조하셨다함은 영적 존재로 창조하셨다는 뜻이며, 그것은 죄가 없는 존재, 그리고 자유

의지를 가진 존재로서 협동과 봉사하는 존재로 창조하셨다는 것을 의미합니다. 예수님은 "하나님이 일하시니 나도 일한다"(요 5:17)고 하셨습니다. 하나님의 일하심이 곧 봉사입니다. 따라서 하나님의 형상으로서의 인간 또한 봉사적 존재임을 부인할 수 없습니다.

그러므로 하나님은 하나님의 몸된 교회를 위하여 직분을 주시며, 적합한 자로 직분을 맡기십니다. 따라서 직분을 맡은 자들은 그 직분에 대하여 절대적 순종을 함으로써, 봉사적 존재로서의 창조주 하나님의 깊은 뜻을 깨닫고 신실한 종이 되어야 합니다.

(7) 종합(벧전 5:1-11)

① 부득이함으로 하지 말아야 합니다.

"부득이함으로 하지 말라"는 말은 필요에 따라서만 하지 말 것을 가리킵니다. 우리가 필요에 따라서 자기의 의지로 일을 하면 금방 지치고, 창조적인 생각도 할 수 없고 나태하게 합니다. 오직 하나님의 뜻을 좇아 자원하는 마음과 기쁨으로 주님의 양들을 보살펴야 합니다.

② 더러운 이익을 취하지 말아야 합니다.

교회의 직분자들은 사회의 직장과는 달리 돈이나 댓가를 받는 그런 이들이 아닙니다. 받기보다는 오히려 주는 직분입니다. 사람들의 인정이나 댓가를 받으려고 하면 오히려 성도들에게 상처를 줄 뿐 아니라 스스로도 상처를 입게 됩니다. 오직 하나님의 뜻을 따라서 희생정신으로 직분을 감당하여야 합니다. 교회의 직분자들은 자기의 이익을 취하려는 탐욕을 버리고 깨끗한 마음과 즐거운 마음을 가져야 합니다.

③ 주장하는 자세를 버려야 합니다.

주장한다는 것은 '자기 의'가 생겼다는 것입니다. 자기 의는 교만과 관련이 있습니다. 하나님이 가장 싫어하시는 사람이 바로 교만한 사람입니다. 직분을 맡은 자들은 예수 그리스도께서 하늘 보좌를 버리시고 이 땅에 낮아져서 오시고 생활로 본을 보여 주신 것처럼 언제나 겸손해야 합니다. 겸손하게 하나님의 일을 할 때 하나님께서 은혜를 주실 것입니다.

④ 모든 염려를 주께 맡겨야 합니다.

직분자가 되면 평신도보다 더 많은 시간과 노력과 물질을 교회에 바치게 됩니다. 때로는 하나님께 다른 이들보다 더 많이 바치고, 더 많이 충성해야 한다는 생각도 합니다. 그리고 평신도들보다 더 잘 살아야 한다는 생각으로 고민도 하게 됩니다. 그러나 그런 염려는 모두 주님께 맡겨야 합니다. 하나님은 하나님의 일을 시기나 질투로써 경쟁적으로 하는 것을 기뻐하시지 않으십니다. 그리고 모든 삶의 걱정과 염려는 하나님께 맡기고 묵묵히 주어진 사명을 감당해야 할 것입니다.

⑤ 근신하여 깨어 있어야 합니다.

평신도 때에는 신앙적인 시험을 당하는 일이 없지만, 직분을 맡으면 유혹과 시험이 다가와 넘어지게 만들려고 합니다. 가정과 교회의 여러 가지

문제, 사업과 직장의 문제들로 시험합니다. 정신 차리고 깨어 있지 않으면 마귀의 시험에 넘어갈 수밖에 없습니다. 그러므로 직분자들은 깨어 있어 기도해야 합니다. 그리고 경건에 이르는 연습, 곧 하나님의 말씀을 읽고 묵상하므로 온전케 하시며, 강하게 하시는 하나님의 은혜를 받아 살아야 합니다.

5) 직분자의 유익

교회의 직분자로서 충성스럽고 성실하게 감당하는 자에게는 하나님의 복이 영육 간에 임하게 됩니다.

(1) 개인의 영적 성장

교회의 직분을 열심히 감당하다보면 영적으로 크게 변화를 받고 자신의 신앙이 성장하게 됩니다. 일꾼의 영성은 일로써 채워집니다. 교회의 직분자로서 흘리는 땀은 심령이 부요해지고 정서가 풍성해지며, 기쁨이 넘치는 삶을 살게 됩니다.

(2) 건전한 생활의 복

교회의 직분자로 봉사의 삶을 살게 되면 생활태도가 진실해지고 성실하게 됩니다. 욕심을 버리고 진실하게 봉사하면 성도의 경건성이 증가하게 됩니다. 세상의 풍조를 따르던 타락의 습성이 사라지고, 윤리 의식이 강화되어 도덕적으로도 건전한 사람이 됩니다. 그리하여 직장이나 가정

생활에서 책임 있는 믿음직한 사람이 됩니다. 나아가 인간관계가 원만하게 되어 모든 사람들로부터 신뢰와 존경을 받게 됩니다.

(3) 범사에 형통한 은혜

성경에 "곡식을 밟아 떠는 소의 입에 망을 씌우지 말라"(딤전 5:18)고 하셨습니다. 이는 일하는 일꾼의 범사에 형통한 은혜를 주시겠다는 주님의 뜻입니다. 청지기적 삶에 충실하다면 교회의 일꾼은 경제적인 생활에 궁핍함이 없고, 건강의 복을 받게 되며, 생업과 관련된 면까지 하나님의 약속하신 은혜와 복을 받아 누리게 됩니다. 뿐만 아니라 삶의 지혜를 얻어 그 지혜로 많은 유익을 얻게 됩니다.

(4) 주님의 특별한 위로

직분을 잘 감당한 자에게는 하나님의 특별한 위로가 있습니다. 엘리야가 갈멜산에서 바알과 아세라 선지자들과 영적 전투를 승리로 이끌고, 이세벨의 보복을 피하여 유다 광야에서 죽기를 원할 정도로 지쳐 있을 때, 하나님은 천사를 동원하여 위로하시고 격려하셨습니다(왕상 18–19장). 이처럼 일꾼이 근심되고 지칠 때 주님은 특별한 위로를 주셔서 용기를 얻게 하십니다. 이러한 위로는 충성된 일꾼만이 체험하는 특별한 은혜입니다. 사람들은 몰라 주고 비난하고 때로는 적극 반대까지 하는 경우가 있지만, 하나님께서는 진심을 아시고 특별한 위로와 새 힘을 주십니다.

(5) 더 큰 일과 은사를 받음

마태복음 25장에는 달란트의 비유가 나옵니다. 주인이 세 명의 종에게 각각 재능대로 금 다섯 달란트, 두 달란트, 한 달란트를 맡겼다가 주인이 오랜 후에 돌아와 종들과 결산하였습니다. 다섯 달란트 받은 자는 장사하여 다섯을 더 남기고, 두 달란트를 받은 자도 두 달란트를 남겼습니다. 그러나 한 달란트를 받은 자는 땅에 감추었다가 그냥 가지고 왔습니다. 이때 주인은 이윤을 남긴 종들에게는 "잘 하였도다 착하고 충성된 종아 네가 적은 일에 충성하였으매 내가 많은 것을 네게 맡기리니 네 주인의 즐거움에 참여할지어다"(마 25:21)라고 칭찬하였습니다. 이처럼 일꾼으로 충성하면 하나님으로부터 인정받을 뿐만 아니라, 또한 더 크고 많은 일을 맡겨 주실 것입니다.

제 2 장

하나님의 집에
거룩한 기둥
－ 장로 －

1. 장로의 정의

　사도행전에는 장로(長老)가 여러 번 등장합니다. 교리적 혼란에 부딪친 안디옥교회가 유대 교회에 바울과 바나바 등을 보내자 장로들이 영접합니다(행 15:14). 사도들이 이방인 지역에 설립한 교회들도 유대 교회처럼 장로를 세웠습니다(행 14장, 20장).

　사제(司祭) 중심의 가톨릭교회 체제가 정착되면서 사라졌던 장로제도를 부활시킨 사람은 종교개혁자 칼빈이었습니다. 그는 1541년 제네바교회에 평신도 대표인 장로를 세워 교회 운영을 맡게 했습니다.

　한국 교회의 60% 이상을 차지하는 장로교에는 장로, 집사, 권사 등의 직책이 있습니다. 집사는 교회 실무를 맡고, 권사는 봉사와 전도 활동의 중추적인 역할을 담당하는 여성 신자에 대한 예우로 세운 직분입니다. 장로는 교회 운영을 결정하는 당회에 참여하고, 각 부서 책임을 맡기 때문에 특히 중요합니다.

장로는 교회의 정치체제 중 대의제도를 채택하는 교회 직제 중의 하나입니다. 장로직은 교회의 전임직이 아닌 대의적 치리직입니다. 장로는 교회에서 성도들이 자기들을 대신하여 선거를 통하여 세워 주기 때문에 대의직을 수행하며, 목사와 함께 대의 정치를 하는 교단에서 의회를 구성하여 교회를 치리하는 봉사직입니다.

1) 구약성서에 나타난 어의

장로라는 말이 구약에서는 100회 이상 나옵니다. 그중 모세오경에는 약 46회나 나옵니다. 그 낱말들을 살펴보면 다음과 같습니다.

① 가돌(gadol)은 손위의 형(elder)을 의미합니다.

② 자켄(zakan)은 나이 든 장로, 백발이 있는 자를 의미합니다. 자켄이 구약에서 가장 많이 사용되었으며, 모세 때부터 애굽에서 사용된 말입니다. 이들은 바로 궁의 신하들과 함께 궁전에서 자문역을 했고, 또한 애굽의 각 지방에서 그 지방을 다스리는 지도자의 소임을 다했습니다(창 50:7).

③ 샤림(sharim)은 '임금'을 의미하는 말에서 유래되어 통속적인 치리자로서의 자격을 가진 사람을 말하는데, 사사시대에는 방백으로 쓰였고, 군주통치가 실시되기 전에는 장로와 같은 의미로 사용되었습니다.

④ 호케킴(hokekim)은 다스리는 자, 지방의 지사, 요새의 사령관, 우두머리 등으로 쓰였고 지휘자, 귀인, 용사, 두령과도 관계있는 낱말입니다.

2) 신약성서에 나타난 어의

헬라어로 장로를 프레스뷰테리온(πρεσβυτεριον), 혹은 프레스뷰테로스(πρεσβυτερος)라 부릅니다. 이 단어는 늙은이나 연장자, 노인을 말하며 원로, 상원의원 또는 대사라고 하는 프레뷰스(πρεβυς)와 같은 말입니다.

신약에서는 장로라는 말이 60회 이상 나오는데, 그 어의는 손위 사람들, 공직에 있는 자들(마 16:21, 눅 7:3), 영광 받을 자들(벧전 5:4, 계 4:4; 10:5), 교회의 장로로 나타나 있습니다. 특히 교회의 장로들은 예수 그리스도의 사도들이 회당에서 도입하여 교회의 장로를 삼았을 때를 말합니다(행 14:23, 엡 20:17, 약 5:14).

신약 성경에 나타난 장로는 비교적 많은 경험과 신앙심이 깊어 인격적으로 존경받는 자이며, 마을에서 사도들을 도와 회중을 지도하고 그리스도의 복음을 위해 봉사하는 자를 말합니다. 이들은 주장하는 자세나 허세를 부리는 자세로 다스리지 않고 회중 앞에서 봉사의 짐을 지고 모범을 보여 왔습니다.

2. 장로직의 기원과 본질

장로제도는 고대 사회에서부터 존재해 왔습니다. 고대 스파르타의 지도자층을 '게루시아'(gerousia)라고 불렀는데 그것은 '장로회'라는 뜻이었습니다. 로마의 의회는 '원로원'이라고 불리었는데, 그것은 '노인'이라는 말에서 유래되었습니다. 영국에서도 공동체에 관한 사항을 관리하는 사람을 '알더맨'(alderman)이라고 불렀는데, 그것은 '장로들'이라는 뜻입니다. 이와 같이 장로제도는 오랜 역사를 가지고 있으며, 거의 모든 사회에 장로와 같은 지위가 설정되어 있었습니다.

현대 교회에서 중요한 위치를 차지하고 있는 장로직에 대한 바른 이해를 위해서 장로직에 대한 성경적인 배경을 살펴보는 것은 중요한 일입니다.

1) 장로직의 기원

원시 히브리 사회에서 가족은 종교와 깊은 뜻이 있어서 가장은 가족의 종교생활에 대해서도 책임자로서 종교적 행사의 주체였습니다. 그러므로 구약에서는 부모를 치는 자는 반드시 죽였으며(출 21:15, 17), 그의 권위는 절대적이어서(창 18:12) 추장이며 장로이며 아버지였습니다. 한 가족에서 가장이 대표가 되는 것처럼 장로는 히브리 사회의 권위적인 존재였으며, 히브리 사회를 이끌어 나가는 기초세력이었습니다.

(1) 구약의 장로직

장로의 직분은 아브라함 때부터 있었고(창 50:7; 24:2, 출 3:16; 4:29-30; 12:21; 18:21, 신 5:23, 시 107:32), 요셉 때 애굽과 바로 궁중에도 장로가 있었는데, 시민적 종교적 지도자를 의미하였고(창 50:7), 모세 때에 이르러 백성의 대표로 장로를 세우되 재판소처럼 등급을 나누어 백성의 재판을 심판케 하였는데, 그 수는 70인(출 18:21-25, 민 11:16-25)이라고 하였습니다.

이스라엘의 장로는 지도자입니다(출 3:16; 4:29). 모세의 장인 이드로는 미리안의 제사장으로 모세에게 사법 임무를 지도자들에게 분담시킬 것을 제안하여 천부장, 백부장, 오십부장, 십부장을 임명하였습니다. 이 제도는 미리안의 대표적 권력제도로 이스라엘이 호렙산에 이르기도 전에 이 제도가 생겼다고 전합니다.

뿐만 아니라 구약의 장로는 비단 나이가 많아서 뿐만 아니라 모든 면에서 성숙한 사람이라는 의미를 가지고 있습니다. 장로는 가족관계, 대인관계, 그리고 공동체에 있어서 원만한 사람이었습니다. 또한 덕망이 있고 사회적인 영향력이 있으며, 다른 사람을 지도할 수 있는 역량이 있는 사람이었습니다. 그러므로 구약에서 장로는 나이가 많다는 사실 뿐만 아니라 젊은이보다 경험과 지혜가 낫다는 사실 때문에 그들에게 권위가 부여되어 있었습니다.

모세의 장인 이드로는 모세에게 지도자의 자격을 다음 네 가지로 설명하였습니다(출 18:21).

· 재덕이 겸전한 사람
· 하나님을 두려워하는 사람
· 진실한 사람
· 불의한 이익을 미워하는 사람.

이것을 다시 새겨보면 실력을 가진 사람, 신앙의 사람, 진실한 사람, 부당한 유익을 미워하는 사람이라고 할 수 있습니다.

모세가 장인 이드로의 제안대로 지도자를 선출하기 전에도 장로가 있었습니다(민 11:16, 신 29:10; 30:28, 수 8:33). "백성을 지도해 온 장로 70명과 함께 나아오라 그들을 데리고 회막으로 와서 서 있으라"(민 11:16)고 한 것을 보아 장로들 중에서 70인을 선정하여 이스라엘의 장로회를 구성한 것을 알 수 있습니다. 이 70인의 장로들은 회막 회의에서 구름으로 회막이 덮힐 때 선택하고 임명하였습니다(민 11:17, 25).

이렇게 선택 받은 장로들의 지도력은 하나님께로부터 왔으며, 그들의 직무는 백성의 짐을 담당하는 것입니다(민 11:17). "여호와께서 구름 가운데 강림하사 모세에게 말씀하시고 그에게 임한 신을 70인 장로에게도 임하게 하시니 신이 임하신 때에 그들이 예언을 하다가 다시는 아니하였더라"(민 11:25)고 하였으니, 장로들이 하나님의 능력으로 예언을 했던 것을 알 수 있습니다.

이스라엘의 역사에 장로제도가 본격적으로 제정되어 실시되기 시작한 것은 이스라엘 백성이 애굽에서 나와 광야생활을 할 때였습니다. 당시 출애굽의 지도자 모세의 책임이 너무 크고 그 업무가 너무 과중해서 모세 혼자 이 모든 일을 감당하기에는 너무 힘들었습니다. 그래서 하나님께서는 모세의 협력자로서 장로 70명을 세우도록 명령하셨습니다. 그리고 그들이 장로의 직무를 원만히 감당할 수 있도록 그들 각자에게 하나님의 영이 임하도록 하셨습니다(민 11:16-17, 24-25).

사사시대와 왕정시대에도 장로들은 정치적·군사적 및 법률적 문제들에 있어서 주도적 역할을 했습니다(삿 11:5, 삼상 30:26, 삼하 19:12). 이스라엘 장로들은 사무엘에게 왕을 요구하였으며(삼상 8:4), 왕정이 확립된 이후에도 왕의 선택권은 장로들에게 있었으므로, 다윗은 장로들이 헤브론에서 그에게 기름 붓기 전에 그들과 언약을 했습니다(삼상 5:3).

압살롬은 장로들의 지지를 받았으며(삼하 17:4, 15), 다윗은 압살롬의 반역이 있은 후 유다 장로들의 허락을 받은 후에야 비로소 다시 통치할 수 있었습니다(삼하 19:11). 왕은 위급한 상황이나 중대한 결정을 할 때 장로들의 자문을 받았으며(왕상 20:7-8, 21:8, 11), 장로들은 이스라엘 백성의 포로 기간 동안(렘 29:1, 겔 8:1; 14:1; 20:1)과 포로기 이후에도(스 10:8, 14) 줄곧 이스라엘 백성들에게 영향력을 행사했습니다.

모세는 총회를 할 때 의장이 되고, 산헤드린 총회에서 대제사장이 직권으로 의장이 되었습니다. 장로는 회막이나 성막의 일에는 관여하지 않았고 제사장직 수행을 한 적이 없었습니다. 모세는 하나님으로부터 계시를 받아 이스라엘 백성들의 정치, 종교, 입법, 사법 등의 제도를 인정할 때 그 구분을 명확히 하였습니다.

장로는 의장직이지 제사를 드리는 직이 아니었습니다. 백성들을 대신하여 대의직을 수행하였지 제사장직을 수행치 않았습니다(출 28:1). 그리고 모세는 천부장, 백부장, 오십부장, 십부장을 삼고 행정직을 감당케 하였습니다(신 1:9-18). 이렇게 모세는 제정분리를 원칙으로 하고, 모든 법은 하나님으로부터 받아서 이스라엘의 출애굽과 통치 원리로 삼았습니다. 입법은 하나님, 사법과 행정은 천부장과 백부장에게, 그리고 장로들에게는 회의제도를, 아론과 그 아들에게는 제사장의 일을 하도록 한 것은 일반 역사나 법에 지대한 영향을 끼친 것입니다.

요셉 시대의 애굽과 바로 궁중에도 장로가 있어서 지도자의 역할을 하였지만(창 50:7), 이스라엘 사회에도 장로가 있어서 지도적 권위를 가진 그룹으로 나타났습니다(출 3:16; 4:29). 그중에서도 70인 장로들은 모세 때부터 하나님과 사람들 사이의 언약을 위해 특별히 부르심을 받은 자들이었습니다. 70인 장로들은 장로들 중에서 선택되어 임명함으로(민 11:16), 여기에서 대의제도를 엿볼 수 있습니다. 이것이 이스라엘 백성의 산헤드린 의회의 시초라고 할 수 있습니다. 이렇게 선택된 장로들은 일반 장로들과 구별되었고, 그들의 기능은 하나님의 명령에 의하여 좌우되었습니다(민 11:17, 25).

장로들은 종교적 기능 이외에도 전투의 지휘자, 재판관, 충고와 권면자, 행정의 증인 등으로 그 역할이 다양했으나, 그중에도 공동체 대표자의 기능이 가장 중요하였습니다(레 4:13-21, 신 21:1-9). 또한 장로들은 선지자의 친구요(왕하 6:32), 왕의 고문이요(왕상 20:8; 21:11), 국무에 있어서 백성들을 돕는 자들이었습니다. 장로의 존재와 그 영향은 이스라엘 민족의 자치성의 원리와 습성을 배양하는데 큰 역할을 하였습니다.

모세와 함께 모세를 도와서 협조한(출 24:1) 이들은 분명히 독자적으로 행사하지 않고 언제나 광야교회의 목회자요, 치리자요, 통치자이었던 모세를 좇아 협력했습니다. 이들의 직무는 종속적이었고 독립적으로 행사하지 못했습니다. 바벨론 포로 시대에 원로들은 민족혼과 정신과 사상과 신앙을 위하여 나섰습니다. 중간 시대의 장로들의 특징은 모세의 율법을 연구하고 해석하고 다른 율례와 법도를 제정하여 유다 공동사회의 신앙적 도덕과 윤리에 모든 정신적 지도자의 일을 했습니다.

이스라엘 역사에서 장로들은 일반적으로 전쟁에서 지휘관의 역할을 했고(수 8:10), 송사가 생기면 재판관이 되었고(사 19:2; 21:1-9, 22:15-18; 25:7-9), 때로는 하나님 앞에 드리는 제사에 있어서 제사장과 함께 혹은 그의 보조자로서 역할을 했습니다(출 24:1-2). 무엇보다도 구약에서 장로들은 행정에 있어서 증인의 역할과 백성들에 대한 현명한 충고로 자문의 역할을 했습니다. 또한 장로들은 성문 앞 광장에서 자문역할을 주로 했습니다. 사람들이 와서 물어보는 억울한 하소연을 들어 주기도 하고, 과부, 나그네, 고아, 사회에서 버림받고 냉대 받는 사람들의 억울함을 들어 주고, 그들의 억울함을 풀어주며, 약한 자를 보호해 주는 등의 자문역할을 했습니다.

구약에서 장로들은 모세와 그 후 통치자나 제사장들의 협력자로서 그들의 과중한 업무를 분담했으며, 백성들의 대표자로서(레 4:13-21, 신 21:1-9) 이스라엘 백성들을 지도하고 치리하는 사람들이었습니다. 나아가 장로들은 이스라엘 백성들에게 존경 받은 어른이었으며, 아버지와 같은 통찰력을 가지고 정신적이고 물질적인 일에 관한 모든 문제를 조언하고 충고하며 자문해 주는 핵심적인 인물이었습니다.

(2) 회당의 장로직

바벨론 포로 시대에는 성전 종교 활동을 할 수 없으므로 그 대신 민족의 정신운동을 펴며 율법 공부에 열중했습니다. 여기서 유다의 노인들이 자연스럽게 율법의 교사가 되었습니다. 포로에서 돌아온 유다 백성들은 본격적으로 율법 공부를 하기 위하여 모였는데 이것이 회당이었습니다. 이 회당에서는 제사 대신 예배를 드렸고, 성경 공부와 기도 모임을 가졌으며, 찬송을 부르며 자연스럽게 회중 간의 친교도 나눴습니다(느 8:6). 즉 이스라엘 사회에서 장로의 직책이 정착된 곳이 회당(쉰아고게, *anaywyη*)입니다.

회당은 집회 또는 공동체 교구를 의미하는 낱말로 신약 성경에는 '모이는 장소'나 '예배와 교훈의 집'이란 의미로 회당이라는 낱말이 사용되었습니다(행 6:9).

회당의 요소와 공중 예배의 모습을 포로 시대에서부터 엿볼 수 있으며(느 8:1-26), 그 후에도 모임의 형태를 계속한 것으로 보입니다. 주전 2세

기경부터 회당은 바리새파의 율법 보존 운동으로 인하여 크게 발전하여 예수 당시의 예루살렘에는 480개의 회당이 있었다고 합니다.

회당은 장로들로 구성된 자치 기관으로서 유대인의 민사, 형사, 종교상의 문제를 판단하는 법정 구실을 했고(눅 12:11, 마 10:17), 장로들은 재판관의 역할을 했습니다. 회당은 장로가 최고 관리자가 되어 율법 교육을 맡았고, 이단과 배교자들을 회당으로 부터 추방할 권리가 있었습니다. 회당의 상임 관리자를 회당장이라고 불렀습니다(막 5:22, 눅 8:49).

(3) 신약의 장로직

신약시대에도 유대인 사회에 장로제도가 두루 퍼져 있었습니다. 팔레스틴은 물론 디아스포라(흩어진 유대인들) 사회에도 회당을 중심으로 장로들이 있었습니다.

특히 디아스포라 사회에서는 "장로회"를 '게루시아' 라고 불렀고, 장로를 '아르콘테스' 라고 불렀는데, 그 뜻은 다스리는 자입니다. 장로회 중에서 가장 중요한 역할을 했던 것은 예루살렘에 있던 산헤드린이었습니다.

산헤드린은 70인 장로회였는데, 유대인 사회에서 최고 법정으로서 역할을 했습니다. 산헤드린 장로들은 일반적인 행정을 감시했으며, 로마 당국에 대해서는 유대인들을 대표했습니다. 그들은 주로 율법을 해석했을 뿐만 아니라 율법을 범하는 자들에게 형벌을 내리는 사법적인 역할도 했습니다. 아무튼 장로들은 유대인 사회를 정신적, 종교적, 사회적으로 통솔하고 지도하는 사람들이었습니다.

초대교회의 장로직은 본질상 그 전성기를 이루던 회당의 장로 제도를 그대로 계승한 것입니다. 다만 초대교회가 처했던 상황에 맞추어서 적절한 수정과 발전을 가했을 뿐이었습니다.

사도행전에 의하면 예루살렘교회에 이미 장로들이 있었음이 나타납니다. 글라우디아 황제 때 흉년이 들었었는데, 바로 그때 안디옥교회는 유대에 있는 형제들에게 부조(구호금)를 전달했습니다. 그 구호금을 바나바와 사울이 예루살렘교회의 장로들에게 전달하였다고 했습니다(행 11:27-30). 또한 바울과 바나바는 제1차 소아시아 전도여행으로 지방에 교회가 세워지자, 각 교회에서 정로들을 택하여 세웠습니다(행 14:23).

그 당시 장로들은 사도들과 함께 협력하여 교회 행정의 중요 업무를 처리했습니다(행 15:2, 4, 6; 16:4; 21:17; 26). 교회 회의 때 장로들은 사도들과 협의하여 훈련을 작성하고, 그것을 모든 지방 교회에 권위적으로 지시하며 교회 조항들도 제정했습니다.

사도와 장로들은 명백히 전체 교회를 위한 최고 법정이요 표준적 교리를 관리하는 직분이었습니다. 예루살렘 회의에서 장로들은 사도들과 동등한 권위를 가지고 주도적 역할을 했습니다(행 15:2; 16:4).

바울과 바나바는 신도들을 위한 구제금을 장로들에게 맡겼으니(행 11:30), 장로들은 교회의 재정을 정리했고 교인들을 심방하며(행 20:28), 병자를 위해 안수기도(약 5:14)를 하며, 교회를 다스리고 권면하며(살전 5:12), 말씀을 전하고 가르치는 일에 수고하며(딤전 5:17), 심령을 돌보아 주는 기능(히 13:17, 24)을 가진 자들이었습니다.

장로의 본질적인 직능은 다스리거나 주관하는 일이므로, 설교나 가르치는 일보다는 행정적인 일을 맡고 있었습니다. 베드로는 자기를 사도라고 부르지 않고 장로라고 부르기를 주저하지 않은 것은 교회의 봉사자라는 겸손한 뜻이요, 또 하나는 다른 장로와 똑같은 책임이 있다는 것입니다. 그래서 다른 장로들과 운명을 같이 하겠다는 뜻을 표시한 것입니다.

초기 교회에서 장로 선출 방법은 택하여 세우고 금식하며 기도했습니다(행 11:24). 각 교회에서 장로를 택한 것은 교회를 조직하는 일이요, 택하는 의식은 금식하며 기도하는 것이었습니다.

공식적으로 택하고 임명하였으니(딛 1:5), 장로는 사사로이 세울 것이 아니라 사람들 앞에서 택해 직분을 맡겨 사람들로 그 지위를 알게 하여 존경하게 하며, 교회의 명예를 공적으로 그에게 맡겼습니다.

신약에서 장로, 감독, 목사(엡 4:11)는 한 가지 같은 직분을 나타내는 세 가지 이름이었습니다. 장로는 교회의 지도자를 개인적으로 표현한 것이고, 감독과 목사는 그들의 '직제와 의무'를 표현한 것입니다. 곧 장로는 사람을 나타내고, 감독과 목사는 그 사람의 직무를 나타냈습니다. 에베소 교회 지도자들은 아무런 차별도 없이 장로, 감독, 목사로 묘사되었습니다(행 20:17, 28, 딛 1:6-7, 벧전 5:1-4).

신약에서 장로들은 사도들의 협력자로서 교회를 다스리며 가르치는 일을 했던 것입니다. 사도가 없을 때에는 장로들이 교회에서 목회적 기능을 감당했습니다. 사도들이 있을 때에는 교회의 최고 권위는 사도들에게 있었으며, 장로들은 그들을 도와서 교회를 돌보고 가르치며 다스렸습니다.

(4) 초대교회의 장로직

히브리서 11:2에는 "선진들이 이로써 증거를 얻었느니라"고 하는 원문은 곧 "장로들이 이로써 증거를 얻었느니라"로 되어 있습니다. 장로를 선진이라 함은 장로들의 사명이 모든 양무리 앞에서 나가는 자로서의 책임이기 때문입니다.

또한 디모데전서 5:17에 "잘 다스리는 장로를 배나 존경할 자로 여기라"는 말씀이 있습니다. '잘 다스린다' 는 말씀의 뜻은 '지배' 를 뜻하지 않고 '앞에 서있다' 는 뜻입니다. 바꾸어 말하면 장로는 '앞에 서서 인도하는 자' 라는 뜻입니다. 성도들의 앞에 서서 지도하는 사람이 잘 다스리는 장로들입니다.

교회는 오직 하나님만이 다스리는 권한을 가지시기에, 그의 말씀을 따라 다스려지는 교회라야 참된 교회요, 그렇지 않으면 그리스도의 심부름꾼에 지나지 않습니다. 만약 장로가 하나님의 말씀에서 이탈한다면 하나님의 종이라 할 수 없을 것입니다.

그러므로 장로는 언제나 성도들의 앞에 서서 십자가를 지고 신앙생활의 모범이 되며, 성도들이 그를 쳐다 볼 때마다 자연히 머리를 숙이고 순종하는 장로라야 잘 다스리는 장로라 할 것이며, 존경받을 자격이 있는 것입니다.

2) 장로직의 본질

웨스트민스터 헌장에 보면 목사직이 장로직에서 나왔다거나 장로직이 목사직의 근원이라는 언급은 전혀 없으며, 장로직은 교인 중에서 치리의 은사를 받은 자들이 선택되어 말씀을 사역할 목사를 도와 교회 행정과 정치를 수행하는 직이라 하여 장로직의 본질을 분명하게 설명해 주고 있습니다.

"장로는 최초의 하나님의 종인 모세를 도와서 하나님의 백성을 보호하며 하나님의 일을 수행하기 위한 목적으로 시작된 제직이라는 것을 명심해야 한다. 가끔 장로 중에 목사를 돕기는커녕 도리어 사사건건 목사를 괴롭혀서 결과적으로 하나님의 교회에 지장을 초래하는 사례가 간혹 있는 것을 볼 때 이는 분명 장로직의 근원 정신에 어긋나는 일입니다. 장로라는 것은 하나님의 종을 도와서 하나님의 성업이 수행되도록 하기 위해서 마련된 직제다."(박종열. 제직론. 142).

장로직은 목회자가 피곤할 때 손을 붙들어 주며, 치리할 때 배석이 되어 주며, 정치적으로나 사회적으로 어려움이 있을 때 대언자가 되어 주며, 교회적으로 큰일을 할 때 재정적인 뒷받침이 되어 주며, 목회자의 육신의 생활에 근심됨이 없이 충분한 보장을 해 주므로(빌 4:16-18), 목회자로 하여금 부담 없이 교회를 먹이며, 전도하며, 가르치는 일에 충성을 다하도록 해주는 직입니다.

장로직은 사도의 계승자인 목사를 도와 성업을 성공적으로 수행하기 위하여 제정된 직제입니다. 예루살렘 장로들은 사도들과 힘을 모으고, 의견을 같이하여 대민 봉사와 빈민 구제를 관리하였습니다(행 11:30). 그리고 이들은 사도들과 협의하여 지역 교회에서 일어나는 여러 가지 교리적 문제에 대한 해결과 이단에 대하여 필요한 조례를 제정하여 모든 교회의 신앙과 생활을 지도하였습니다.

장로직의 확립은 사도 시대의 교회 지도자들에게 와서 더욱 구체화되었습니다. 왜냐하면 사도들에게 기도하는 일과 말씀 전하는 일에 더욱 효과적으로 할 수 있게 하기 위하여 교회의 직제를 필요로 하게 되었던 것입니다.

장로직은 교회에 필요한 직분이요 신령한 직분입니다. 교회가 확장되며 이단과 율법주의는 팽배해져서 부득이 그리스도인의 생애와 그의 부활을 증거할 일꾼이 필요했고, 이들을 돕고 협력할 직분자들이 필요했던 것입니다.

오늘날 교회의 목사는 신약시대 사도와 장로의 직무인 가르치는 일과 다스리는 일을 모두 계승한 사람이고, 장로는 신약시대 장로의 직무 중 다스리는 일을 계승한 사람이라고 이해할 수 있습니다.

그러므로 장로는 성경의 모델을 따라 목회자의 협력자로서 목회자의 무거운 짐을 나누어 지며, 교인 전체의 신앙과 생활을 돌보고 지도하며, 시험을 받거나 어려움에 빠져 있을 때 그들을 자문해 주고 도와주는 교회의 어른이 되어야 합니다.

3. 장로의 자질과 자격

1) 성경적 배경에서 본 자질

교회들마다 목사를 도와 일할 장로를 세워 좋은 협력자가 되게 하기 위해 힘쓰고 있습니다. 그러나 자격 없는 자를 세워 교회가 어려워지고 목회자의 목회 활동에 저해 요인이 되는 경우들도 많이 있습니다. 그러므로 성경에서 말하는 자격에 준하여 장로를 세움이 마땅합니다.

성경에는 장로의 자격에 대하여 기록된 것이 많지는 않지만, 디모데전서 3:2-7과 디도서 1:7-9에 사도 바울은 장로 될 자격에 대하여 상세하게 기록하였습니다.

먼저 디모데전서 3:2-7은 다음과 같습니다.

① 책망할 것이 없으며,

② 한 아내의 남편이 되며,

③ 절제하며,

④ 근신하며,

⑤ 아담하며,

⑥ 나그네를 대접하며,

⑦ 가르치기를 잘하며,

⑧ 술을 즐기지 아니하며,

⑨ 구타하지 아니하며,

⑩ 오직 관용하며,

⑪ 다투지 아니하며,

⑫ 돈을 사랑치 아니하며,

⑬ 자기 집을 잘 다스려 자녀들로 모든 단정함을 복종케 하는 자라야 할지며 사람이 자기 집을 다스릴 줄 알지 못하면 어찌 하나님의 교회를 돌아보리요.

⑭ 새로 입교한 자도 말지니 교만하여 져서 마귀를 정죄하는 그 정죄에 빠질까 함이요.

⑮ 또한 의인에게서도 선한 증거를 얻은 자라야 할지니 비방과 마귀의 올무에 빠질까 염려하라고 하였습니다.

그리고 디도서 1:5-9에서는 다음과 같이 말하였습니다.

"내가 너를 그레데에 떨어뜨려 둔 이유는 부족한 일을 바로잡고 나의 명한 대로 각 정에 장로들을 세우게 하려 함이니,

① 책망할 것이 없고,

② 한 아내의 남편이며,

③ 방탕하다는 비방이나 불순종하는 일이 없는 믿는 자녀를 둔 자라야 할지라.

④ 감독은 하나님의 청지기로서 책망할 것이 없고,

⑤ 제 고집대로 하지 아니하며,

⑥ 급히 분내지 아니하며,

⑦ 술을 즐기지 아니하며,

⑧ 구타하지 아니하며,

⑨ 더러운 이를 탐하지 아니하며,

⑩ 오직 나그네를 대접하며,

⑪ 선을 좋아하며,

⑫ 근신하며,

⑬ 의로우며,

⑭ 거룩하며,

⑮ 절제하며,

⑯ 미쁜 말씀의 가르침을 그대로 지켜야 하리니, 이는 능히 바른 교훈으로 권면하고 거스려 말하는 자들을 책망하게 하려 함이라고 했습니다.

2) 장로에게 있어야 할 9가지 덕목

(1) 책망할 것이 없어야 합니다.

장로는 신앙적인 면에서나 인격적인 면에서나 나무랄 데가 없는 사람이어야 합니다. 교회법에는 '무흠한 자', 즉 흠이 없는 자라고 규정하였습니다. 신앙적으로도 흠이 없고, 인격적으로도 흠이 없는 사람이어야 한다는 말입니다. 사회적으로나 도덕적으로 책잡힐 것 없는 것을 말하는 것입니다.

똑 같은 잘못을 해도 지도자에게는 엄격한 룰이 적용됩니다. 그러므로 장로는 깨끗하고 고상한 생활로 세상에서도 모범이 되고, 교회 안에서도 모범이 되어야 합니다. 이 사람 저 사람에게 비방 받을 만한 요소를 가진 사람이 장로가 되면 교회는 그 사람으로 인해서 교회가 비방을 받게 됩니다. 그러므로 장로는 훌륭한 인격자로서 비난을 받을 혐의가 없어야 하며, 남에게 책망 받을 일이 없는 인격의 소유자라야 합니다. 이것은 모든 지도자들이 언제나 잊지 않고 노력해야 할 목표입니다.

(2) 한 아내의 남편이 되어야 합니다.

한 아내의 남편이 된다는 것은 충성된 남편으로 순결한 가정 관계를 보존해야 한다는 뜻입니다. 아내를 여럿을 둔 사람이나 여성 편력이 복잡한 사람은 장로가 될 수 없습니다. 장로가 될 자는 무엇보다도 먼저 '한 아내의 남편(the husband of one wife)' 이 되어야 합니다.

신약시대의 에베소라는 도시는 아주 음란하고 부도덕한 도시였습니다. 우상숭배와 음란으로 가정들이 파괴되었고, 사회가 무질서하였습니다. 많은 아내를 둔 남편들, 이 남자 저 남자들과 잠자리를 같이 하는 귀부인들이 많았습니다. 또 이혼과 재혼을 거듭하는 사람들도 많았습니다. 이런 사회 분위기 속에서 장로의 가정생활은 교인들의 모범이요 사회의 모범이 되어야 했습니다.

남자가 한 아내의 남편이 되는 것은 사람을 창조하신 하나님의 창조 원리이며, 하나님께서 정해 주신 변개할 수 없는 윤리입니다. 따라서 장로가 되려는 사람은 한 아내에게 성실하고 충실한 남편이 되어야 하며, 모범적인 가정생활을 하는 자라야 합니다.

(3) 절제력이 있어야 합니다.

장로는 스스로 통제할 줄 아는 자제력과 침착한 마음을 가져야 합니다. 장로가 무절제한 생활을 한다면 아무도 그를 따르지 않을 것입니다. 언제나 끓어오르는 감정을 절제하고 마음의 평정을 잃지 않아야 합니다. 먹는 것도 절제할 수 있어야 합니다. 시간을 사용하는 것에도 절제해야 합니다. 식욕, 물욕, 명예욕도 절제할 줄 알아야 합니다.

교회 지도자는 그의 본능, 열정, 욕구를 온전히 통제할 수 있는 능력이 있어야 합니다. 절제는 성령의 열매입니다. 그래야 정확한 시간 관리를 하고, 말씀을 연구하고, 가르치는 일을 충실하게 감당할 수 있습니다.

(4) 항상 깨어 있어야 합니다.

근신한다는 말은 건전한 생각을 하고, 육욕을 제어한다는 뜻입니다. 그래서 테일러는 "근신은 이성의 띠요 감정의 자갈이다."고 했습니다. 이성이 깨어 있고, 감정에 자갈을 물리는 사람이 근신하는 사람입니다. 깨어 있는 사람은 세상의 유혹과 각양 위험 속을 다녀도 그 마음에 구원의 능력을 가진 사람입니다. 그 속에 계신 예수의 마음으로 육욕을 온전히 통제할 수 있는 사람입니다. 장로의 직무는 사람의 영혼을 살리는 직무이기 때문에 모든 일에 근신하고, 바른 정신을 가지고 사고하며, 매사에 신중하게 처신할 수 있어야 합니다.

(5) 아담해야 합니다.

아담하다(of good behavior)는 말은 질서정연하고 정직하며, 예의 있는 몸가짐으로 사람들에게 칭찬과 사랑을 받는 몸가짐을 가리킵니다. 아담하다는 것은 존경받을 만한 품위를 의미합니다. 아담한 사람은 내적으로 충만한 신앙의 인격이 밖으로 나타나며, 성령님의 내재하심이 생활에서 빛으로 나타나는 사람입니다. 그러므로 장로는 성도들의 신앙의 본이 되어야 하며, 단정하여 성도들의 모범이 되며, 교회의 지도자로서 품위를 잃지 않고 덕이 있어 존경받는 사람이 되어야 합니다.

(6) 손님 접대를 잘해야 합니다.

초대교회에는 순회 전도자들이 많았고, 또 오갈 데 없어서 교회로 들어오는 비천하고 가난한 사람들도 많았습니다. 이런 자들을 가정에 불러들여 영접하고 접대하는 일은 쉬운 일이 아니었습니다. 그래서 장로는 언제나 마음의 문과 가정의 문을 열어 놓고 손 대접하기를 잘하는 사람이어야 합니다.

가정을 열어 나그네들을 섬기는 일은 예수 그리스도의 희생적인 사랑을 체험한 사람만이 실천할 수 있습니다. 장로의 직분은 남을 돌보는 것이므로, 남의 일을 자신의 일처럼 돌보는 자질이 있어야 합니다.

(7) 잘 가르칠 수 있어야 합니다.

가르치기를 잘한다는 것은 단순히 말을 잘하는 것을 의미하지 않습니다. 믿는 도리를 분명하게 밝히는 능력을 뜻합니다. 초대교회의 장로의 중요한 직무는 성도들의 영적인 생활을 감독하는 것과 복음의 진리를 가르치는 것이었습니다. 당시에는 이미 예수님의 직접적인 제자들, 곧 열두 사도들은 거의 다 죽었습니다. 기독교가 아시아와 헬라 세계로 전파되면서 헬레니즘과 동양의 신비주의와 이단으로부터 많은 도전을 받고 있었습니다. 이런 환경 가운데 장로에게 주어진 가장 중요한 임무는 기독교의 복음 진리를 명확하게 가르치는 것이었습니다. 그래야 양들을 보호하고 하나님의 교회를 지킬 수 있었습니다. 그러므로 장로는 가르치기를 잘해야 했습니다. 자신이 믿는 복음의 진리를 분명히 밝히고, 양들이 잘 알아들을 수 있도록 가르칠 수 있어야 했습니다.

오늘날 우리들은 온갖 거짓 진리가 난무하는 정보화 시대에 살고 있습니다. 우리의 사명은 이들에게 복음의 진리를 가르치고, 이들의 영혼을 보호하고 지키는 일입니다. 그러기 위해서 지도자들은 끊임없이 말씀 연구에 힘쓰고, 양들을 하나님의 말씀으로 깨우치고, 그 마음에 복음의 진리를 심을 수 있는 능력을 길러야 합니다.

(8) 자기 집을 잘 다스려야 합니다.

당시 로마 사회에서는 자녀를 교육하는 일을 부모가 직접 담당하지 않고 노예들에게 맡기는 경우가 많았습니다. 귀부인들은 자녀들을 노예들에게 맡기고 음란한 파티를 즐겼으며, 남편들은 여자 노예들과 온갖 음란

123

한 생활을 하였습니다. 이런 시대에 바울은 영혼의 목자가 되려면 한 자녀들의 존경받는 아버지가 되어야 한다고 가르쳤습니다.

만일 장로에게 방탕하고 치욕스러운 생활을 하는 자녀들이 있다는 것은 크나큰 수치가 될 것입니다. 자기 가정을 다스리지 못하는 사람은 모든 백성을 통치할 수 없다고 말합니다. 장로가 자기 가정에서도 인정을 받지 못하여 잘 다스리지 못한다면, 어떻게 많은 성도들에게 본이 되며 그들을 지도할 수 있겠는가?

그러므로 장로는 먼저 자신의 집을 잘 다스리는 자가 되어야 합니다. 가족 구성원 모두 하나님의 말씀대로 살며, 자녀들로 하여금 복음을 따라 단정하고 올바른 태도를 지닐 수 있도록 가르쳐야 하며, 서로 사랑하며, 믿음의 본을 보이는 가정이 되어야 합니다.

(9) 외인에게서도 선한 증거를 얻은 자라야 합니다.

바울은 마지막으로 장로가 "외인에게서도 선한 증거를 얻은 자"라야 한다고 했습니다. 장로는 교회 안에서만 평판이 좋을 뿐 아니라 교회 밖에 있는 불신자들로부터 좋은 평판을 듣는 사람이어야 합니다. 그만큼 인격적으로 성숙하고 훈련된 사람이어야 합니다. 그래야 세상 사람들의 비방과 마귀의 올무에 빠지지 않습니다.

일반적으로 사회의 도덕관은 단순하고도 도의적이며 윤리적입니다. 장로의 도덕적 수준이 그들의 수준에도 미치지 못한다면, 그리스도의 몸 된 교회가 비방을 받게 됩니다. 또 그로 인해 마귀가 교회를 올무에 빠뜨릴 수 있습니다. 비난받는 사람을 지도자로 세우는 것은 마귀가 교회를 무너

뜨리려고 만들어 놓은 함정에 빠지게 되는 것입니다.

3) 장로에게 없어야 할 9가지 성품

(1) 술을 즐기지 않아야 합니다.

술을 즐기지 않는다는 것은 술을 너무 많이 마시지 않고 절제하는 것을 의미하는 것이 아니라, 술을 좋아하지 않는 것을 의미합니다. 술을 즐기지 않는 자란 언쟁하지 않는 자를 의미합니다. 술을 즐기는 자들의 결과는 흉한 일, 다툼, 어리석은 태도, 부정한 결과로 나타납니다.

사람이 술을 즐기게 되면 절제력을 잃고 다투게 되고, 많은 허물과 실수를 남기게 됩니다. 또한 술자리는 곧 음란과 방탕으로 이어지기가 쉽습니다. 이렇게 되면 더 이상 선한 일을 할 수 없습니다.

그러므로 장로는 술을 즐기지 않아야 합니다. 술을 즐기는 장로는 교회와 하나님께 영광을 가리게 되며, 성도들을 지도하기에 온전하지 못하기 때문입니다.

(2) 구타하지 않아야 합니다.

사람이 폭력을 쓰는 것은 대화로서 문제를 해결할 능력이 없기 때문입니다. 그래서 폭력을 써서 상대방을 위협하여 자기 뜻을 관철하려고 합니다. 초대교회에서는 구타를 한 장로나 집사는 교회에서 내쫓았다고 합니다. 왜냐하면 주님께서 구타를 가르치신 적이 없기 때문입니다.

장로로서 양들을 섬기고 바른 길로 인도하고자 할 때, 종종 인간적인 갈등에 부딪히게 됩니다. 이때 혈기를 부리고 폭력으로 문제를 해결하려고 한다면 누가 그를 지도자로 믿고 따르겠습니까? 장로는 양들이 말을 듣지 아니하고 힘들게 하여도 절대로 폭력을 사용해서는 안됩니다.

(4) 관용하며 다투지 않아야 합니다.

관용하며 다투지 않는다는 말은 해를 당할 때 침착하게 자신을 절제하는 마음으로 견딜 줄 알며 많은 것을 용서해 주는 사람, 모욕을 삼킬 줄 아는 사람을 의미합니다. 또한 지나치게 엄격함으로써 타인에게 두려움의 대상이 되지 않는 것도 필요합니다. 관용은 인간의 잘못을 용서하며, 법보다 법을 주신 하나님을 생각하며, 부분보다 전체를 보고, 악보다 선을 기억하는 것입니다. 그리고 다투지 않는 사람이란 분쟁이나 입씨름을 피하는 사람을 말합니다.

지도자는 편협하고 옹졸한 마음을 버리고 여러 모양의 사람들을 품고 섬길 수 있는 넓은 마음을 가져야 합니다. 그래서 지도자가 너그러운 마음으로 다투지 말아야 합니다. 포악한 말과 태도로 다투기를 좋아하는 자는 지도자로 합당하지 않습니다. 교회의 지도자는 평화를 사랑하는 사람이어야 합니다.

(4) 돈을 사랑하지 않아야 합니다.

돈을 사랑하는 사람은 재물에 가치를 둠으로 영적인 가치관이 확립되지 못한 사람입니다. 이런 사람은 하나님 나라에 소망을 두지 않고 썩어질 세상에 소망을 두고 살게 됩니다. 돈을 사랑하는 것은 일만 악의 뿌리

(딤전 6:10)라고 했습니다. 교회의 지도자는 성경적인 물질관이 분명하게 확립된 사람이어야 합니다. 더구나 정당하지 않은 방법으로 돈을 벌거나 쓰는 사람은 영적인 지도자로 합당치 않습니다.

기독교는 정당하게 돈을 벌고 정당하게 쓰는 것을 반대하지 않습니다. 우리가 돈을 벌 때에 불의한 재물을 탐하지 말고 열심히 일해서 정당한 방법으로 돈을 벌어야 합니다. 그리고 돈은 주님과 복음을 위하여, 그리고 선한 사업을 위하여 써야 할 수단이지 사랑의 대상은 아닙니다. 구약의 발람이나 신약의 가룟 유다는 돈을 사랑하다가 멸망하였습니다.

하나님은 로또나 복권 당첨과 같은 방법으로 일확천금을 노리는 것을 원하지 않으십니다. 성도들에게 그러한 방법으로는 절대 복을 주시지 않습니다. 반드시 수고하고 노력한 댓가를 주십니다. 물질의 많고 적음이 아니라, 하나님이 주시는 것을 감사함으로 받고, 하나님의 영광을 위하여 사용할 때 하나님은 기뻐하시며, 복을 더하여 주십니다. 그러므로 장로는 물질관이 분명하여야 하며, 돈을 사랑하지 않아야 합니다.

(5) 초신자가 아니어야 합니다.

'새로 입교한 자' 란 처음 교회에 나온 자라서 신앙의 뿌리가 깊지 않은 사람을 가리킵니다. 이런 자를 장로로 세우면 어떻게 되겠습니까? 신앙의 뿌리가 약하기 때문에 어려운 일을 만나면 넘어지기도 쉬울 뿐더러, 자신이 조금만 공을 세워도 금방 교만해지기 쉽습니다. 그래서 자기가 잘나서 장로가 된 줄로 생각하고 하나님과 하나님의 교회를 만홀히 여기게 됩니다. 이런 사람은 마귀가 가장 좋아하며, 마귀의 시험에 빠져 교회를 혼란하게 만들게 됩니다.

장로직은 영적으로 어리고 신앙의 경륜이 짧은 사람에게 맡겨서는 안 됩니다. 실제로 목회 현장을 보면 신앙의 뿌리는 약한데 사회적인 신분이 높고, 돈이 많고, 지식이 많다는 이유만으로 장로로 세우는 경향이 종종 있습니다. 이런 장로들이 교만해져서 교회의 질서를 파괴하고, 또는 온갖 부정과 부패에 연루되어 하나님의 영광을 가리는 경우가 많습니다. 그러므로 장로는 신앙의 경륜이 있고, 교회의 덕을 세울 수 있는 자라야 합니다.

(6) 책망할 것이 없는 사람이어야 합니다.

간혹 인간적으로는 책망할 것이 없는데 하나님의 청지기로서 문제가 있는 사람이 있습니다. 이들은 인간적으로는 존경받는 사람일 수 있습니다. 사람들에게 친절하고, 가난한 자들에 대한 긍휼이 많을 수 있습니다. 그러나 그 동기가 하나님의 영광을 드러내지 않고 자기의 선함과 자기의 영광을 드러내는 경우가 많습니다. 이런 사람은 하나님의 일을 하는 것 같지만 사람의 일을 하는 것이요, 하나님을 기쁘시게 하기보다 사람을 기쁘게 하려는 경우가 있습니다.

책망할 것이 없다는 말은 전혀 죄가 없어야 한다는 말은 아닙니다. 사회적으로 거리끼는 죄가 없음을 뜻합니다. 교회 안에서 뿐만 아니라 사회에서도 책망할 것이 없어야 한다는 뜻입니다. 그러므로 장로는 모든 사람들에게 선하며, 좋은 평판이 있어야 하며, 하나님의 청지기로서 책망할 것이 없는 사람이어야 합니다. 하나님을 경외하고 하나님을 기쁘시게 하려는 마음이 간절한 사람이 교회의 지도자가 되어야 합니다.

(7) 자기 고집대로 하지 않는 자라야 합니다.

자기의 고집대로 하는 자는 자기의 의견과 권리는 고집하면서도 남의 의견과 권리에는 무관심한 사람들이 많습니다. 또한 이들은 자기 의견만 옳다고 주장하고 남의 의견은 무시하는 경향이 많습니다. 즉 모든 것에 있어서 남을 원망하고 자기 혼자 다 아는 것처럼 떠들며, 자기 방식이 제일이라고 주장하는 사람입니다. 이런 사람이 장로가 되면 그 교회는 늘 시끄러울 수밖에 없습니다. 그러므로 장로는 자기 고집을 주장하지 아니하고, 다른 사람의 의견을 존중하고 들어줄 수 있는 사람이어야 합니다. 그래야 하나님의 교회가 평안합니다.

(8) 급히 분내지 않는 자라야 합니다.

장로는 자신의 감정을 억제할 줄 알아야 합니다. 성내기를 더디 해야 합니다. 다혈질적인 사람은 흥분을 잘하고 인내력이 부족합니다. 성질이 급한 사람은 화를 잘 냄으로 주위 사람들에게 많은 상처를 주기도 합니다. 특히 사랑이 결여된 사람들이 화를 잘 냅니다.

성내는 것은 하나님의 의를 이루지 못합니다(약 1:19-20). 사랑은 오래 참고 견디는 것이기 때문에 사랑이 많은 사람을 장로로 세워야 합니다. 그래야 화를 잘 내지 않고 인내하면서 주의 일을 원만히 처리할 수 있기 때문입니다.

(9) 더러운 이를 탐하지 않은 자라야 합니다.

수단과 방법을 가리지 않고 자기의 이익을 구하는 사람은 장로가 될 수 없습니다. 교회나 사회에서 지탄받는 직업을 가진 사람은 장로가 될 수 없습니다. 장로는 재물을 모으는 것에 생의 유일한 목적을 두어서는 안 됩니다.

'더러운 이'는 정당하지 않는 소득을 말합니다. 성도는 고리대금업을 해서는 안 됩니다. 성도는 투기성 소득을 바라서도 안 됩니다. 특히 명백히 사회적 악인 땅 투기, 집 투기 등에 관여해서는 안 됩니다. 우리는 정당한 노동의 댓가만을 받으려 해야 합니다. 놀면서 먹으려 하지 말고 무엇인가 부지런히 일하는 자가 되어야 합니다. 돈에 대하여 깨끗하고 분명한 자가 되어야 합니다.

장로는 교인을 대표하며 그리스도를 대신하는 것이므로 그리스도의 향기와 같고, 그리스도의 편지 같이 모든 믿지 않는 사람에게도 참되고 진실하게 움직이며, 진실을 말하고 약속을 지키며, 정직하고 책임을 질 수 있고, 흠 잡힐 만한 것이 없고 욕되지 않아야 합니다. 특히 장로가 될 자는 사회인으로도 모범이 되는 자라야 합니다.

4) 교회 헌법에서 본 자격

각 교단 헌법에 나타난 장로의 자격은 다음과 같습니다.

(1) 한국기독교장로교

제30조 장로의 자격

상당한 식견과 통솔 능력을 가진 남녀로서 딤전 3:1-7에 해당하고, 무흠 입교인으로 5년을 경과한 사람이라야 한다.

(2) 대한예수교장로회(통합)

제40조 장로의 자격

장로의 자격은 상당한 식견과 통솔의 능력이 있는 자로 무흠 세례교인 (입교인)으로 7년을 경과하고 40세 이상 된 자라야 한다.

(3) 대한예수교장로회(합동)

제3조 장로의 자격

만 35세 이상 된 남자 중 입교인으로 흠없이 5년을 경과하고 상당한 식견과 통솔력이 있으며 딤전 3:1-7에 해당한 자로 한다.

(4) 하나님의 성회

제46조 장로의 자격과 임직

1. 장로는 본교회 안수집사로서 무흠히 3년 이상 봉사하고, 여자는 본교회 권사로서 무흠히 3년 이상 봉사하고 딛 1:5-9, 딤전 3:1-7에 거리낌이 없어야 한다. 단 어떤 경우도 이혼한 사실이 없어야 한다.

2. 장로는 성령세례의 체험이 있어야 하고, 연령은 40세 이상 70세까지로 한다.

(5) 예수교대한성결교회

2. 장로의 자격

1) 본교회 산하 한 교회에서 권사 및 안수 집사로 근속 2년, 집사로 근속 4년의 경험이 있고 나이 35세가 넘는 남녀로 그 직업이 정당하고 그의 가족이 그를 복종하는 이

2) 은혜의 체험이 명확하며, 신앙 본위에서 일상생활을 하며, 십일조를 바치며, 교회에 충성을 다하는 이

3) 그 성품이 무편무당하며 원만한 인격을 가진 이

4) 성경지식과 보통 학식 및 상식이 있으며, 대중을 통솔 할만한 자격을 갖춘 자

5) 본교회의 신조와 정치 제도를 알아 순복하는 자

4. 장로의 직무와 역할

1) 각 교단 헌법에 나타난 직무

각 교단의 헌법에는 장로직에 대해서 다음과 같이 말하고 있습니다.

(1) 기독교한국장로회

제29조 장로의 직무

장로는 교회의 택함을 받은 교인의 대표로서 목사와 함께 치리 회원이 되어 교회의 행정과 권징을 관리하며 교회의 영적 사항을 살핀다. 교인 중 고난당하는 자를 방문하여 그리스도의 말씀으로 위로하고, 교리를 오해하거나 도덕적 부패에 빠지는 교인이 없도록 권면하며 선도에 힘쓴다.

(2) 대한예수교장로회(통합)

제39조 장로의 직무

장로의 직무는 다음과 같다.

1. 장로는 교회의 택함을 받고 치리회의 회원이 되어 목사와 협력하여 행정과 권징을 관장한다.

2. 장로는 교회의 신령상 관계를 살핀다.

3. 장로는 교인들이 교리를 오해하거나 도덕적으로 부패하지 않도록 교인을 권면한다.

4. 장로는 권면하였으나 회개하지 않는 자가 있으면 당회에 보고한다.

(3) 대한예수교장로회(합동)

제4조 장로의 직무

1. 교회의 신령적 관계를 총찰한다.

치리 장로는 교인의 택함을 받고 교인의 대표자로 목사와 협동하여 행정과 권징을 관리하며, 지교회 혹은 전국 교회의 신령적 관계를 총찰한다.

2. 도리 오해(道理誤解)나 도덕상 부패를 방지한다.

주께 부탁 받은 양무리가 도리 오해나 도덕상 부패에 이르지 않기 위하여 당회로나 개인으로 선히 권면하되 회개하지 아니하는 자가 있을 때에는 당회에 보고한다.

3. 교우를 심방하되 위로, 교훈, 간호한다.

교우를 심방하되 특별히 병자와 조상자(遭喪者)를 위로하며 무식한 자와 어린 아이들을 가르치며 간호할 것이니 평신도보다 장로는 신분(身分)상 의무와 직무(職務)상 책임이 더욱 중하다.

4. 교인의 신앙을 살피고 위하여 기도한다.

장로는 교인과 함께 기도하며, 위하여 기도하고 교인 중에 강도의 결과를 찾아본다.

5. 특별히 심방할 자를 목사에게 보고한다.

병환자와 슬픔을 당한 자와 회개하는 자와 특별히 구조 받아야 할 자가 있을 때에는 목사에게 보고한다.

(4) 하나님의 성회

제45조 장로의 의의

장로는 교회에서 피택함을 받아 지방회의 고시를 합격한 후 지방회 안수로 장립한다. 담임 목사를 협력하여 교회를 처리하고 봉사하며 교우를 심방하고 교회의 신령상 문제를 보살피며 교회 회원들이 교리를 오해하거나 도덕적으로 부패하지 않도록 권면하며 선도에 힘쓰고 신앙 향상을 위하여 충성하는 영광스러운 직분이다.

(5) 예수교대한성결교회

제49조 장로

3. 권한과 직무

장로는 목사와 협의하여 교회를 치리하는 사람이니, 치리회에서는 행정과 권징을 행하며, 당회장의 위임시 또는 교역자가 없을 때에 예배를 주장하며, 신자의 영적 상태를 돌보아 심방하며, 권면하며, 우환질고와 낙심 중에 있는 신자들을 돌아보며, 미신자에게 전도한다.

2) 교회 행정상의 직무

장로는 교회의 택함을 받고 치리회의 회원이 되어 목사와 협력하여 행정과 권징을 관리하며, 교회의 신령상 관계를 살피며, 교인들이 교리를 오해하거나 도덕적으로 부패하지 않도록 권면하며 회개하지 않는 자가 있으면 당회에 보고합니다.

(1) 교회의 행정과 권징의 관리

교회는 교회의 목적과 의사를 실현시키고 맡겨진 과업을 수행하게 하기 위해 교회를 다스리는 행정이 있고, 교회의 진리를 보호하며 그리스도의 권위와 교회의 질서를 유지하기 위해 교회를 치리하는 권징이 있습니다. 교인들의 선택으로 교인의 대표가 된 장로는 목사와 협력하여 교회의 행정과 권징을 관리합니다.

목사는 가르치는 직무 외에 치리하는 직무가 있으므로 목사와 협력하지 않고 장로가 단독으로 행정과 권징을 할 수 없습니다. 치리회에서 목사와 장로의 권리는 같으나 목사가 주체가 되고 장로는 협력체가 되는 이유는 교회의 모든 일은 말씀 증거가 중심되어야 하기 때문입니다. 장로는 치리권을 행사하는 자이므로 치리자의 품위를 보존해야 합니다. 장로 자신이 치리를 받을 비행을 저지르거나 비방을 받을 만한 부도덕한 일을 해서는 안 됩니다.

(2) 교회의 신령상 관계를 살핌

신령상 관계란 교회법에 의한 관계요 국법에 의한 관계는 아닙니다. 교회법은 신앙 관계, 즉 신령한 문제를 다스리고 국법은 육적인 관계를 다스립니다. 그러므로 장로는 목사와 협력하여 신앙 관계, 즉 영적인 문제를 다스려야 합니다. 교회의 신령상 문제를 살피려면 장로 자신이 먼저 신령해야 하고 교회적인 관심이 다른 사람보다 특별히 깊어야 합니다. 교회의 신령상 관계를 살펴야 할 장로는 신령한 눈이 뜨인 사람이어야 합니다. 신령한 눈이 있어야 자신이 어떤 사람인가를 살필 수 있고, 교회를 바로 살필 수 있습니다.

장로가 교회의 신령상 관계를 살피려고 하면 첫째는 교인들을 심방해야 합니다. 교인들의 실정을 알지 못하고 교인들의 영적 생활을 지도할 수 없습니다. 둘째는 교인의 신앙을 살피고 기도해야 합니다. 장로는 교인들의 신앙 성장을 주의 깊게 살펴서 그들과 함께 기도하며, 그들을 위해 기도해야 합니다. 장로는 교회의 신령상 관계뿐만 아니라 교회의 일반적인 형편도 잘 살펴야 합니다. 교회의 관심도가 낮은 사람은 교회 일에 방관하기 쉬우므로 장로로서는 합당하지 않습니다.

(3) 교인을 선도하는 일

장로는 교인의 인도자이며 권위자입니다. 교인들이 교리를 오해하거나 도덕상으로 부패됨을 막기 위해 지도하며 권면해야 합니다. 그러기 위해서 장로는 지도력이 있어야 하고, 분별력이 있어야 합니다. 장로가 지도력이 없으면 무능해서 교인들의 잘못에 끌려가기 쉽고, 분별력이 없으면 교인들을 바르게 인도할 수 없습니다. 그러므로 장로는 교회의 신앙 노선과 교인의 여론과 교회의 분위기를 바르게 판단하여 건전하고 은혜로운 방향으로 지도해야 합니다.

3) 장로의 일반적인 역할

사람이 처한 환경과 위치에 때라 해야 할 역할이 있습니다. 가장은 가정을 잘 통솔하고 화목한 가정을 이루어 갈 역할을 해야 하며, 아내는 남편의 내조를 잘하며, 온 가정이 건강하고 행복한 가정을 만드는 역할을 해야 합니다. 그리할 때 그 가정은 화목하고 소망이 있으며 행복할 수 있습니다.

교회 안에서도 목사가 해야 할 역할이 있고, 장로가 해야 할 역할이 있습니다. 그 역할에서 벗어나거나 잘못된 사상으로 그 역할을 감당한다면 도리어 어려운 일을 야기하게 될 것입니다. 그러나 목사의 역할과 장로의 역할이 잘 조화되어 열심히 일하게 되면 교회의 발전에 좋은 결과를 가져올 수 있습니다.

목사와 장로의 역할은 마치 가정에서 남편과 아내 사이와 같습니다. 목사는 교회의 남편의 위치에서, 장로는 아내의 위치에서 서로 협력하고 아끼고 존중하며 하나님의 뜻을 따라서 그 역할을 다한다면 교회는 성장하고 부흥할 것입니다.

(1) 평신도 대표자로서의 역할

장로교 헌법에 규정한 바, 장로는 목회자가 아니고 교인의 대표자입니다. 교회의 주인에 대한 의견들이 대두될 때가 있는데, 교회의 주인은 목사도 아니고 장로도 아닙니다. 오직 하나님 홀로 교회의 주인이 되십니다. 목사는 교회를 대표하는 자요, 장로는 교인의 대표자에 지나지 않습니다.

목사는 하나님이 세상에 보내셔서 자기의 양을 치게 하는 하나님의 사자이며, 장로는 평신도의 계열에 속한 하나님의 종입니다.

장로가 교인의 대표자라는 말은 교인들을 대변하며, 교회의 실력을 행사 하자는데 있지 아니하고, 오직 모세시대에 장로의 기원에서 본 것 같이, 목사 혼자서 많은 양무리를 감독하고 치리할 수가 없기 때문에 협력자로서 일하도록 세운 교회의 대표자라는 것입니다. 교인의 대표자라는 말은 어디까지나 평신도 가운데서 선거를 통하여 투표하여 세운 것이 장로요 장로는 평신도에 속한 직분입니다.

그러므로 장로의 권한을 행사하기에 앞서 교인의 의무부터 성실하게 이행해야 하고, 교인의 의사를 살펴서 신앙의 양심에 따라 대변자가 되고, 또 정당한 대표자의 역할을 해야 합니다.

장로는 공동 예배에 빠짐없이 참석해야 하고, 헌금은 주께서 명령하신 바 십일조를 드려야 하며(마 23:23), 교회의 결의에 대하여는 솔선해서 이행해야 합니다.

만일 교인의 대표자가 교인의 의무를 제대로 이행하지 못하게 된다면 장로의 권위를 상실함을 물론 의무를 이행하지 못한 교인을 치리하지 못하게 될 것입니다.

교인의 의무는 다음과 같습니다.

① 교인은 교회의 예배와 기도회와 모든 교회 집회에 출석해야 합니다.

② 교인은 교회의 경비와 사업비에 대하여 성심 협조하여 자선과 전도 사업과 모든 선한 일에 노력과 금전을 아끼지 않아야 합니다.

③ 교인은 노력과 협력과 거룩한 교제로 교회 발전에 전력하며 사랑과 선행으로 하나님을 영화롭게 해야 합니다.

④ 성경 도리를 힘써 배우며 전하고 성경 말씀대로 실행하기를 힘쓰며 예수 그리스도의 정신을 우리 생활에서 나타내어야 합니다.

⑤ 교인으로 성일을 범하거나 미신 행위나 음주, 흡연, 구타하는 등의 행동이나 고의로 교회의 의무금을 드리지 않는 자는 직임을 면함이 당연하고 교인으로는 이행하지 않는 자로 간주합니다.

⑥ 교인은 진리를 보수하고 교회 법규를 잘 지키며 교회 헌법에 의지하여 치리함을 순히 복종하여야 합니다.

이상과 같은 교인의 의무를 잘 감당해야 하며, 평신도 대표자로서 모범이 되어야 합니다.

(2) 성도의 모범으로서의 역할

장로의 역할은 마땅히 양무리 앞에서 걸어가는 모범자요 앞서가는 자임을 잊어서는 안 됩니다. 그리스도께서 제자들의 발을 씻기심으로 섬기는 자들의 본이 되어 주셨습니다. 장로는 언제나 양무리에 대하여 모본이 되며, 성도들이 볼 때 자연히 머리를 숙이고 따라갈 수 있는 대상이 되어야만 권위 있는 장로가 될 수 있습니다.

성경은 말하기를 "맡기운 자들에게 주장하는 자세를 하지 말고 오직 양무리의 본이 되라"(벧전 5:3)고 하였고, "말과 행실과 사랑과 믿음과 정절에 대하여 믿는 자의 본이 되라"고 하였습니다.

① 기도의 본이 되어야 합니다.

"만물의 마지막이 가까웠으니 그러므로 너희는 정신을 차리고 근신하여 기도하라 근신하라 깨어라 너희 대적 마귀가 우는 사자 같이 두루 다니며 삼킬 자를 찾나니 너희는 믿음을 굳게 하여 저를 대적하라"(벧전 5:7-8)고 했습니다.

장로는 양무리의 본이 되고자 의도적이고 형식적인 기도를 드려서도 안되고 순수한 신앙과 사명감에 기도해야 합니다. 피로 사신 교회를 치리하기 위한 장로요 감독자라면(행 20: 28) 기도하지 않고 이 거룩한 사명을 어떻게 감당할 수가 있습니까? 너무나 중한 사명임을 까달아 날마다 엎드리어 기도함으로 모든 양무리에게 말 없는 감화를 끼치게 될 것입니다.

교회 안에 어려운 일이 생길 때에는 머리를 짜내서 정치적이고 계략적인 방법으로 처리하려고 모의하기 전에 먼저 무릎으로 해결하려는 자세로 꿇어 엎드려야 합니다.

② 찬송의 본이 되어야 합니다.

찬송은 영광을 하나님께 돌리는 것이요, 영광을 만천하에 선포하는 것이며 자신의 겸손을 나타내는데 그 의미가 있는 것입니다.

장로는 낮아지고 자신이 칭찬 듣는 것을 무서워하고, 대접받고 환영받는 것이 장로의 직분이 아니라는 것을 철저히 인식하고, 죽도록 충성하고 봉사해야 하는 것입니다. 찬송은 차원 높은 감사이므로 장로는 모든 양무리 앞에서 감사하는 생활로 입술의 열매인 찬송을 입에서 떠나지 않도록 해야 합니다. 장로는 찬송생활에서도 성도의 본이 되어야 합니다.

③ 주일 성수의 본이 되어야 합니다.

요한계시록 1:10에 사도이며 장로인 요한은 이 모든 계시를 '주의 날'에 보았다고 했습니다. 주의 날은 곧 주께서 부활하신 날이며 성령이 강림하신 날이요, 또다시 오실 날일 것으로 믿는 것입니다. 천상에 있는 장로들이 주의 날에 예배하며 기도와 찬송으로 영광을 돌렸다고 했으니, 양무리의 본보기인 장로는 세상에 있는 전투적 교회에서 주의 날을 더욱 거룩히 구별하여 예배하는데 온전히 바쳐야 합니다.

장로나 성도가 주일 하루 동안을 주 위해 바친다 할지라도 엿새 동안을 허송세월로 허랑 방탕하거나 게을리 보내는 것은 주일을 모독하는 죄를 범하는 것입니다(잠 30:9, 롬 2: 14). 주일은 육신의 일은 쉬고 신령한 일에 봉사하며 거룩하게 지켜야 합니다. 장로는 주일 성수에도 성도의 본이 되어야 합니다.

④ 십일조 생활에 본이 되어야 합니다.

우리의 믿음의 조상이요 장로인 아브라함은 그리스도의 표상인 멜기세덱에게 전리품의 십분의 일을 겸손히 바쳤습니다. 실상은 모세의 율법이 모든 소득의 십분의 일은 하나님의 것이라고 가르치기 훨씬 전이었다는

데 십일조의 의미가 있는 것입니다.

장로의 십일조 생활은 성도들에게 큰 영향력을 주는 것입니다. 모든 교인들은 헌금할 때마다 장로들의 얼굴만 쳐다보고 있다는 것을 명심해야 합니다. 장로는 십일조 생활에도 본이 되어야 합니다.

⑤ 주의 종들을 잘 받드는 본이 되어야 합니다.

칼빈은 "하나님의 사자들을 배척하는 자는 예수님의 십자가를 발로 밟아 버리는 무서운 죄가 됩니다."고 했습니다. 하나님께서는 자기의 사자들을 잘 받드는 성도들을 기뻐하시고 한량없는 복을 주십니다.

사르밧 과부는 마지막 남은 가루 한 웅큼과 기름 조금으로 엘리야를 대접하더니 큰 복을 받았습니다. 그러므로 주의 종들을 받들 때에는 그리스도에게 하듯 해야 하고(고후 5:20), 만군의 여호와의 사자로(말 2:7) 받들어야 하며, 우리 영혼의 생명을 복음으로 낳아주고 또 신령한 것을 먹여서 길러주는 양부모처럼 받들도록 해야 합니다(고전 4:14-15).

(3) 감독자로서의 역할

사도 바울은 밀레도에서 에베소 장로들을 불러다가 훈계하면서 "너희는 자기를 위하여 온 양떼를 위하여 삼가라 성령이 저들 가운데 너희로 감독자를 삼고 하나님이 자기 피로 사신 교회를 치게 하였느니라"(행 20:28)고 했습니다.

장로는 교회의 감독자이지 구경꾼이 아닙니다. 장로는 목사를 감독하는 것이 아니고 교인을 감독하는 것입니다. 장로는 교회를 감독하기 전에 자신을 감독하고 자기의 집을 감독할 줄 알아야 합니다.

바울은 에베소교회의 장로들에게 "자기를 위하여 또는 온 양떼를 위하여 삼가라"고 했습니다. 다시 말해서 삼가는 것이 선행해야 한다는 말입니다. 삼가는 것은 곧 자기 자신을 감독하는 것입니다. 자신이 책망 받을 것이 없는 자라야 감독의 자격이 있는 것이기에 "감독의 직분을 얻으려면 선한 일을 사모한다 함이로다. 그러므로 감독은 책망할 것이 없으며…"(딤전3:1-)라고 했습니다.

장로의 사명은 한 마디로 말해서 파수꾼이라는 뜻입니다. 바울은 파수꾼인 교회의 감독자들에게 "내가 떠난 후에 흉악한 이리가 너희에게 들어와서 그 양떼를 아끼지 아니하며 또한 너희 중에서도 제자들을 끌어 자기를 좇게 하라고 어그러진 말을 하는 사람들이 일어날 줄을 내가 아노니 그러므로 너희가 일깨어 내가 3년이나 밤낮 쉬지 않고 눈물로 각 사람을 훈계하던 것을 기억하라"(행 20:29-31)고 했던 것입니다. 파수꾼의 사명은 침략자를 잘 가려내서 처치해야 하고, 밖으로 이탈하는 아군을 경계해야 하는 것입니다. 장로는 주께서 오실 마지막 날까지 양무리를 잘 보호하는 파수꾼의 사명을 다해야 합니다.

(4) 목회 협력자로서의 역할

유능한 지도자나 목회자라 할지라도 혼자서는 대성할 수 없는 것입니다. 모세와 같이 유능한 영도자라 할지라도 많은 장로들이 있어야 했으며, 바울과 같이 유명하고 능력 있는 목회자라도 디모데나 바나바 또는 아굴라와 브리스길라와 같은 협력자가 있었기 때문에 성공할 수 있었습니다.

목회라는 것은 인간의 영혼을 배려하는 엄숙하고도 고귀한 직분입니다. 그러기에 부활하신 주님께서는 요한복음 21:15 이하에 베드로와의 심각한 대화를 통해서 "내 양을 먹이라." "내 양을 치라." "내 양을 먹이라." 고 세 번이나 반복하시면서 분부하신 장면을 볼 수가 있습니다.

목회는 사실상 전인격적 관계인 것입니다. 전인격적인 관계가 원만치 못할 때에 훌륭한 목회라고는 할 수 없습니다. 단적으로 말해서 목회는 '관계성'이라고도 표현할 수가 있을 것입니다. 관계성이 잘못되어지면 성취됨도 없고, 생산적인 것은 더욱 기대할 수가 없습니다.

목회에 있어서 모든 면이 다 중요하지만 목사와 장로와의 관계는 가장 중요한 관계 중의 하나입니다. 목회자와 당회원인 장로와의 협력 없이 진취적이고 고무적인 목회는 기대하기 어렵습니다. 목사와 장로는 철저하게 협력자임을 명심해야 할 것입니다. 혹시 착각해서 견제 능력으로 표현된다면 하나님의 선교에는 좋은 결실을 제대로 기대할 수 없을 것입니다.

목회자를 돕는 것은 곧 하나님을 위한 일임을 믿어야 합니다. 교회는 목회자 개인의 기업체가 아니고 그리스도의 몸이요, 하나님의 지체요, 기업이며 그의 목장이요, 곧 하나님의 양무리입니다. 목회자가 목회에 성공하는 것은 곧 하나님께서 승리하는 것이요 하나님의 교회가 승리하는 것임을 알아야 합니다. 그러므로 장로는 목회자로 하여금 기도하고 말씀 전하는 것을 전무할 수 있도록 도와서 그리스도의 몸인 교회를 세워 나가는 것입니다.

목회 협력자의 마음가짐은 하나님 중심의 마음을 가지고 협력해야 합니다. 선한 일에 협력하는 것은 결코 헛되지 않고 많은 상급으로 갚으실 것을 바라고 세상에서 누구에게 칭찬 듣기를 바라지 말아야 합니다.

(5) 예배위원으로서의 역할

장로는 예배 인도와 설교가 주임무는 아니지만 목회자의 부재 시에 예배를 인도할 수 있습니다.

그리고 목회자를 도와 예배와 성례, 기타 행사 집행을 보좌합니다. 예배는 그리스도인의 최고의 임무이며, 장로가 예배가 엄숙하고 경건하게 드려지도록 끊임없이 관심을 경주하고 힘써야 할 것입니다.

또한 장로는 정성이 담긴 성례식을 준비하여 목회자를 보좌해야 합니다.

① 장로가 공중기도를 할 때에는 언제나 많은 기도의 준비가 앞서야 합니다. 예배위원으로서의 장로는 외모가 단정해야 하며, 기쁨으로 성도들과 함께 지내는 마음 자세가 있어야 합니다.

② 예배위원은 교회의 전반적인 분위기 조성을 위해 사전에 준비하고, 헌금 당번을 사전에 연락하고, 헌금 주머니를 사전에 준비하여야 합니다.

③ 세례식과 성찬식은 교회의 2대 예식이므로 정성이 담긴 성례식을 준비해야 하고, 세례를 받는 자들을 정숙한 마음, 헌신의 마음으로 준비하도록 지도해야 합니다.

(6) 재정위원으로서의 역할

교회는 그리스도를 통한 부름 받은 구원 공동체입니다. 구원 공동체가 순결을 유지하고 생명력 있는 교회로 성장하기 위해서는 선교의 에너지 공급이 원활하게 이루어져야 합니다. 그러므로 교회 살림을 맡아 책임지고 있는 재정부장은 이 책임을 잘 감당하기 위한 기도가 선행되어야 합니다. 물질을 잘 사용하면 크게 은혜와 복을 받지만 혹 잘못 사용하면 시험에 들거나 범죄하게 됩니다.

① 재정 사용은 철저하게 공정해야 합니다.

② 예산 테두리를 중심해서 집행하도록 힘써야 합니다.

③ 주일 헌금, 십일조, 감사 헌금을 계수할 때 함께 감사의 기도를 드림으로 해야 합니다.

④ 재정부장은 교회의 실제 살림을 총괄해서 당회장과 의견을 나누어 교회의 재정적 원활을 기하는데 힘을 기울여야 합니다.

⑤ 재정 처리는 재정부장과 회계와 당회장과 협의하여 처리합니다.

⑥ 재정부장은 혼자 장기적으로 하기보다는 돌아가면서 할 때에 교회의 경제 형편을 알게 됨으로 유익합니다.

(7) 기관장으로서의 역할

교회에서는 장로가 기관의 책임 부서를 많이 맡게 됩니다. 책임 부서 기관장으로서 그 직무를 잘 수행하고 섬겨야 합니다. 교회는 당회의 태도가 교회 성장과 발전에 결정적인 요인이 됩니다. 그러므로 장로는 기관의 장으로서 솔선수범할 때 크나큰 활력소가 됩니다.

① 맡은 일에 충성해야 합니다.

② 기관장은 충실하게 기관장회에 참석해야 합니다.

③ 기관장은 계획과 예산 집행에 차질이 없도록 체크해야 합니다.

④ 기관장은 언제나 사랑을 주는 입장임을 알아야 합니다.

⑤ 기관장은 기관을 위해 함께 기도하고, 자체 점검과 평가를 통해 성장케 해야 합니다.

장로는 기관장으로도 생활의 본을 보여 주고, 진실의 본을 보여 주고, 영광의 자리보다 낮은 자리에 앉기를 즐겨하는 본을 보여 주어야 합니다.

(8) 성도를 살피고 돌보는 역할

장로가 교인을 돌보는 것 중에서 최대의 직무는 교인의 신앙을 살피는 일입니다. 장로는 교인과 함께 기도하며 위하여 기도해야 합니다.

장로는 교인의 영적 상태를 돌보아 심방하며 우환, 질고와 낙심 중에 있는 자를 찾아 권면해야 합니다.

장로는 교인들을 잘 돌보아야 합니다. '돌아본다'는 말은 '간호해 준다'는 뜻이며, 선한 사마리아 사람처럼 돌보아 주는 일이 장로의 직무입니다.

(9) 교회의 질서를 세우는 역할

장로는 권징을 통하여 교회의 질서를 세울 의무가 있습니다. 권징이란 권면과 징계를 의미합니다. 교회는 그 거룩성을 유지하고 보호하기 위해 (시 93:5) 교리적 범죄와 도덕적 범죄, 그리고 교회에 해를 끼치는 행위에 대한 징계를 신실하게 행하여야 합니다. 이는 교리상 오해나 도덕상 부패를 미연에 예방하는데 있습니다.

만일 징계를 하려면 신중하고 공의롭게 시행하되, 징계하는 자는 용서하고 징계 받는 자는 회개하여야 합니다. 징계는 신령한 장로가 아니면 할 수 없는 일이며, 온유한 마음으로 해야 합니다.

오로지 권징은 교회의 순결성을 지키기 위한 것이며, 교회가 징계 없이 불의와 타협하기 시작하면 교회 안에 세상의 온갖 불의가 침범하여 교회를 혼란케 할 수 있습니다.

징계의 내용은 근신, 정직, 면직, 수찬정지, 파직, 출교 등이 있을 수 있습니다.

4) 장로의 직무상 권한

성경에 장로의 명칭은 자주 나오지만, 목사라는 명칭은 에베소서 4:12에 단 한 번 나올 뿐입니다. 고린도전서 12:28에 나오는 교회의 직분론에 있어서는 "하나님이 교회 중에 몇을 세우셨으니 첫째는 사도요, 둘째는 선지자요, 셋째는 교사요, 그 다음은 능력이요, 그 다음은 병 고치는 은사와 서로 돕는 것과 다스리는 것과 각종 방언을 말하는 것이라"고 규정함으로, 오늘의 목사는 사도나 선지자는 아니라 할지라도 다스리는 장로와는 달리 선지자나 제사장이나 사도의 모형에 가까운 직분임에는 틀림이 없습니다.

목사는 모든 성도를 대표하여 예배를 집행하는 의미에서 제사장과 같으며(말 2:7, 히 10:11), 하나님의 말씀을 해석하여 그의 뜻을 전한다는 의미에서 선지자나 혹 교사와 같으며(계 10:7), 교회를 치는 목자라는 의미에서는 사도와도 같은 직분입니다(행 20:28).

장로교단의 헌법에는 목사의 의의에 대해서 "목사는 노회의 안수로 임직함을 받아 그리스도의 복음을 전파하고 성례를 거행하며 교회를 치리하는 자니 교회의 가장 중요하고 유익한 직분"이라 전제하고, 성경에 나오는 목사의 칭호를 열거하고 있습니다.

즉 양의 무리를 감시하는 자이므로 목사라 하며(렘 3:15, 벧전 5:2-4), 교회 안에서 그리스도를 봉사하는 자이므로 그리스도의 종, 그리스도의 사역자라 하며, 또 신약의 집사라 하며(빌 1:1, 고전 4:1, 고후 3:6), 엄숙하고 지혜롭게 하여 모든 사람의 모범이 되고 그리스도의 집과 그 나라를 근실히 치리하는 자이므로 장로라 하며(벧전 5:1-3), 하나님의 보내신 사자이므로 교회의 사자라 하며(계 2:1), 하나님의 거룩한 뜻을 죄인에게 전파하므로 그리스도의 사신, 혹은 복음의 사신이라 하며(고후 5:20, 엡 6:20), 정직한 교훈으로 권면하고 거역하는 자를 책망하여 각성케 하는 자이므로 교사라 하며(빌 1:9, 딤전 2:7, 딤후 1:11), 죄로 침륜한 자에게 구원의 복된 소식을 전하는 자이므로 전도인이라 하며(딤후 4:5), 하나님의 광대하신 은혜와 그리스도의 설립하신 율례를 시행하는 자이므로 하나님의 오묘한 도를 맡은 청지기라고 합니다(눅 12:42, 고전 4:1-2). 이는 계급을 가리켜 칭함이 아니요 다만 각양의 책임을 가리켜 칭하는 것뿐이라고 규정했습니다.

그러나 장로는 모세시대에는 모세의 치리를 돕기 위함이었고, 사도시대에는 사도들로 하여금 기도하는 것과 말씀 전하는 일에만 전무하도록, 즉 목사로 하여금 신령한 일에만 전무하도록 돕기 위하여 세운 직분이었지(행 6:4), 성례를 행하거나 예배를 주장하거나 목사의 권한을 침해하려는 직분은 결코 아니었습니다.

성경은 말하기를 "잘 다스리는 장로들을 배나 존경할 자로 알되 말씀과 가르침에 수고하는 이들을 더할 것이니라"(딤전 5:17)고 했습니다. 즉 잘 다스리는 장로를 배나 존경하되, 말씀을 전하고 가르치는 목사를 더욱 존경하라고 하는 차이점을 명시했습니다.

교회는 물론 섬김을 받는 곳이 아니요 섬기는 곳이지만 누가 더 존경을 받고 대우를 받아야 하는 것을 논하는 것은 잘못된 일입니다. 그러나 질서상 성경대로 교회에서 장로가 목사보다 더 존경을 받으려고 해서는 안 되는 것입니다. 그러므로 장로는 겸손히 양무리에게 섬기는 본을 보여 주어야 합니다.

목사와 장로는 동일한 직분으로서 치리회에서는 동등한 권한을 가진다 할지라도 다음과 같이 몇 가지 차이점이 있습니다.

① 목사만이 당회나 제직회, 공동의회 회장이 될 수 있습니다.

② 목사만이 성례를 집행할 수 있습니다.

③ 목사만이 공적인 예배에서 설교를 할 수 있습니다.

(1) 목사와 장로의 권한이 같은 점

장로는 치리회에서 목사와 동등한 권한이 있습니다. 장로회 정치는 목사의 성직권과 장로의 대표권을 동등하게 하여 서로 견제함으로써 교회의 건전한 발전을 도모합니다. 장로의 치리권이 약해지면 조합 정치나 자유 정치가 됩니다.

당회, 노회, 총회에서 목사와 장로는 다 같은 회원으로서 그 권한이 같습니다. 그러나 당회장과 교회 재판의 재판장이 목사가 되는 것은 장로보다 목사의 권한이 크기 때문입니다.

(2) 목사와 장로의 권한이 다른 점

초대교회에서는 '가르치는 장로'와 '다스리는 장로'(딤전 5:17)로 구분되었는데, 사도들이 세상을 떠난 후 사도직의 역할을 맡은 장로들을 '가르치는 장로'로, 사도직의 역할을 협조하는 장로들은 '다스리는 장로'라고 했습니다. 이와 같이 장로교회에서는 설교와 치리를 맡은 자를 목사라 하고, 치리만 맡은 자를 장로라고 합니다.

목사와 장로의 권한이 다른 점은 다음과 같습니다.

첫째, 자격과 택하는 회가 같지 않습니다. 즉 목사와 장로의 자격이 다르고, 목사는 노회(지방회)에서 장립하고 장로는 당회에서 장립합니다. 따라서 목사는 노회원(지방회원)으로서 노회원이 되며, 장로는 당회에서 총대로 파송하여야 노회원(지방회원)이 됩니다.

둘째, 맡은 일이 다릅니다. 목사는 설교와 성례와 축복의 권한이 있으나 장로는 이러한 권한이 없습니다.

셋째, 명칭과 직분이 다릅니다. 목사는 교회의 대표이며 장로는 교인의 대표라고 부릅니다. 장로는 목사를 도와 함께 교회를 온전하게 세우는 일을 합니다.

5. 장로의 기본 자세

교회가 장로를 뽑을 때 그 사람의 신앙적인 기본자세는 살펴보지 않고 외적 조건들, 즉 학력, 재력, 사회적인 지위, 풍모 따위에 현혹되어 장로로 뽑아 세웠다가 두고두고 골치를 앓는 교회가 의외로 많습니다. 그러므로 장로는 장로로서의 자세가 바로 되어 있어야 합니다.

1) 장로의 신앙적 자세

(1) 그리스도의 종의 자세

장로는 그리스도의 종이란 사실을 망각해서는 안 됩니다. 교회 안에서 가장 영향을 많이 끼치는 장로에게 꼭 필요한 기본자세인 것입니다.

바울은 로마서 1:1과 빌립보 1:1에서 '예수 그리스도의 종' 바울이라고 했으며, 디도서 1:1에서 '하나님의 종'이라고 간증했습니다. 베드로후서 1:1에서도 "예수 그리스도의 종 시몬 베드로"라고 하였습니다.

종이란 '하인, 수종드는 자, 머슴'이란 뜻을 가지고 있습니다. 장로는 그리스도의 종의 의식을 가지고 하인처럼 수종드는 자로서 교회를 섬기고 목사를 보필하여야 합니다. 이것이 신앙적 기본 자세 중 하나입니다.

(2) 주님을 사랑하는 자세

마태복음 16:24에 보면 "누구든지 나를 따라 오려거든 자기를 부인하고 자기 십자가를 지고 나를 좇을 것이니라."고 하였고, 마태복음 11:27에서는 "아비나 어미를 나보다 더 사랑하는 자는 내게 합당치 않다."고 말씀하고 있습니다. 장로의 기본 자세는 주님을 가장 사랑하는 것입니다. 우리 죄를 위하여 몸을 내어주신 그리스도의 사랑은 하나님 아버지의 뜻을 따라서 행한 사랑의 행위이기 때문에, 하나님의 사랑과 그리스도의 사랑의 진실을 알 수 있습니다. 장로는 이런 하나님의 사랑과 예수님의 사랑을 받은 사실을 깨닫고, 주님을 위해 몸과 마음과 물질과 시간을 바쳐 헌신하므로 주님을 사랑하는 모습을 보여야 하며, 주님을 가장 사랑하는 자세로 그 사명을 다해야 합니다.

(3) 하나님의 일을 대신 하는 자세

장로는 교회를 섬기도록 하나님께서 세우신 직분입니다. 장로는 자기가 섬기는 교회가 자기 것이 아니라 하나님의 교회요 우리 교회라는 인식을 가지고 섬겨야 합니다. 때로는 장로들 가운데 자신이 교회의 주인인양 목회자를 다스리고, 교회의 모든 것을 좌지우지하려는 것을 볼 수 있습니다.

교회는 하나님의 교회입니다. 바울이 말한 것처럼 교회는 어디에 있든지 하나님의 교회입니다(고전 1:2). 자기가 섬기는 교회를 하나님의 교회로 이해할 때 교회를 통하여 하나님의 뜻이 이루어지도록 하나님께 순종하게 됩니다. 장로가 자기 고집대로, 주장하는 자세로 일하는 것은 교회의 주인이 하나님이시라는 사실을 망각하기 때문입니다.

장로는 자기가 섬기는 교회를 책임감에서 내 교회라는 자세가 필요합니다. 교회를 섬길 때 책임감을 가지고 내 교회라는 의식을 자기고 일할 때 큰 사명을 감당하며 본이 되는 모습으로 일할 수 있습니다. 이런 책임감과 주인 의식이 없으면 장로라도 이 교회 저 교회를 전전하다가 신앙이 병들기 쉬우며, 소외되고 교회를 망하게 하는 원인이 되기도 합니다.

바울은 그리스도를 사랑했기 때문에 교회를 사랑했고, 교회를 섬기는 일로 죽었습니다. 장로는 남편이 자기 아내를 자기 몸처럼 사랑하듯이 교회를 사랑해야만 교회를 섬길 수 있습니다. 하나님을 경외하는 신앙으로 하나님 교회의 사상을 가지고 성심성의껏 봉사하고 교회를 섬겨야 합니다.

2) 장로의 정신적 자세

베드로전서 5:2~3에, "너희 중에 있는 하나님의 양무리를 치되 억지로 하지 말고 하나님의 뜻을 따라 자원함으로 하며 더러운 이득을 위하여 하지 말고 기꺼이 하며, 맡은 자들에게 주장하는 자세를 하지 말고 양무리의 본이 되라"고 하셨습니다.

(1) 자원함으로 해야 합니다.

교회 지도자들이 하나님의 양무리, 곧 하나님의 백성된 성도들을 돌보는 일은 자원해야 할 일입니다. 자원한다는 것은 잘난 척하라는 것이 아니라 맡겨진 일에 대한 사명감이 나를 강권하기에, 주어진 일을 향해 마음과 몸이 기울어지기에 스스로 움직이는 헌신을 말합니다. 누가 시켜서 하기 싫은 일을 억지로 하거나 부득이 함으로 하는 것이 아닙니다.

억지로 끌려서 일을 하게 되면 하기 싫고 힘이 듭니다. 하나님의 일은 스스로 하며, 즐거움으로 하는 것입니다. 그러나 억지로 하는 일은 시간이 아깝고, 돈이 아깝고, 모든 일들이 손해를 보는 것 같아집니다.

교회는 사역이 좋아서, 즐거워서, 자원하여 몸을 드리는 잔치집이 되어야 합니다. 교회는 더 많은 것으로 드리고 싶어서 남보다 앞장서고 헌신하고 희생하는 것을 영광으로 아는 특수 단체가 되어야 합니다. 그래서 교회는 찬송 소리가 높고 기쁨과 열정, 비전이 불타오르는 사역으로 보람이 넘쳐야 합니다.

교회의 지도자들은 하나님의 뜻을 좇아 자원하는 마음으로 주어진 일을 감당해야 합니다. 그러므로 장로는 자원하는 마음으로 교회의 일을 감당할 때 그 교회는 견고한 교회가 됩니다.

장로직은 억지로 부득이 함으로 받을 것이 아니라 기쁨으로 자원하여 일해야 합니다. 그리스도인은 하나님의 말씀에 의하여 수행해야 할 임무에 있어서 어느 정도의 강요를 당하기도 합니다. 예를 들어, "네가 만일 복음을 전하지 아니하면 내게 화가 있을 것임이라"(고전 9:16)고 했습니다. 그러나 하나님의 말씀을 순종하는 삶이라면, 하나님의 일을 수행함에는 언제나 기쁘고 감사한 마음으로 할 것이요, 무겁고 힘든 일을 억지로 하듯이 짐으로 생각해서는 안 됩니다.

또한 장로는 억지로 하지 말고 자원하는 정신으로 해야 합니다. 하나님의 일은 스스로 원해서, 기쁨과 감사함으로, 즐거운 심정으로 해야 합니다. 억지로 하는 것은 능률도 없고, 본도 안 되고, 일의 효과도 없습니다. 자원해서 할 때 보기도 좋고 능률도 있으며, 좋은 결과도 있게 됩니다.

(2) 기꺼이 맡은 일을 감당해야 합니다.

자원하는 마음으로 섬기는 자에게는 즐거움이 있습니다. 고린도전서 15:10에, "나의 나 된 것은 하나님의 은혜로 된 것이니"라는 말씀이 있습니다. 장로는 보잘 것 없는 존재이지만 하나님이 쓰시려고 부르시고, 귀중한 직분을 주심에 감사하여 항상 즐거운 마음으로 일해야 합니다.

장로는 즐거운 뜻으로 하나님의 일을 감당해야 합니다. 마음 속에서 우러나오는 즐거움이란 하나님으로부터 부르심에 대한 소명감을 확신하는 데 있습니다. 부름을 받은 장로는 자기가 마땅히 이 일을 해야 한다는 확고한 신념이 있어야 즐거운 마음으로 장로직을 감당할 수 있습니다. 장로는 자기의 명예나 지위를 위해 일한다면 결코 즐거운 뜻으로 일을 할 수 없을 것입니다.

만일 장로가 장로의 직무수행에 즐거움을 얻지 못한다면, 그는 장로직에 대한 그릇된 생각과 올바른 정신적 자세가 결여된 것이라고 볼 수 있습니다. 장로직은 육적으로나 영적으로 많은 어려움과 힘든 일을 겪으면서도 하나님의 일을 한다는 즐거움이 있어야 합니다. 장로의 정신적 자세는 더러운 이를 위하여 하지 말고 오직 즐거운 뜻으로 해야 합니다.

(3) 본이 되어 맡긴 일을 감당해야 합니다.

장로는 회중에게 권위를 내세우는 독재자가 되어서는 안 되고 하나님의 양들의 본보기가 되어야 합니다. 장로는 행정적으로 주권 행사를 하여 강압적 태도를 취하지 말고, 실천적 생활에 모본을 보여 교우들이 마음으로 순종하도록 해야 합니다. 장로는 교인들을 위해 앞서가며 양들로 따르게 해야 합니다. 바울은 디모데에게 "말과 행실과 사랑과 믿음과 정절에 대하여 믿는 자에게 본이 되라"(딤전 4:18)고 하였습니다.

사람들은 자신에게 주어진 일을 열심히 하다가보면 자기도 모르게 도취되어 겸손을 잃어버리기 쉽습니다. 그래서 양무리를 치는 자의 자세는 자기를 돌아보아 주장하는 자세를 버리고 본이 되어 일하는 것이라고 한 것입니다. 교회의 지도자는 말이 우선하는 것이 아니라 다른 사람에게 본이 되는 사람입니다. 그런 지도자가 진정으로 가장 권위 있는 지도자입니다.

장로의 생활과 모든 언행이 교회와 성도들에게 영향을 끼칩니다. 그러므로 장로는 일상생활에서 양심적이고, 윤리와 도덕적으로도 모범이 되어야 하며, 바른 정신적 자세가 요구됩니다. 장로가 희생적으로 교인들을 섬기면 그 교회는 푸른 초장, 맑은 물이 넘치는 아름다운 교회가 될 것입니다.

3) 장로의 봉사 자세

장로는 교회를 위해 봉사할 때 봉사의 원리와 바른 자세로 봉사할 때 존경받고 본이 되며 교회의 성장을 가져오게 됩니다.

(1) 봉사의 원리

① 분업의 원리를 따라 하도록 해야 합니다. 교우들이 지체의 기능대로, 재능대로, 은사대로 분업해서 일하도록 조정, 권면, 결의해야 합니다.

② 불간섭의 원리를 따라 해야 합니다. 한번 맡겨진 직임과 직무에 따라 일하는 것을 간섭하지 말고 능동적으로 소신 있게 일하도록 도와주어야 합니다.

③ 기능의 원리를 따라 해야 합니다. 각기 전문적인 기능을 따라 할 수 있도록 인재를 발굴, 장려, 권면하고 능력에 따라 일할 수 있도록 해야 합니다.

④ 충성의 원리 따라 해야 합니다. 맡은 자들에게 구할 것은 충성입니다. 충성되게 일하는 자들을 중심으로 열심히 일하도록 도와주어야 합니다. 불충성하는 자는 자리만 차지하고 남이 할 수 있는 길도 막게 됩니다.

(2) 봉사에 대한 바른 이해

① 봉사의 대상은 주님을 위해 하는 것입니다. 봉사를 어느 개인을 위하고 목사를 위해서 하는 것처럼 해서는 안 됩니다. 봉사의 대상은 주님을

위해 하는 것이므로 죽도록 충성해야 하며 즐거운 뜻으로 행해야 합니다.

② 봉사자는 받은 대로 해야 합니다. 하나님은 각자에게 필요한 은사를 주셨습니다. 주신 은사와 받은 재능대로 열심히 일해야 합니다.

③ 봉사의 방법은 최선으로 해야 합니다(마 25:14-30). 봉사의 방법은 맡은 일을 위해 최선을 다해야 합니다. 힘 있는데 까지, 끝까지 진실하게 일하는 것입니다.

(3) 장로의 봉사 자세

① 믿음의 분량대로 봉사해야 합니다.

② 지혜롭게 봉사해야 합니다.

③ 맡은 직분에 따라 성실함으로 봉사해야 합니다.

④ 부지런함으로 봉사해야 합니다.

⑤ 즐거움으로 봉사해야 합니다.

4) 장로의 영적 자세

(1) 소명감이 투철해야 합니다.

장로로서 책임을 완수하기 위한 사명감은 철저한 소명의식으로부터 나옵니다. 교회의 장로는 소속된 교회의 사명과 부흥을 위하여 교회의 직분을 하나님이 주신 직분으로 명심해야 합니다.

바울은 자신의 사도 직분을 철저하게 하나님으로 말미암았다고 말하고 있습니다(갈 1:1). 교회의 장로는 소명의식이 투철해야 합니다. 소명이 있는 직분자는 직분을 하나님께서 주신 것으로 알고, 교회가 하나님의 위임을 받아서 대행하는 것으로 직분을 주심에 감사해야 합니다. 장로는 소명감이 철저해야 합니다.

(2) 성령과 지혜가 충만해야 합니다.

성령 충만이란 그리스도 중심의 생활을 하는 것을 의미합니다. 이른바 "뜨겁다"고 표현하는 신앙생활이 성령 충만의 전부는 아닙니다. 생활 속에서 주님 우선주의의 생활이 성령 충만한 생활입니다.

성령 충만한 생활을 하게 되면 능력 있게 직분을 감당할 수 있고 죄악된 세상에서 구별된 생활을 할 수 있게 됩니다. 그리고 성령 충만함 위에 지혜를 갖추어야 합니다. 지혜로운 장로는 주님의 뜻을 이해하고, 복음전도와 교회 부흥의 기회를 만드는 자들입니다. 성령과 지혜가 충만한 자는 성령의 인도에 민감하여 주님의 인도하심에 성실하게 순종합니다(엡 5:15-16).

(3) 믿음으로 충성해야 합니다.

교회 장로는 오직 믿음으로 살기를 힘써야 합니다. 믿음이 있다는 것은 어떠한 상황에서도 하나님께 둔 목표가 견고하며 흔들리지 않고, 오직 주의 일에 힘쓰는 것입니다(고전 15:58). 교회의 일을 추진하면서 많은 부분을 믿음으로 실천해야 하는데, 장로들의 믿음과 충성은 큰일을 이룹니다. 믿음이 없이는 하나님을 기쁘시게 하지 못합니다(히 11:6). 믿음으로 충성하는 교회 안의 모든 직분은 머슴 같은 자세를 요구합니다.

머슴에게는 절대 순종, 희생, 봉사, 충성이 요구됩니다(갈 5:13). 직분을 가진 자는 머슴과 같은 자세로 마음을 다하고, 뜻을 다하고, 성품을 다하고 목숨을 다하여 하나님을 섬겨야 합니다. 장로는 믿음으로 맡은 일에 충성하는 사람이 되어야 합니다.

5) 장로의 청지기적 자세

청지기란 남의 재산을 맡아 주인의 지시대로 관리하는 사람을 뜻합니다. 그러나 지금은 교회에서 교회 운영을 위하여 책임을 맡은 사람들을 청지기라고 부릅니다.

청지기는 헌금 생활과 구제의 삶을 실천하여 칭송을 받고 교회도 부흥시켜야 합니다. 초대교회의 청지기들은 제 재물을 조금이라도 제 것이라 하는 이가 하나도 없었습니다(행 4:32). 밭과 집이 있는 자는 팔아 그 판 것의 값을 가져다가 사도들의 발 앞에 두었고(행 4:34-35), 각 사람의 필요를 따라 나누어 주었습니다(행 4:35).

청지기는 교회를 맡아 돌보는 봉사자입니다. 청지기는 하나님의 교회를 주관하는 사명도 있습니다. 청지기는 하나님의 집을 맡은 자입니다. 그리스도의 청지기는 교회를 맡아 섬기고 돌보는 봉사자의 사명이 있습니다.

청지기는 선한 청지기 같이 봉사해야 합니다. "각각 은사를 받은 대로 하나님의 각양 은혜를 맡은 선한 청지기 같이 서로 봉사하라"(벧전 4:10)고 하였습니다.

청지기는 자기가 관리하고 있는 모든 것이 자신의 것이 아니라 모두 주인에게 속해 있다는 것을 알고, 주인에게 이익이 되도록 계획하고, 그가 하는 일에 있어서 주인에게 대하여 책임이 있다는 것을 명심해야 합니다.

그리스도인은 물질적인 것, 자신의 개성, 자기가 소유하고 있는 것은 모두 하나님의 것이기 때문에 하나님이 원하시는 대로 하나님을 위해 사용하지 않으면 안됩니다. 충성된 청지기는 그가 맡은 은사를 하나님을 위하여 잘 활용하여 다른 사람에게 유익을 끼치고 하나님 앞에 풍성한 결산을 할 수 있어야 합니다. 장로는 선한 청지기 같이 하나님의 영광을 위해 봉사하는 자가 되어야 합니다.

(1) 물질의 청지기

십일조 생활은 하나님께 드리는 의무이며 복받는 지름길입니다. 헌금은 믿음의 표시입니다. "네 보물 있는 그 곳에는 네 마음도 있느니라"고 했습니다(마 6:21). 헌금은 감사의 표시입니다. "각각 그 마음에 정한 대로 할 것이요 인색함으로나 억지로 말지니 하나님은 즐겨 내는 자를 사랑하시느니라"(고후 9:7).

헌금은 헌신의 표시입니다. 마가복음 12:41-44에 보면 가난한 과부의 헌금에 대해 나와 있습니다. 최선을 다한 헌금으로 주께 헌신하였습니다. 장로는 물질로 봉사를 잘 하므로 본이 되어야 합니다.

(2) 예배의 청지기

"그러므로 형제들아 내가 하나님의 모든 자비하심으로 너희를 권하노니 너희 몸을 하나님이 기뻐하시는 거룩한 산제사로 드리라 이는 너희의 드릴 영적 예배니라"(롬 12:1)고 했습니다. 이는 몸으로 봉사하라는 뜻입니다.

장로는 자신이 몸으로 하나님이 기뻐하시는 거룩한 산제사를 드려야 합니다. 천하보다 귀한 몸으로 봉사할 때 하나님이 제일 기뻐하십니다. 장로는 몸으로 여러 분야에서 착하고 충성된 종으로 봉사해야 합니다.

(3) 기도의 청지기

누가복음 2:37에는 "안나 할머니는 금식하며 기도함으로 섬기더니"라고 했습니다. 장로는 교회와 목사를 위해 기도해야 하고 교인들을 위해 기도해야 합니다.

기도를 많이 하는 장로는 새벽기도, 수요기도, 금요철야기도회에 열심히 참석하며 기도로 봉사해야 합니다. 기도로 봉사하는 장로가 많은 교회는 부흥하고 발전하며 은혜가 많은 교회입니다. 장로는 기도로 봉사하는 모범이 되어야 합니다.

(4) 전도의 청지기

한 생명이 천하보다 귀하게 여겨 영혼 구원을 위해 전도의 모범이 되어 봉사할 때 최고의 봉사가 되는 것입니다. 주님은 마지막 명령으로 "너희는 가서 모든 족속으로 제자를 삼아 아버지와 아들과 성령의 이름으로 세례를 주고 내가 분부한 모든 것을 가르쳐 지키게 하라"고 했습니다.

전도로 제자 삼는 일에 모범이 되어 봉사할 때 하나님은 기뻐하시고 교회는 부흥되며 성도들에게 본이 될 것입니다.

믿는 자의 가정은 화목한 가정이 되고 복받는 가정이 되어야 합니다. 장로의 가정은 매사에 본이 되고 천국의 모형이 되어야 합니다.

부모에게 효도하고 부부 간에 화락하고, 자녀에게 주의 교양과 훈계로 양육하여 자녀가 잘되는 복을 받아야 합니다. 가정이 모범적인 가정이 될 때 전도의 문을 열리고, 하나님의 복이 임하며 칭송받는 가정이 될 것입니다. 장로의 가정은 모범적인 가정으로 봉사해야 합니다.

6. 장로의 권위와 지위

1) 장로의 권위

장로의 직분은 교회 안에서 가장 권위 있는 직분입니다. 그러기에 주님의 몸된 교회의 장로는 권위가 있어야 합니다. 장로가 권위 있을 때 권위 있는 교회로 인정을 받게 되고 하나님께 영광이 되는 것입니다.

(1) 하나님께서 세우셨기에 권위가 있습니다.

장로는 사람에게서 난 것이 아니요, 사람으로 말미암음도 아니요, 오직 예수 그리스도와 및 죽은 자 가운데서 그리스도를 살리신 하나님 아버지로 말미암아 세워진 직분이기에 세속적인 직위를 초월한 권위가 있습니다.

하나님의 세우신 직분은 세속적인 어떤 권세가 그를 정직할 수 없고 다만 하나님의 법에 의해서만 파직하거나 회복할 수가 있는 것입니다. 그러기에 국가가 기독교국이 되는 것도 좋고, 민족의 복음화 되는 것을 바라는 우리까지도 기독교가 국교가 되는 것을 원치 않고, 국가는 종교의 자유와 양심의 자유만을 보장해 주기를 원하며, 교회가 세속 권력에 압력을 받아 양심의 자유를 침해당하거나 간섭 받기를 원치 않습니다.

그러기에 교회 안에 모든 문제는 교회 안에서 해결되기를 원하는 것이 하나님의 뜻이요, 바울의 철저한 신본주의 사상이었습니다.

권위 있는 장로는 똑똑하고 경우 바른 사람으로서, 싸우고 송사하기를 일삼는 것보다는 차라리 바보스럽고, 미련한 듯 불의를 당하고, 또 속아서 살면서도 덕망이 있고, 은혜가 충만한 장로가 더욱 권위가 있음을 망각해서는 안 됩니다.

장로의 직분은 하나님께서 세우신 직분이기에 권위가 있습니다. 권위 있는 장로는 덕망이 있고, 지혜로우며 선한 양심을 가진 자라야 합니다.

(2) 교회에게 피택되었기에 권위가 있습니다.

교회는 세속 단체와 다릅니다. 교회는 하나님의 몸이요 또 그의 지체들입니다. 하나님의 교회가 기도하고 선거하여 세움을 받은 것은 세속 사회에서 투표하여 선정하는 것과는 판이하게 다릅니다.

하나님의 교회를 감독할 장로를 선거한다는 것은 참으로 엄청난 기적이 탄생되는 순간입니다. 그리고 장로 한 사람 때문에 교회의 흥망성쇠가 좌우된다고 가정할 때, 두렵고 떨리는 순간임을 인식하게 됩니다.

교회에서 장로를 선거할 때에는 개인의 명예나 정실에 치우치지 아니하고, 또는 육신적 이권을 위해서가 아니라 교회의 신령적 유익을 위하고 자신들의 영혼을 다스려 줄 것을 기대하며 선택할 것이니, 온 교회에서 지지를 받아 세움 받은 장로는 권위가 있는 직분이 아닐 수 없습니다.

2) 장로의 지위

장로로 세움 받으면 장로에게 요구되는 사명이 주어지고 또한 지위도 주어집니다. 그러나 장로의 지위는 군림하는 자리도 아니고, 거만하게 행하는 지위도 아니며, 겸손하게 잘 섬기는 섬김의 지위입니다.

① 장로는 교회의 주인이 아니라 청지기입니다.

② 장로는 교회의 대표가 아니라 교인의 대표입니다.

③ 장로는 목사의 수족이 아니고 좋은 협력자입니다.

④ 장로는 목사를 감독하는 자가 아니고 성도들의 신령한 면을 살피는 자입니다.

⑤ 장로는 존경받는 직분만은 아니고 잘 섬김의 직분입니다.

⑥ 장로는 영광 받는 자리가 아니라 그리스도의 고난에 동참하는 자입니다.

⑦ 장로는 세상 부귀보다도 하늘의 상급을 바라보는 지위입니다.

장로의 지위는 하나님의 나라에서 어린 양과 하나님의 보좌를 둘러싸고 경배할 최고의 지위이며, 보이는 교회에서는 목사의 배석자로서 치리에 협력하며 목회를 돕는 천사라도 흠모할 직분입니다.

그러기에 항상 하늘을 우러러 거기에 소망을 두며, 십자가를 바라보며 맡은 바 사명을 다해야 합니다. 장로의 지위는 세상의 지위가 아니고 하나님을 잘 섬기는 봉사의 지위입니다.

3) 장로에 대한 예우

장로는 궁극적으로 하나님의 세우심을 받되, 교인의 택함을 받은 교인의 대표로서 목사와 협력하여 교회를 다스리는 직분입니다.

장로의 직무를 다하기 위해서는 많은 어려움과 수고가 있어야 합니다. 그래서 바울은 그 일을 '수고' 라는 말로 표현했습니다(딤전 5:17).

장로의 직무는 쉽지 않습니다. 때로는 단조로운 일만 반복되는 지루함도 있을 것이고, 밤을 새워 기도할 때도 있습니다. 장로의 직무를 다하는 데에는 많은 가슴 아픈 일을 겪어야 하며, 눈물을 흘릴 때도 많이 있어야 합니다. 또한 시간과 물질을 희생하지 않고는 교인들을 세심하게 돌아 볼수 없습니다.

장로는 하나님의 세우셨기 때문에 장로의 권위는 곧 하나님의 권위입니다. 하나님께서 친히 장로의 직분을 보증하시며, 장로는 이 하나님의 권위의 보호와 후원을 받게 됩니다. 또한 장로는 교회를 위하여 희생하고 수고하며 힘써 일합니다.

이와 같이 장로는 한편 그 권위 때문에 다른 한편 그 직무 때문에 교회로부터 순종과 존경과 높임을 받아야 합니다.

교인들은 장로들이 그 직무를 잘 감당하도록 그에게 순종하고 복종하며 존경하고 귀히 여겨야 할 것입니다. 이것이 교인으로서의 장로에 대한 합당한 예절입니다. 예절을 잘 지켜 존경해야 합니다.

4) 바람직한 장로상

목사와 장로의 관계는 서로 받들고 존경하는 협조적인 관계일 수밖에 없습니다.

서로 목회의 일에 잘 협력하고 감사하게 생각하여 좋은 열매를 맺도록 할 때 좋은 장로가 될 수 있습니다. 목사도 자기의 뜻대로 예의 없이 행하는 일은 잘못된 일입니다.

교회가 교회답게 되고 사회를 이끌고, 나아가는 교회가 되기 위해서는 목사는 목사다워야 하고 장로는 장로다워야 합니다.

바람직한 장로의 모습은 다음과 같습니다.

(1) 장로는 겸손해야 합니다.

"겸손은 모든 미덕을 담은 보석상자"라고 바질이라는 신학자는 말했습니다. 겸손은 다른 사람을 이해하고, 용서하고, 사랑하며, 자비를 베풀 수 있는 마음입니다. 겸손은 나보다 남을 낮게 여기는 태도요, 자기는 낮아지는 태도입니다.

남의 인격을 존중히 여기는 태도, 즉 남의 허물을 흠잡지 않는 태도입니다. 약한 자의 수고를 감수하는 태도입니다. 나보다 남을 기쁘게 하는 적극적인 태도 이것은 예수님의 태도입니다. 나의 유익보다 남의 유익을 도모하는 태도입니다.

(2) 장로는 온유해야 합니다.

온유는 '하나님의 통제를 받는다' 는 뜻이 있습니다. 온유한 자는 하나님의 통제를 받는 사람이기 때문에 '예' 해야 할 때 '예' 하고, '아니오' 할 때 '아니오' 하는 생활을 하게 됩니다.

온유한 자는 자기 자신은 죽고 그 안에 그리스도가 계시기 때문에, 그의 모든 삶을 그리스도에 의해 지시를 받고 통제를 받는 것입니다. 이러한 사람을 소위 하나님의 신사라고 합니다.

(3) 장로는 오래 참아야 합니다.

그리스도인의 인내는 결코 패배를 인정하지 않으며, 어떠한 과업에도 굴복하지 않으며, 어떠한 불행이나 고난에도 꺾어지지 않으며, 어떠한 절망이나 낙담에 의해서도 단념하지 않는 정신이며, 끝까지 지속하며 참는 정신입니다.

크리소스톰은 참는 정신을 "복수할 수 있는 힘을 가지고 있으면서도 결코 복수하지 않는 정신"이라고 했습니다.

인내는 괴로워 하지 않으며, 또 불평도 없이 모욕과 손해를 참는 정신입니다. 욥의 인내를 본받아 장로는 오래 참아야 합니다.

(4) 장로는 사랑의 본이 되어야 합니다.

사랑은 친절이요 기뻐함이며, 보호하는 것이고 지속적으로 아끼는 것입니다. 장로는 하나님을 사랑하고 성도를 사랑하며, 주의 종을 존경하고 사랑해야 합니다. 장로는 사랑의 본이 되어야 합니다.

(5) 장로는 화평의 사람이 되어야 합니다.

화평은 히브리어로 샬롬입니다. 즉 평강을 비는 말입니다. 마음의 평안, 육신의 건강, 환경의 아름다움, 조화와 일치를 의미합니다. 장로는 화평의 사람이 될 때 더욱 존경받게 됩니다.

5) 장로가 받을 복

하나님께서는 하나님 말씀대로 순종하고 맡은 일에 충성되게 일하는 선한 청지기에게는 복을 주십니다. 그러면 선한 청지기가 받을 복은 무엇일까요?

1) 주님의 칭찬의 복이 있습니다.

맡은 달란트를 가지고 열심히 장사하여 이를 남긴 종들에게 "착하고 충성된 종"이라고 칭찬을 하셨습니다.

사람이 칭찬 받는 것만큼 좋은 일이 없습니다. 기분도 좋아지고 자신감도 생기고 일한 보람도 있으며, 더 열심히 하고자 하는 의욕도 생기게 됩니다.

기왕에 봉사하는 일을 잘해서 "잘하였도다 착하고 충성된 종아 네가 적은 일에 충성하였으며 내가 많은 것을 네가 맡기리니 주인의 즐거움에 참예하라"는 칭찬 받는 복이 있으시기를 바랍니다.

칭찬 받음은 좋은 일입니다. 자신감이 생기고 한 일에 대한 치하가 되며 즐거움이 되는 일입니다. 착하고 충성되게 일한 장로에게는 주인의 즐거움에 참여하는 복을 주십니다.

주인의 즐거움은 하늘의 승리이며 교회에서 주와 같이 영원히 살며 다스리는 아름다운 지위를 얻는 것과, 천군 천사들의 호위와 노래 속에 벌어질 어린 양의 혼인 잔치에 참예하고(계 19:9), 사시사철 마르지 않는 생명수 샘가에서 다시는 주리지도 목마르지도 않게 보호하실 목자장의 품에 안기는 즐거움, 곧 주인의 즐거움에 참여하는 것입니다.

2) 아름다운 지위를 얻는 복이 있습니다.

교회 장로직의 보상은 아름다운 지위를 받는 복이 있습니다. 한 가지는 현실적인 교회에게 더 좋은 지위와 영광을 받게 되고, 다른 한 가지는 내세적이고 승리 교회에서 높은 지위를 얻는 것입니다.

마태복음 22:28-30에서 "주와 함께 보좌에 앉아 이스라엘 열두 지파를 다스리게 하려 하노라"고 했습니다. 이는 주와 함께 보좌에 앉아서 주와 함께 먹고 마시고 함께 다스리는 지위야 말로 아름다운 지위를 얻는 것이고 분수에 넘치는 상급을 받는 것입니다. 장로의 직을 잘 감당할 때 아름다운 지위를 얻는 복이 있습니다.

3) 믿음의 큰 담력을 얻는 복이 있습니다.

장로의 직분을 잘 감당하는 자는 순간순간 주시는 하나님의 은혜의 체험을 통하여 더욱 확고한 믿음의 담력을 얻게 됩니다.

빌립보서 1:20에서 바울은 "나의 간절한 기대와 소망을 따라 아무 일에든지 부끄럽지 아니하고 오직 전과 같이 이제도 온전히 담대하며 살든지 죽든지 내 몸에서 그리스도가 존귀히 되게 하려 하나니"라고 했습니다. 그의 담력은 하나님 앞에 가서 크신 상급을 받고자 하는 소망에 불타고 있었던 고로 담대함을 얻은 것입니다.

장로직을 잘 감당하는 자는 강하고 담대한 믿음으로 더욱 많은 일을 감당하는 능력이 있습니다. 믿음의 큰 담력을 가진 자는 하나님 앞에 큰 복을 받은 것입니다.

4) 주께 위로를 받는 복이 있습니다.

장로의 사명을 감당하노라면 괴로운 일이 많기도 하고, 누구 하나 알아주는 이 없이 여기저기에서 욕을 먹기도 합니다. 그러나 주께서는 우리의 수고를 다 알고 계시니, 결국에는 위로해 주실 것입니다.

현실에서도 순간순간 주께서 주신 평강으로 위로를 받는 신비스런 체험을 하기도 하지만, 마지막 날에는 여기에 비할 바 못되는 큰 위로가 있음을 알아야 합니다.

수고하고 희생하며 일하는 장로에게 주께서 위로해 주시는 큰 복이 있습니다. 주의 위로를 받으면 힘이 나고 기쁨이 되며 더욱 소망 가운데서 살 수 있습니다.

5) 하나님께서 복으로 가득히 되돌려 주십니다.

심고 거두는 법칙은 어디에나 적용됩니다. 봉사의 수고도 마찬가지입니다. 주님과 교회를 위해 봉하면 거기에는 반드시 상급과 댓가가 따르게 됩니다. 하나님은 물질을 심고 시간을 바치고 몸을 드려 봉사하면 복으로 분명히 가득하게 되돌려 주시는 분입니다(눅 6:28).

주를 위해 희생하고 수고하고 헌신했을 때 분명히 영광을 얻게 하십니다. 주를 위해 봉사하기 위해 바친 물질과 시간과 재능을 드려 봉사할 때, 하나님은 모든 것을 넉넉히 채워 주시는 복을 주십니다. 생활 속에서도 채워 주시고, 영광을 얻게 하시는 복을 주십니다(고전 15:58).

장로의 직분을 갖고 봉사할 때 땀 흘리는 수고를 하고, 눈물 있는 기도를 드리며, 피 흘리는 희생과 헌신은 결단코 헛되게 하지 않습니다. 더 좋은 것으로 채워 주시고, 헛되게 돌아가지 않게 하십니다.

제 **3** 장

하나님의 집에
충성스런 일꾼
— 집사 —

1. 집사의 정의와 기원

1) 집사의 정의

집사를 가리키는 헬라어 '디아코노스' ($διακονς$)는 '디아코네오' ($διακον$ $ηω$)라는 동사로부터 파생되었습니다. 이 동사는 '섬기다', '수종들다'(to minister), '봉사하다'(to serve), '식탁에서 시중들다'(to wait on table), '돌보다'(to care for) 등의 의미를 가집니다(마 4:11: 20:28, 롬 15:25). King James역에서는 로마서 16:1을 'Servant of the Church' 라고 하였습니다. 영어로 집사를 decon인데, 이 말은 헬라어 '디아코노스' 에서 유래되었습니다. '디아코노스' 는 전치사 '디아'(through)와 '콘'(먼지, dust)의 합성 명사로서 '먼지를 통하여' 란 뜻입니다. 즉 사람이 분주하게 일할 때 먼지가 일어나는 현상, 곧 부지런히 바쁘게 봉사하는 장면을 묘사합니다. 또한 집사라는 명칭은 마치 종이 자신의 주인을 섬기거나 시중들기 위하여 분주하게 일하는 부지런한 모습이 연상됩니다. 즉 집사라는 명칭은 원문이 교훈하는 바와 같이 종의 직분, 섬기고 봉사하는 직분, 청지기 직분을 가리킵니다.

집사라함은 교회의 어떤 계급이나 명예가 아니라 우리나라 말의 의미를 생각하면 집사는 한자로 잡을 집(執), 일 사(事), 즉 '일을 잡은 사람' 또는 '일을 잡으려하는 사람'의 뜻입니다.

이와 같이 집사란 어디까지나 봉사자, 일꾼으로 선출된 것이 사실입니다. 그렇지만 모든 봉사의 근원과 완전한 모본은 하나님 본체시나, 자기 자신을 수종자(롬 15:8)로 여기시며, 또 자신을 종(빌 2:6)으로 여기시는 예수 그리스도 안에서 찾아 볼 수 있습니다.

종으로 성육신 하시어 메시아의 온갖 고난을 통하여 그리스도께서는 종과 주인의 관계를 완전히 뒤집어 놓으셨으며, 섬기는 자의 위치가 얼마나 존귀함을 주님께서는 "너희 중에 누구든지 크고자 하는 자는 모든 사람의 종(빌 2:6)이 되어야 하리라 함이니라"고 단언하셨던 것입니다(막 10:35-45, 막 9:35, 마 20:20-28).

예수님께서는 다음과 같은 말씀으로 자신의 사명을 결론 지으셨습니다. "그러나 나는 섬기는 자로 너희 중에 있도다"(눅 22:27). 그리고 섬기는 것이 얼마나 귀중하고 가치 있음을 최후의 심판에서 디아코니아를 근거로 하여 양과 염소를 갈라놓는 것으로 말씀하셨습니다(마 25:31-46). 이런 예수님의 교훈을 생각하여 볼 때, 그리스도인은 반드시 섬기는 자인 종의 사명을 통해서만이 주님 앞에 설 수 있음을 말하고 있습니다.

이런 점으로 미루어 볼 때, 집사의 직분은 그리스도 안에 있는 모든 성도의 바른 자세를 그대로 보여주고 있습니다. 그러므로 바울은 자신을 교회의 일꾼(집사)로 부르기를 오히려 기뻐하였습니다(고후 6:3-7, 골 1:25). 그는 보통 일꾼이 아니고 '선한', '신실한' 일꾼을 말하였습니다(딤전 4:6, 골 1:7; 4:7). 또 하나의 집사의 명칭 중에는 사역자라고 사용된 곳도 있습니다. 고린도전서 3:5에 보면 '디아코노스'라는 단어가 '사역자'로 번역되어 있습니다. 여기서는 집사라는 명칭이 복음 전도자의 사명이 있음을 말하고 있습니다. 우리가 잘 아는 대로 초대 일곱 집사 중에 스데반과 빌립은 전도자의 사명을 한 것입니다.

그러므로 집사직의 개념을 정의한다면 집사는 예수님의 말씀에 순종하여 남에게 섬김을 받으려 하지 않고 남을 섬기는데 헌신하는 사람을 가리키는데, 교회 안에서 몸으로 봉사하는 직분으로 교회를 보호 육성하며, 성장하게 하기 위하여 선택된 하나님의 일꾼이 집사직의 사명입니다.

성경에서 집사의 역할은 다음과 같습니다.

① 하인 - 주로 식탁 봉사(요 2:5)

② 사환(마 22:13)

③ 섬기는 자(막 10:43-45)

④ 종(마 22:3-10, 롬 1:1, 갈 5:13)

⑤ 하나님의 일꾼(고후 6:4, 살전 3:2)

⑥ 교회의 일꾼(골 1:25)

⑦ 사역자(고전 3:5)

⑧ 청지기(고전 4:1, 딛 1:7, 벧전 4:10. 눅 16:1).

2) 집사(직)의 기원

집사 직분이 언제부터 시작되었는지는 구체적으로 알기 어렵습니다. 그러나 일반적으로 사도행전 6장에 기록된 일곱 집사의 선출을 집사직의 기원으로 봅니다.

초대교회의 규모가 점점 커가고, 교회 사업이 확장되어감에 따라 사도들의 업무를 분담할 직분이 필요하게 되었습니다. 특히 오순절 성령강림으로 비롯된 초대교회의 공동생활(행 2:42 -47; 4:32-37)이 시간이 감에 따라 변해갔습니다. 사도행전 5장에 나오는 아나니아와 삽비라의 이야기, 6장의 과부 구제문제 등이 이를 말해 주고 있습니다.

유무상통의 정신은 그리 오래 가지 못했습니다(행 4:32-35). 그래서 구제 받는 계층이 생겼고, 구제하는 일이 생겼다고 볼 수 있습니다. 과부는 매일 구제 받게 되어 있었는데, 여기에서 문제가 제기되었습니다. 그 대안은 역할 분담이었습니다. 기도하는 일과 말씀 전하는 것을 사도들의 주요 업무로, 그리고 구제하는 일은 문제를 제기한 헬라 파 사람들 중에 성령과 지혜가 충만한 사람 7인을 선출하여 이 일을 분담하게 하였습니다.

여기서 선택된 일곱 사람이 오늘날 교회 조직상 집사라고 볼 것이냐 하는 데에는 논란의 여지가 없지 않지만, 12사도 외에 필요한 섬김의 일꾼을 선정했다는 데에는 이견이 있을 수 없습니다.

예루살렘교회에 집사들이 임명된 이래 에베소교회, 빌립보교회, 겐그리아교회 등을 위시하여 많은 교회들이 집사들을 임명하게 되었고, 이 직분은 점차 장로나 감독과 같이 교회의 공적 직분으로 받아들이게 되었습니다.

3) 집사직의 변천

(1) 사도 시대

집사라는 명칭은 사도 시대 이후의 교회에서 사도들을 수종을 드는 자들의 중요한 직분 중의 하나를 나타내는 말이었습니다. 사도행전에는 '집사(디아코니아)' 라는 말이 나오지 않으며, 사도행전 21:8에 일곱 집사 중의 하나인 빌립이 '전도자' 라는 이름으로 불리고 있습니다.

빌립보서 1:1에서 바울은 "빌립보에 사는 모든 성도와 또는 감독들과 집사들에게 편지하노니"라고 말하고 있습니다. 바울은 복음 전파에 있어서 자기의 동역자와 보조자가 된 디모데(살전 3:2)와 두기고(골 4:7), 그리고 에바브라(골 1:7)에 대해서도 '디아코노스' 라는 명칭으로 부르고 있습니다. 바울은 자신의 사역을 표현하는 데에도 이 단어를 사용하곤 했습니다(고전 3:5, 고후 3:6; 6:4; 11:15, 23, 골 1:23, 25). 바울은 또한 이 단어를 그리스도의 사역(롬 15:8, 갈 2:7)에, 심지어는 하나님의 사자들을 묘사하는 데까지도 사용하였습니다(롬 13:4).

(2) 중세 시대

힙폴리투스(Hippolytus)의 '사도전승'(Apostolic Tradition)에서 집사들을 임명하기 위한 방침과 집사들의 직무에 관계된 다른 규정들을 살펴

볼 수 있습니다. 집사의 서열은 감독과 장로 다음의 세 번째이며, 회의에서 선출되었고, 구약성서의 레위인들과 비교되었습니다.

집사는 노인, 과부, 병들고 괴로워하는 사람들, 죄의 고백자들을 찾아내어 그들을 방문하고 감독의 지시에 따라 그들을 돌보아 주어야 하였습니다. 그러나 점차 시간이 흐름에 따라 그들의 본래 임무는 등한시되었습니다. 병자와 가난한 자들은 병원과 구빈원에 수용되었고, 고아들은 고아원에서 양육하는 등 사회 빈민 구제 기관이 많이 생겨나 그들을 수용하게 되었기 때문입니다. 따라서 집사의 주된 임무는 그러한 본래의 임무를 떠나서 목회자의 직무와 예배의식을 돕는 일이 되었습니다.

집사들은 제단을 정리하였고, 불신자들과 초신자들의 초보적인 신앙을 위한 방향을 제시하여 주고 몇 가지 기도문을 낭독하였으며, 감독이 없을 때에는 빵도 나누어 주었습니다. 그러나 제물을 바치는 것은 그들에게 금지되었습니다. 스데반과 빌립이 행한 것처럼 때때로 그들은 설교의 직무도 행사하였습니다.

(3) 종교 개혁기

중세 가톨릭 시대에는 교황권의 강화로 신부들에 의한 제사와 성례전을 중심으로 한 의식이 예배의 절대적 요소가 되면서 집사직은 그 존재 의의를 별로 갖지 못하였고, 점점 활동과 역할도 쇠퇴하였습니다. 반면에 감독직의 다양한 발전과 직책의 구분이 생겨서, 이전에 집사들이 담당하던 기능이 그들에게로 주워져서 집사에 대한 직분은 큰 구실을 못하였습니다.

가톨릭교회의 타락상에 반대하여 일어난 종교 개혁은 교회 조직에도 많은 발전을 가져왔으며, 교리 중심적이고 교권 중심이었던 로마 가톨릭 교회의 모습에서 탈피하여 성경중심주의와 만민사제설 등을 부르짖게 되었습니다. 그러나 개신교의 경우에는 종교 개혁 사상가 개개인의 독특한 양상에 따라 여러 가지 교파로 분리되었습니다.

칼빈(Calvin)은 집사직을 교회의 절대적인 직무 중의 하나로 여겼고, 가난한 사람을 돌보는 일을 그 직의 정당한 임무로 여겼습니다.

(4) 종교 개혁 이후

성경에는 집사 직무에 대한 확고한 지침이 나타나 있지 않기 때문에 집사의 직무에 관하여 이론이 분분했습니다. 칼빈은 집사는 성직자에 속한다기보다는 평신도라고 주장하였습니다. 그에 따르면 집사는 다른 사람을 섬기는 책임을 맡고 있다는 것입니다. 그리하여 칼빈은 집사들에게 설교하는 일과 환자와 가난한 자를 돌보는 일을 교육시켰습니다.

1774년에 나온 찰스톤 신앙고백(Charleston Confession of Faith)은 집사직의 이론에 상당한 변화를 주었습니다. 즉 집사는 교회의 하급 직무를 맡도록 한 것입니다. 집사들은 성찬 식탁에서 시중들며, 가난한 자들을 위하여 모금하고 그것을 분배하며, 교인들 간의 친교를 지속시키며, 목사를 대신하여 교회의 세속적인 문제들에 관여하도록 명령받았습니다. 이 중에서 목사를 대신하여 교회의 세속적인 문제들에 관여하도록 한 규정이 후일 집사의 직무에 큰 영향을 끼쳤습니다.

그러나 교회의 성장에 따라서 집사의 영적인 역할이 요청되기에 이르렀습니다. 교회가 사람들의 다양한 요구에 더욱 효과적으로 봉사하기 위해서 목사들만으로는 점점 더 어려워짐을 느끼게 됨에 따라 목사를 도와서 이 영적인 직분을 담당할 사람이 필요하게 되었습니다. 따라서 집사는 교회의 목회 직분을 이행한다는 면에서 목사의 동역자라고 할 수 있습니다.

2. 집사의 자격

성경에 보면 집사에 대해 여러 곳에서 언급하고 있습니다.

사도행전 6:3-4에는 성령과 지혜가 충만하여 칭찬 듣는 사람 일곱을 집사로 택하라고 했으며, 디모데전서 3:8-13에서는 "단정하고 일구이언을 하지 아니하고 술에 인박이지 아니하고 더러운 이를 탐하지 아니하고 깨끗한 양심에 믿음의 비밀을 가진 자를 먼저 시험하여 보고 그 후에 책망할 것이 없으면 집사의 직분을 하게 하고, 한 아내의 남편이 되어 자녀와 자기 집을 잘 다스리는 자"가 집사가 되어야 한다고 말하고 있습니다.

1) 영적인 자격

(1) 소명(부르심)을 받은 자

집사라는 직분은 어떤 계급을 의미하거나 명예를 나타내는 직분이 아닙니다. 또한 집사의 직분은 일정한 시간이 지났다고 해서 자동적으로 주어지거나 재능이 많다고 해서 주어지는 것이 결코 아닙니다. 또한 재산이 많거나 권력이 있다고 해서 되는 것이 아닙니다. 더구나 자신이 원한다고 해서 되는 것도 아닙니다. 무엇보다도 하나님의 부르심(소명)이 있어야 합니다.

소명이란 교회를 통하여 주의 일에 쓰임 받을 자를 하나님께서 부르시는 것을 의미하며, 내적인 소명과 외적인 소명이 있습니다.

① 내적 소명

하나님이 자신을 주의 일에 쓰시기 위하여 집사로 부르신다는 사실을 깨닫는 것을 말합니다. 하나님의 부르심에 대한 자의식이 없으면 결코 집사로서 교회에 올바른 봉사를 할 수 없습니다. 집사가 되었다는 것은 이런 하나님의 부르심에 순종함으로써 응답하는 것을 말합니다.

② 외적 소명

내적 소명을 받은 자는 교회와 주의 종으로부터 부르심을 받게 되는데, 이것이 외적소명입니다. 이 외적 소명은 집사로서 부름 받는 형식적인 의미를 가집니다.

(2) 성령이 충만한 자

성령이 충만한 자는 어떤 사람인가? 혹자들은 방언을 말하고 표적을 행할 수 있는 자가 성령이 충만한 자라고 주장하며, 신비한 체험을 통하여 성령 충만한 표적을 얻으라고 독려하고 있기도 합니다.

그러나 방언과 표적이란 계시시대에만 국한된 일시적인 은사입니다. 방언이란 약속하신 대로 성령이 강림하신 사건에 대한 표적이며, 계시 전달의 방편으로 주어진 것이고, 표적 또한 예수님이 구약의 약속된 메시아 임을 증거하기 위해 있었던 기적적인 사건입니다.

그렇다면 성령 충만하다는 것은 대체 무슨 의미일까요? 성령께서 오셔서 하시는 일이 무엇인지를 알면 그 답을 쉽게 찾을 수 있을 것입니다. 성령께서 하시는 일을 크게 두 가지로 나누어 보면, 먼저 사도들로 온전한 복음의 비밀을 드러낸 신약성경을 기록하게 하신 일입니다(벧후 1:21). 이 일은 요한계시록이 기록됨으로써 이미 이루어졌습니다(계 22:18-19). 그리고 성령께서는 성부 하나님께서 선택하시고, 성자 하나님께서 속죄해 주신 자를 정하신 때에 부르셔서 거듭나게 하시며, 복음을 깨닫게 하시고 기억나게 하심으로 복음을 전파하는 일을 하시는 것입니다(요 14:26, 행 1:8).

이것으로 미루어볼 때, 성령 충만하다는 것은 성령의 사역에 쓰임 받을 수 있는 선한 일꾼이 되어 있다는 것을 의미한다고 할 수 있습니다. 즉 성령에 감동되어 여호와가 언약하신 대로 예수가 그리스도로 오셨다는 사실을 확실히 알고 복음을 전하는 일에 협력할 수 있는 자를 말하는 것입니다.

(3) 지혜가 충만한 자

지혜는 '소피아'(Sophia)인데, 인간의 삶의 바른 슬기를 말하는 것입니다. 여기에서 말하는 '지혜'란 세상 초등학문이나 전통적인 지혜가 아닙니다. 성경이 말씀하는 지혜는 하나님이 주시는 지혜입니다.

지식(knowledge)과 지혜(wisdom)는 다릅니다. 지식은 '어떤 대상을 연구하거나 배우거나 실천을 통하여 얻은 명확한 인식 혹은 이해'입니다. 그러나 지혜는 '바른 것과 그른 것을 바로 분간하는 삶의 슬기'라고 말할 수 있습니다. 오늘날 이 세상의 지식은 고도로 발달되었으나 지혜는 크게 결핍된 상태입니다.

따라서 높은 학문의 지식은 있으나 삶의 슬기가 없어 어리석게 살며 실패하는 자들이 허다합니다. 성경에는 지혜에 대하여 많이 기록되어 있습니다(마 7:24, 마 19:19, 눅 12:16 -21). 이런 지혜는 하나님의 말씀에서 얻을 수 있습니다.

야고보서 1:5에는 "누구든지 지혜가 부족하거든 모든 사람에게 후히 주시고 꾸짖지 아니하시는 하나님께 구하라"고 했으며, 또 야고보서 3:17에서는 "위로부터 난 지혜는 성결하고 화평하고 관용하고 양순하며 긍휼과 선한 열매가 가득하고 편벽과 거짓이 없다"고 했습니다.

하나님이 주시는 지혜는 참 지혜자이신 예수 그리스도의 지체로 주를 경외하는 것입니다(욥 28:28, 잠9:10). 지혜자에게는 명철이 있습니다. 그러기에 사도 바울과 같이 "원치 아니하는 악을 행하는 곤고한 사람"임을 고백하면서(롬 7:18-25), 악에서 떠나 하나님의 선한 도구로 쓰이기를 간절히 소망하게 됩니다. 이것이 지혜가 충만한 사람인 것입니다. 바로 이런 사람이 집사가 되어야 합니다.

2) 도덕적인 자격

(1) 단정한 자

"이와 같이 집사들도 단정하고"(딤전 3:8)라고 하였습니다. 단정이란 말은 '셈노스'(σεμνος, 영어로는 Grave)라는 말로 이 말의 본래의 뜻은 '존경, 공경, 거룩, 위엄' 등의 뜻이 있습니다.

단정하다는 말은 겉모습이 점잖고 근엄한 태도를 취하는 것이 아니라 그의 말과 행동이 바르고 정숙하고 영적인 기품이 있는 사람을 의미합니다. 속에서부터 우러나오는 영적인 바른 자세를 통해서 보이는 모습을 말합니다. 즉 그리스도인으로서 기품 있고 신실한 모습이 드러나는 사람을 말합니다. 따라서 집사는 하나님께 대한 경건한 믿음과 존경심을 지녀야 합니다.

(2) 일구이언하지 않는 자

집사들은 일구이언(一口二言: double-tongued)하지 않아야 합니다. 일구이언은 원어로 '디로고스'(διλογος)인데, 그 뜻은 한 가지 사실이나 사건을 가지고 이렇게 또는 저렇게 말하는 것을 의미합니다. 이 사람에게는 이렇게 말하고 저 사람에게는 저렇게 말하는 사람은 공연히 분쟁만 일으키고 교인들 사이를 이간질시킵니다. 그러므로 말에 신중해야 하고, 진실하고 신실한 사람을 세워야 합니다.

초대교회에서 집사는 주로 중재자의 역할을 했습니다. 장로들과 일반 신도들 사이에, 혹은 성도들 사이에 중재 역할을 많이 했습니다. 이런 역

할을 하는 사람들이 상황에 따라 말을 수시로 바꾼다면 결코 좋은 일꾼이
될 수 없습니다.

(3) 참소하지 않는 자

디모데전서 3:11에 보면, "정숙하고 모함하지 말라"는 말이 나옵니다.
이는 개역성경에서는 "참소(讒訴)하지 말며"라고 기록되었는데, 이 '참소
한다'는 말은 '남을 헐뜯는다'는 말입니다. 교회의 직분자들은 남을 헐뜯
거나 모함해서는 안되는 것입니다. 야고보서 3:2에 말씀하듯이, "우리는
다 실수가 많은 사람들"이지만, 말에 실수를 줄이는 것이 경건의 첫 출발
이라고 할 수 있습니다.

직분을 맡은 자들은 남을 참소하지 말아야 합니다. 옛날이나 지금이나
동네 아줌마들이 모이면 남의 흉을 보고 약점을 헐뜯고 비난합니다. 한자
에 '계집녀'(女)자 세 개를 모아놓으면 '간사할 간'(姦)자입니다. 그만큼
수다를 떨다 보면 남을 비난하게 되고, 남의 약점을 헐뜯으며 험담하기
쉽습니다. 초대교회에도 이집 저집 돌아다니며 말만 만들고 험담하는 자
들이 있었습니다. 그래서 바울은 디모데에게 "또 저희가 게으름을 익혀
집집에 돌아다니고 게으를 뿐 아니라 망령된 폄론을 하며 일을 만들며 마
땅히 아니할 말을 하나니 그러므로 젊은이는 시집가서 아이를 낳고 집을
다스리고 대적에게 훼방할 기회를 조금도 주지 말기를 원하노라 이미 사
단에게 돌아간 자들도 있도다"(딤전 5:13-15)라고 경고했습니다. 그러므
로 남을 참소하는 자는 교회의 지도자가 되기에 합당치 않습니다.

(4) 술에 인박히지 않은 자

집사는 "술에 인박히지 아니하고"(딤전 3:8)라고 했는데, 우리가 이 절을 잘못 생각하면 술을 다소 마셔도 되는 것으로 오해하는 사람들이 있습니다. 그러나 누구든지 자기가 원하는 대로 고집하며 죄를 범하고자 하여 성경을 왜곡되게 해석하려면 얼마든지 그런 성구를 찾을 수 있습니다.

그러나 옛부터 경건하게 살고자 하는 성도는 포도주를 입에도 대지 않았습니다(삼상 1:15). 그리고 "술을 즐기는 자와는 사귀지 말라"(잠언 23:20) 하였고, 심지어 "포도주를 보지 말라"(잠언 23:31)고도 하였습니다.

에디슨은 "나는 알콜로 나의 뇌를 해롭게 하기보다는 유익하게 이용하겠다. 알콜을 사람의 머리 속에 넣는 것은 기계 베어링 속에 모래를 넣는 것과 같다."고 했습니다. 우리는 현재 온 사회에 편만한 범죄가 술로 인함임을 기억해야 합니다.

술에 인박힌 사람이 어떻게 좋은 집사가 될 수 있겠습니까? 집사는 술 취할 것이 아니라 성령 충만한 사람이어야 할 것입니다.

(5) 더러운 이를 탐하지 않는 자

집사는 또한 '더러운 이'를 탐하지 아니하여야 합니다(딤전 3:8). 물질은 하나님이 우리에게 주신 복 중의 하나입니다. 그러나 중요한 것은 물질을 어떻게 보며 어떻게 사용하느냐입니다. 만일 우리의 마음이 하나님보다 물질에 더 쏠리게 되면 결국 하나님을 경히 여기거나 배반하게 되고, 물질에 지배당하고, 물질이 우상이 되고 맙니다.

성경에서는 탐심은 우상숭배와 같은 것이라고 하였습니다(골 3:5). 우리는 물질의 탐심이 얼마나 무서운 결과를 가지고 왔는지 유다와 아나니아와 삽비라의 교훈에서 분명하게 배울 수 있습니다. 십계명에 "네 이웃의 아내나 네 이웃의 집이나 소를 탐내지 말라"(출 20:17)고 하였습니다.

집사직은 하나님의 재물(헌금)을 취급하고 구제하는 사업을 담당하므로 돈 문제에 정직하지 못하면 큰 문제가 일어날 수 있습니다.

'더러운 이(利),' 즉 '부정한 이득'은 탐내지 말라는 것은 정당한 이익이 아니면 근본적으로 멀리해야 한다는 것입니다. 집사들이 교회 재정을 운용함에 있어서 조금이라도 잘못하면, 그것은 교회 공동체 전체에 큰 폐를 끼치는 것이기 때문에 물질 문제에 투명한 것은 참으로 중요한 덕목입니다.

(6) 칭찬 듣는 자

사도행전 6:3에 보면, 칭찬을 받기 위해 갖추어야 할 조건으로 성령과 지혜가 충만해야 할 것을 말하고 있습니다. 성령과 지혜가 충만한 사람만이 디모데전서 3:8-10의 말씀처럼 "단정하고 일구이언을 하지 아니하고 술에 인박이지 아니하고 더러운 이를 탐하지 아니하고 깨끗한 양심에 믿음의 비밀을 가진 자"로서 칭찬을 듣게 되는 것입니다. 그러므로 집사는 칭찬 듣는 사람이 되어야 할 것입니다.

(7) 책망할 것이 없는 자

바울은 집사를 세우기 전에 "이 사람들을 시험해 보라"(딤전 3:10)고 했습니다. 즉 앞에서 말한 조건들을 하나하나 점검해 보고, 책망할 것이 없으면 집사의 직분을 감당하게 하라고 했습니다. 엄격하게 시험한 후에 사람을 세워야지 그렇지 않으면 큰 시험에 들 수 있습니다. 그러므로 집사는 교회 내에서나 밖에서 모든 사람들에게 책망 받을 일이 없는 사람을 세워야 교회가 덕이 됩니다.

(8) 절제할 줄 아는 자

절제란 자신을 조절할 수 있는 능력을 의미합니다. 우리에게 내적이든 외적이든 조절능력이 없으면 많은 어려움이 생깁니다. 자기 집안에서는 이렇게 하든 저렇게 하든 상관이 없지만, 다른 사람과 함께 있는 공동체 속에서는 자기가 아무리 하고 싶은 말이나 행동도 하지 말아야 할 때가 있고, 또 하고 싶지 않아도 해야 할 때가 있습니다. 이것을 절제하지 못하고 조절하지 못하면 대인관계에 문제가 야기 됩니다.

우리가 신앙생활 할 때, 내가 하고 싶은 것, 나의 방법, 나의 습관을 다른 사람들을 위해서 절제할 수 있어야 합니다. 그러므로 집사는 자기를 절제할 수 있는 사람으로 세워야 합니다.

(9) 모든 일에 충성스러운 자

집사는 하나님의 종, 수종자, 봉사자, 그리고 일꾼입니다. 이 모든 일에는 충성이 필요합니다. "믿는 자에게 구할 것은 충성이니라"(고전 4:2)고 한 말씀은 집사의 직이 다른 직분들과 같이 무보수이며, 어떤 계급의 직이 아니기 때문에 더욱더 마음 속에서부터 우러나오는 충성이 필요합니다. 그런데 어떤 일을 충성되게 하려면 그 직분에 대한 사명 의식이 매우 중요합니다. 사명의식이 분명할 때 내가 하는 일에 절대로 교만이나 자랑이 있을 수 없고 좌절이나 실망, 낙심이 일어날 수 없습니다(고전 9:16, 갈 6:9). 집사들은 하나님의 동역자(고전 3:9)라는 긍지를 가지고 맡은 일에 충성해야 할 것입니다.

(10) 깨끗한 양심에 믿음의 비밀을 가진 자

집사는 "깨끗한 양심에 믿음의 비밀을 가진 자"(딤전 3:9)라야 합니다. 깨끗한 양심을 가진 사람은 선악의 분별력이 분명하고, 언제든지 선한 양심을 따라 행동하는 사람입니다. '믿음의 비밀'을 가진 자란 십자가와 부활의 복음을 깊이 영접하고 복음의 능력을 체험한 사람입니다. 이런 사람이어야 신앙의 뿌리가 깊고, 어떤 어려움 가운데서도 흔들리지 않기 때문입니다. 또 '믿음의 비밀'이란 구체적인 신앙생활 속에서 체험한 영적인 비밀을 가리킵니다.

믿음의 비밀을 가지려면 믿음의 근원이 되는 하나님의 말씀이 있어야 됩니다(롬 10:17). 집사는 하나님의 말씀에 대한 깊은 지식이 필요하고, 이 말씀에 의한 바른 믿음이 매우 필요합니다. 우리는 스데반 집사의 순교를 생각할 때, 그를 돌로 치는 사람들은 도무지 알지도 못하고 가지지도 못한 믿음의 비밀을 스데반은 간직하였기에, 스데반 집사는 눈을 감으면서까지 오히려 돌로 자기를 치는 자들을 불쌍히 여기며 하늘 보좌를 바라볼 수 있는 것입니다.

바울은 하나님의 깊고 오묘한 믿음의 비밀을 간직한 고로, 그 기쁨 때문에 평생을 고난 중에서도 항상 기뻐하며 감사하면서 복음을 전파할 수 있었습니다. 그는 믿음의 비밀을 간직한 자의 모습을 고린도후서 6:8-10에서 잘 보여주고 있습니다. 이처럼 믿음의 비밀을 터득한 자라야 맡은 직무를 흔들림 없이 잘 감당할 수 있습니다.

(11) 건전한 가정을 가진 자

건전한 가정이란 먼저 한 가정의 기본이요 원칙인 일부일처의 건전한 결혼을 말하는 것입니다. 그리고 잘 다스리는 것이 건전한 가정의 원칙입니다. 우리는 여기서 건전한 가정이란 이처럼 하나님이 최초 인간에게 제정해 주신 원칙과 질서가 있음은 물론이요, 화목한 가정이 되어야 합니다. 집사의 가정생활은 교회와 이웃에 큰 영향을 끼칩니다. 이와 반대로 아무리 집사가 교회에서 큰 역할을 한다고 해도 그 가정이 제대로 되지 못할 때 그의 봉사는 무너지고 맙니다.

집사들도 장로와 같이 한 아내의 남편이 되며, 자녀와 자기 집을 잘 다스리는 자라야 합니다. 가정 교회의 중요성을 다시 한번 강조하고 있습니다. 거룩한 가정 교회를 이루고, 가정을 잘 다스리는 것은 모든 직분을 맡을 수 있는 기본적인 자격입니다. 그만큼 하나님께서는 믿는 자의 가정을 중히 여기십니다. 사실 한 아내의 남편이 되는 일은 쉬운 일 같지만 가장 어려운 일입니다. 자녀와 자기 집을 다스리는 일이 결코 쉬운 일이 아닙니다. 그렇지만 목자 생활은 가정생활에서부터 시작된다는 사실을 명심해야 합니다.

3) 교회 헌법에서 본 자격

(1) 대한예수교장로회(통합측)

제51조 집사의 자격

집사는 단정하고 일구이언을 하지 아니하며 깨끗한 양심에 믿음의 비밀을 가진 자로서(딤전 3:8-10) 다음의 사항에 해당하는 자라야 한다.

1. 무흠 세례교인(입교인)으로 5년을 경과한 자

2. 30세 이상 된 남자

(2) 예수교대한성결교회

제47조 집사와 안수집사

2) 집사의 자격

(1) 입회원 중에서 신앙이 독실하며, 덕망이 있으며, 상식이 있으며, 은혜의 경험이 확실한 이

(2) 본교회의 신조와 정치제도를 알아 순복하며, 그 직업이 정당하며, 주일성수 및 십일조를 바치는 자로, 나이는 25세가 넘는 이

2. 안수집사

2) 자격

(1) 성령과 지혜가 충만한 자

(2) 본교회 산하 그 한 지교회에서 집사로 4년 이상 근속한 남자로 30세가 넘은 이

(3) 신앙생활에 본이 되며, 십일조를 드리며 무편무당한 이

(4) 성경지식과 보통학식과 상식이 있는 이

(5) 본교회의 신조와 정치제도를 알아 순복하는 자

(3) 대한예수교장로회(합동측)

제6장 제2조 집사의 자격

집사는 선한 명예와 진실한 믿음과 지혜와 분별력이 있어 존숭(尊崇)을 받고 행위가 복음에 합당하며, 그 생활이 다른 사람의 모범이 될 만한 자 중에서 선택한다. 봉사적 의무는 일반 신자의 마땅히 행할 본분(本分)인, 즉 집사된 자는 더욱 그러하다(딤전 3:8~13).

(4) 하나님의 성회

제51조 집사의 자격과 임직

1. 본교회에서 5년 이상 서리집사로서 무흠히 봉사한 자라야 한다.

2. 성령세례의 체험이 있어야 하고 디모데전서 3: 8-13에 거리낌이 없어야 한다.

3. 당회의 공천을 얻어 공동의회에서 3분의 2 이상의 찬성을 얻어야 한다. 단, 1차 투표로 결정한다.

4. 당회에서 안수를 받는다.

5. 안수식은 피택받은 후 6개월 이내에 집행하여야 하며 6개월 이후에는 모든 것을 무효로 한다.

이상과 같이 여러 교파들의 집사에 대한 규정을 살펴보면, 각 교파에 따라서 집사의 자격과 직무를 다르게 규정하고 있음을 알 수 있습니다.

일반적으로 집사의 선출 자격으로 아래의 항목이 갖추어져야 한다고 제시되어 있습니다.

① 교우들의 신임을 받아야 합니다. 집사가 신임을 받는다는 것은 교회의 재정을 맡은 자이므로 더러운 이를 탐하지 아니한다는 것을 인정받아야 된다는 것입니다. 신임을 인정받으려면 공동의회에서 3분의 2 이상의 찬성투표를 얻어 선출되어야 합니다.

② 진실한 신앙과 분별력이 있어야 합니다. 집사는 봉사직인 동시에 교회의 지도자입니다. 그러므로 믿음과 지혜가 있어 사리를 올바르게 판단할 수 있어야 합니다.

③ 무흠 입교인으로 4~5년을 경과하고, 30세 이상 된 자이어야 합니다. 무흠 입교인으로 4~5년을 경과한다는 것은 세례교인으로 모범적인 신앙생활을 한 자여야 한다는 것이며, 30세 이상이 되어야 한다는 것은 갈등과 혈기로 가득 찬 청년 초기를 지난 나이어야 하기 때문입니다.

3. 집사의 직무

1) 성경상의 직무

교회가 성장함에 따라 효과적인 수용을 위해서는 직분자들을 세워야하는 것은 당연합니다. 노인과 청년, 남자와 여자, 가난한 자와 부한 자, 여러 계층의 사람들 등 적절한 조화를 위해서도 직분을 세우는 것이 중요합니다.

초대교회에서 선출된 일곱 집사들이 전도와 교회 모든 봉사를 행함으로 사도들로 하여금 그들이 목회에 전념하도록 집사들이 협력한 것을 볼 수 있습니다.

(1) 사도 대신 공궤를 일삼는 것입니다.

공궤(供饋)란 음식을 주는 일입니다. 즉 교회 내의 가난한 자를 위해 돈이나 물건을 거뒀다가 고루 분배해 주는 구제에 관한 일을 하는 것입니다. 여기에서 우리는 한 가지 사실에 주목할 필요가 있습니다. 집사의 직분을 세운 목적이 사도들이 기도하는 것과 말씀 전하는 것에 전무하기 위해서라는 사실(행 6:4)입니다.

그러므로 집사들에게 주어진 구제에 관한 일은 복음 전도를 위한 하나의 수단이고 지엽적인 일이며, 공궤를 일삼는 일 자체가 근본 목적이 될 수 없습니다. 즉 본질보다 수단이 앞설 수는 없다는 것입니다. 집사가 공궤를 일삼는 이유는 복음전도를 충실하게 하려는 데 있습니다. 따라서 집사는 섬기는 일에 충실해야 합니다.

(2) 복음 전도의 일에 충실하는 것입니다.

직분을 세운 근본 목적은 성령의 사역을 이루는 일, 곧 복음 전도를 위해서입니다. 따라서 집사의 임무는 재정이나 구제에 관한 의무에만 국한되는 것이 아니고, 오히려 모든 형태의 봉사에 대해서도 적용되며 특히 복음 전도에 협력하는 일은 가장 중요한 임무가 되는 것입니다.

이것은 초대교회의 집사들의 행적에서도 쉽게 찾아 볼 수 있습니다. 스데반 집사는 은혜와 권능이 충만하여 큰 기사와 표적을 행하였고, 지혜와 성령이 충만하여 공회 앞에서 담대히 복음을 전했으며, 초대교회의 첫 순교자가 되었습니다(행 6:8-7:60).

또한 일곱 집사 중의 하나이며 전도자라 불리었던 빌립(행 21:8)도 복음 전하는 일에 열중하였습니다. 그는 사마리아에서 하나님 나라와 및 예수 그리스도의 이름에 관하여 전도하여 많은 사람들에게 세례를 받게 하였으며(행 8:4-13), 성령의 인도를 받아 에디오피아의 큰 권세가 있는 내시에게 복음을 전하고 세례를 주기도 하였습니다(행 8:26-40).

아굴라와 브리스길라는 자신들을 가르치고 지도했던 바울을 위해 목숨까지도 내놓을 정도로 바울을 사랑하였고(롬 16:4), 그를 위해 다방면으로 헌신하였습니다.

이처럼 처음으로 집사로 택함을 받았던 선진들은 재정이나 구제에 관한 의무에만 국한되어 봉사한 것이 아니라, 복음 전도에 협력하는 일에 진력했던 것입니다. 그러므로 목사와 장로 등의 동역자들과 협력하여 복음 전도에 진력하는 일은 집사의 가장 중요한 임무입니다.

(3) 성도를 온전케 하는 일입니다.

바울은 디모데에게 "누구든지 네 연소함을 업신여기지 못하게 하고 오직 말과 행실과 사랑과 믿음과 정절에 대하여 믿는 자에게 본이 되어 내가 이를 때까지 읽는 것과 권하는 것과 가르치는 것에 착념하라 네 속에 있는 은사 곧 장로의 회에서 안수 받을 때에 예언으로 말미암아 받은 것을 조심 없이 말며 이 모든 일에 전심전력하여 너의 진보를 모든 사람에게 나타나게 하라 네가 네 자신과 가르침을 삼아 이 일을 계속하라 이것을 행함으로 네 자신과 네게 듣는 자를 구원하리라"(딤전 4:12-16)고 권면하였습니다.

교회의 각 지체들에게 성령의 은사를 나누어 주심은 성도들로 하여금 그 지체의 기능을 공동체와 더불어 수행함으로써 성도다운 성도로 성장하게 하기 위함입니다. 집사직은 모든 성도들로 하여금 온전케 하여 주님의 교회를 든든히 세워나가는 일입니다.

(4) 재정관리와 교회 봉사의 사명입니다.

빌립보교회의 최초의 집사였던 루디아 집사는 자신의 집을 복음의 확장을 위한 교회로 내놓았고, 빌립보서 4:15-16에는 "빌립보 사람들아 너희도 알거니와 복음의 시초에 내가 마게도냐를 떠날 때에 주고 받는 내 일에 참예한 교회가 너희 외에 아무도 없었느니라 데살로니가에 있을 때에도 너희가 한 번 두 번 나의 쓸 것을 보내었도다"라고 했는데, 바울에게 재정적 후원을 하였던 것을 볼 수 있습니다.

그리고 빌립보서 2:25에는 빌립보 교회의 집사였던 에바브로디도 집사에 대해 "에바브로디도를 너희에게 보내는 것이 필요한 줄로 생각하노니 그는 나의 형제요 함께 수고하고 함께 군사된 자요 너희 사자로서 나의 쓸 것을 돕는 자라"고 말하고 있는 것을 볼 수 있습니다. 사도행전 18:3도 역시 바울이 아굴라와 브리스길라 집사의 집에 거하면서 복음을 증거하였던 것을 알 수 있습니다.

로마서 16:23에는 "나와 온 교회 식구인 가이오도 너희에게 문안하고"라 하여 교회의 모든 재정을 담당하고, 바울에게 경제적인 생활비를 공급하였던 사람이 가이오였던 것임을 알 수 있습니다. 이처럼 집사의 직분은 하나님 안에서 함께한 형제로서, 함께 수고하는 군사로서, 목회자와 교회에 재정적인 물질을 공급하며 목회자의 가정을 돌보는 또다른 교회의 사역자들인 것입니다.

사도행전 6장에서 우리가 이미 살펴보았던 것처럼, 일곱 집사를 선택한 이유 중의 하나가 목회자가 미치지 못하는 부분들을 대신하여 교회의 전반적인 행정과 구제 사역을 하면서, 교회에 속한 성도들의 가정을 돌아보기 위함이었던 것을 알 수 있습니다.

2) 교회에서의 직무

(1) 예배의 안내자

교회의 안내자는 교회의 거울입니다. 안내 집사의 친절하고 밝은 표정은 교회를 찾아오는 기성 교인은 물론 새 구도자에게 큰 감화를 주고 있습니다. 이와 반대로 안내 집사의 그릇된 행동이 예상치 못한 큰 손실을 줄 수 있습니다. 그러면 안내 집사가 갖출 것은 무엇인가? 이 점을 잘 이해하고 훈련(실습)할 필요가 있습니다.

① 시간을 지킬 것

예배 참석자는 이미 오고 있는데 안내자가 아무도 없을 때 이것은 생명을 잃은 교회처럼 보입니다. 안내 집사는 언제나 미리 와 있어야 합니다.

② 친절하고 명랑할 것

안내자의 친절과 명랑한 태도는 교회를 찾아오는 이에게 피곤을 덜어줄 뿐 아니라 예배 시간에 은혜 받을 그 첫 준비를 이루게 됩니다. 특히 손님과 새로 나온 사람을 잘 살펴서 방명록에 기록하여 소개할 자료를 광고자에게 제출해야 합니다.

③ 복장을 단정히 할 것

집사들의 의복은 그 교회를 대표합니다. 흔히 교회에서 집사들이 제복을 착용하는 교회들이 있습니다. 꼭 제복을 입지 않아도 아담하고 단정한 옷을 입는 것은 중요합니다. 그리고 몸에 장식품을 다는 것은 삼가야하며, 가슴에 안내자의 표시를 달고 순서지를 나누어 주는 것이 보기에 좋습니다.

④ 대화에 조심할 것

안내 집사들끼리 혹은 집사와 교인과 교회 입구에서 큰 소리로 말하거나 크게 웃는 것은 들어오는 사람에게 불쾌감을 주고, 예배를 준비하는 분위기를 방해할 수 있습니다. 가급적 출입문을 닫고 조용하게 안내해야 합니다.

(2) 예배의 준비

교회에서 가장 중요한 것은 하나님께 예배 드리는 일입니다. 성도가 이 세상에 존재하는 목적이 하나님께 경배하는데 있습니다. 그러므로 예배는 거룩하고 영적으로 드려야 합니다(요 4:24). 따라서 예배드리는 거룩한 장소에서 봉사할 집사들의 태도는 매우 중요한 역할을 합니다.

예배당 안에서 봉사하는 집사들은 경건하고 민첩하게 행동해야 합니다. 예배 시작 전에 예배당 내부의 환경을 잘 살피고, 강단, 의자, 전등, 커튼 등을 미리 잘 살펴 정돈한 후, 가급적 예배 도중에는 집사들의 출입을 삼갑니다.

실내 공기, 온방, 냉방을 잘 조절하여 예배하기에 쾌적의 상태를 유지해야 하고, 만일 유아실이 없어서 아기가 울 때에는 그 아기의 엄마를 도와서 속히 밖으로 데리고 나가도록 해야 합니다.

(3) 헌금 수합

헌금수금 집사들은 안내 집사들과 같이 단정한 복장을 하고, 경건한 태도로 예배의 분위기를 더욱 감화 있게 해야 합니다. 헌금수금 집사들의 질서 있는 모습은 큰 감화를 줍니다. 수금 집사는 언제나 앞자리의 지정된 좌석에 있다가 수금에 임해야 하고, 회계와 함께 헌금을 계수하는데 도움을 줄 수도 있습니다.

(4) 교회의 관리

큰 교회에서는 교회 건물 관리 등을 위하여 담당자(사찰집사)를 별도로 두기도 하지만, 집사들이 함께 도와야 합니다. 교회 관리 및 청소 담당자가 별도로 없는 교회에서는 매달 담당자들을 정하여 관리해야 하며, 파괴된 것이 있으면 즉시 장로나 건물 관리자에게 연락하고, 교회의 각종 비품과 집기들을 잘 보관하고 유지하도록 해야 합니다.

4. 집사의 자세

1) 기도 생활

기도 없이는 아무것도 할 수 없습니다. 하물며 거룩한 주의 제단에서 일하는 일꾼들은 자기 자신을 위하여, 가정을 위하여, 교회를 위하여 기도의 시간이 절대로 필요합니다. 더욱이 가정의 골방에서의 개인기도가 중요합니다. 교회 봉사에 앞서 옛 레위 제사장처럼 자신을 위하여 성결하게 하는 제사(기도)가 꼭 필요합니다. 우리는 예수님께서 구속사업을 위하여 준비하실 때 40일을 기도로 보냈고, 기도의 삶을 사셨습니다(막 1:35, 눅 5:15, 16; 22:29-41, 44).

2) 성경 연구

집사는 일꾼이라고 성경 지식이 없으면 결코 되는 것이 아닙니다. 집사직의 직분 중에는 전도자의 직분이 있음을 기억해야 합니다. 스데반과 빌립 집사는 훌륭하게 전도자로서 기여하였습니다. 우리는 이처럼 전도하기 위해서라도 성경을 알아야 하지만, 집사 자신의 영적 계발과 향상을 위하여 연구해야 합니다.

3) 가정 예배

가정 예배는 우리 자신과 가정에 침입하는 원수 마귀의 시험을 물리치는 귀한 무기가 됩니다. 더욱이 집사의 자격 중에 집사는 자기 가정을 잘 다스리는 자라고 하였는데, 이것은 가정 예배 없이는 이루어지지 않습니다.

이상의 세 가지는 집사들의 영적 훈련의 방법들입니다. 이런 것을 통해 집사들은 영적으로 계발 향상되며, 동시에 하나님이 기뻐하시는 자로서 "집사의 직분을 잘한 자들은 아름다운 지위와 그리스도 예수 안에 있는 믿음에 큰 담력을 얻느니라"(딤전 3:13)는 말씀을 이루는 아름다운 집사들이 될 것입니다.

5. 집사가 받을 복

디모데전서 3:13을 보면, "집사의 직분을 잘한 자들은 아름다운 지위와 그리스도 예수 안에 있는 믿음에 큰 담력을 얻느니라"고 하였습니다. 집사의 직분을 잘 수행하면 교회와 사회에서 높은 위치와 존경을 받게 되고, 무엇보다도 본인 자신의 믿음이 더 강하고 담대한 믿음이 된다는 뜻입니다.

때로 삶이 힘들고, 가정이 힘들고, 인간관계가 힘들어도 직분을 포기하지 마십시오. 이스라엘 백성들이 가장 아름답게 여기는 것이 가시밭의 백합화입니다. 백합화 씨가 가시밭에 떨어지면 기운이 막혀 대개는 말라서 죽습니다. 그러나 가시밭에서 살아남으면 가장 진한 향기를 발합니다. 그처럼 힘들어도 꾸준히 헌신하면 큰 복과 큰 믿음과 세상을 변화시키는 영향력이 주어질 것입니다.

집사의 직무를 잘 감당하면 아름다운 지위를 얻습니다. 교회에서 좋은 믿음의 영향력을 끼치게 되며, 모든 성도들의 사랑과 존경을 받게 됩니다. 또한 그리스도 예수 안에 있는 믿음에 큰 담력을 얻습니다. 믿음이 성장하여 하나님과 더욱 깊은 사랑과 신뢰의 관계를 맺게 됩니다. 더 많은 믿음의 비밀을 터득하게 되며, 더 크고 아름다운 직분을 얻게 될 것입니다.

제 **4** 장

하나님의 집에
아름다운 이름
─권사─

1. 권사의 정의와 기원

1) 권사의 정의

권사(勸師, exhorter)란 교회에서 권고하도록 허가받고, 공식적인 임명 절차를 거쳐 임명된 평신도 직분을 의미합니다.

권사는 희랍어 '파라클레시스'를 번역한 말로서, '권면(exhortation), 격려, 간청, 위로, 위안' 등의 의미가 있습니다. 희랍어 동사 '파라칼레 오'는 '돕기 위하여 간청하다(행 28:20, 눅 8:41, 고후 12:8), 권면하다(고후 12:18, 막 1:40), 위로하다(고후 1:4), 화해시키다(행 16:39)' 라는 뜻을 나타냅니다.

2) 권사(직)의 기원

성경에는 권사라는 명칭은 없으나 권사의 역할을 한 사람들은 많이 발견할 수 있습니다.

구약성경에는 노아의 아내의 역할(창 7:13-24)과 엘리사를 극진히 섬겼던 수넴 여인이 권사의 직무라고 볼 수 있습니다(왕하 4:8-17).

신약성경에는 사도행전 4:36에 나오는 바나바를 '권위자' 또는 '권면하고 위로하는 자' 라는 뜻에서 권사의 직무를 감당했다고 볼 수 있습니다. 로마서 12:8에는 "권위하는 자면 권위하는 일로"라고 말하면서, 권사를 권면하고 위로하는 자로 표시하고 있습니다. 그리고 예루살렘 교회를 세우도록 자기 집을 내놓은 마가의 어머니 마리아(행 1:12-14; 12:5-17), 욥바교회의 다비다(행 9:36-43), 빌립보교회의 루디아(행 16:11-15), 겐그리아교회의 뵈뵈(롬 16:1-2) 등이 권사의 직무을 감당했던 분들이라고 할 수 있습니다.

3) 권사직의 변천

권사의 직무는 거의 미국 감리회 초창기에서부터 감리교회에 존재하였습니다. 그러나 1939년 미국 감리교회가 연합되었을 때 권사의 직책과 직무는 장정에서 삭제되었습니다. 한국 감리교는 선교 초기에 견습 또는 권도사로 불렸습니다.

'권사' 라는 직임은 존 웨슬리의 임명을 받아 미국으로 건너간 선교사들을 통하여 미국 초기 감리교 제도 안에 들어오게 되었습니다.

권사의 임명은 구역회에서 이루어졌습니다. 그리고 1938년에는 남감리교회의 장정에 다음과 같은 지침이 세워졌습니다.

"구역회는 구역 또는 선교지 내의 모든 권사들의 자격을 인정하고 한 사람 한 사람 이름을 부르고 그들의 재능과 업적 및 유용성을 해마다 조사해야 한다(장정 제102장 3조). 그리고 구역회는 재능과 은혜, 유용성이 갖추어진 적당한 사람이라고 판단될 때 그들에게 권고할 수 있는 자격을 주는 권한과 그들의 자격을 해마다 갱신하는 권한을 가져야 한다."(장정 제215장)

우리나라에서는 선교 초기 감리교회에서 권사를 견습(見習) 또는 권도사(勸道師)라고 불렀습니다. 그리고 선교 초기에 교역자의 요청이 늘어나자 1901년부터 평신도 육성의 필요에 의하여 신학회를 통하여 4년의 전도사 과정을 만들었고, 2년의 견습 과정을 두어 권사를 양성하였습니다. 현재 권사 제도는 감리교회 뿐 아니라 장로교, 그리고 성결교회에서도 도입하여 그 직분을 주고 있습니다.

장로회 정치에 권사 제도를 선정한 역사는 그리 오래 되지 않습니다. 그러나 헌법상 권사 제도가 있기 전부터 교인 심방과 전도에 봉사하는 여자 일꾼을 권사라고 불렀습니다.

오래 동안 교회 일에 충성하는 나이 많은 여자 집사를 당회에서 권사라는 직명을 부여하여 교회를 봉사하게 하였습니다. 이렇게 권사를 당회에서 임명하므로 다른 여자 집사보다 직위상 높은 위치에 있는 직분으로 여겼고, 권사 자신도 지도자로서의 자세와 명예를 지니는 직책으로 인식하여 보다 더 큰 기대를 가지게 되었습니다.

2. 권사의 자격

1) 영적인 자격

권사의 신앙적인 자격은 성령으로 충만하고(엡 5:18, 슥 4:6), 신앙이 독실하며(딤전 3:9), 사랑이 많아야 하며(고전 13:1-13), 주님의 뜻대로 살아야 하며(마 7:21), 육신의 일에 얽매이지 말고 영의 일에 전념하며(갈 5:16-18), 교회 일에 충성하며(고전 4:2), 목회자에게 절대 순종하는 자가 되어야 합니다(딤전 5:17, 삼상 15:22).

2) 도덕적인 자격

일반적으로 권사의 자격은 집사의 자격과 같습니다, 단정하고, 일구이언 하지 않고, 더러운 이를 탐하지 않고, 깨끗한 양심과 책망할 것이 없고, 참소치 않고 절제하여야 합니다(딤전 3:8-11). 또한 하나님께 소망을 두어 항상 간구와 기도를 하며, 세상의 쾌락을 좋아하지 않고, 자기 가족을 돌아보고, 한 남편의 아내로서 자녀를 양육하며, 선행을 베풀며, 나그네를 대접하고, 성도들의 발을 씻기며 구제와 봉사를 열심히 하는 자이어야 합니다(딤전 5:5-16).

3) 교회 헌법에서 본 자격

각 교단 헌법에 나타난 권사의 자격은 다음과 같습니다.

(1) 대한예수교장로회(고신측)

제9장 임시직원

제68조 권사(勸師)의 자격

권사는 다음의 자격을 구비하여야 한다.

1. 45세 이상 65세 이하의 여자 입교인으로 무흠히 5년을 경과한 자.

2. 행위가 복음에 적합하고 생활에 모범이 되는 자.

3. 좋은 명성과 건전한 판단력을 가진 자.

(2) 대한예수교장로회(통합측)

제53조 권사의 자격

권사는 단정하고 참소하지 아니하며 절제하고 모든 일에 충성된 자로서(딤전 3:11), 다음의 사항에 해당하는 자라야 한다.

1. 무흠 세례교인(입교인)으로 5년을 경과한 자

2. 30세 이상 된 여자

제48조 권사

1. 권 사

1) 근거

성도는 각각 하나님께로부터 받은바 은사대로 교회에서 봉사할 직임을 성경에서 가르쳤으니, 본교회도 사도의 가르침을 따라(롬 12 : 8) 권사를 세워 봉사하게 한다.

2) 자격

① 본교회 산하 한 교회에서 4년 이상 근속한 집사로서 나이 40세가 넘은 이 (단, 남자는 헌장에 따라 장로가 될 수 있다.)

② 권사는 본교단 교리와 정치에 순종하며 십일조 헌금을 바치는 자로 한다.

3. 권사(勸師)

남 · 녀 전도인은 유급 사역자로 불신자에게 전도하는 자니 그 사업 상황을 파송한 기관에 보고하고, 다른 지방에서 전도에 착수할 때는 그 구역 감독기관에 협의하여 보고한다.

2) 권사의 자격과 선거와 임기

① 자격 : 여신도 중 만45세 이상 된 입교인으로 행위가 성경에 적합하고 교인의 모범이 되며 본교회에서 충성되게 봉사하는 자.

② 선거 : 공동의회에서 투표수 3분 2이상의 찬성을 얻어야 한다(단 당회가 공동의회에 그 후보를 추천할 수 있다).

③ 임기 : 권사는 안수 없는 종신직원으로서 정년(만70세) 때까지 시무할 수 있다(단, 은퇴 후에는 은퇴권사가 된다).

(5) 기독교대한감리회

제4절 권 사

제12조(권사의 자격) 권사의 자격은 다음 각 항과 같다.

① 집사로 선출된 후 5년 이상 그 직을 연임한 30세 이상 된 이

② 신앙이 돈독하고 감리회의 「교리와 장정」을 공부한 이

③ 기도회를 인도하고 다른 이에게 신앙적으로 권면할 능력이 있는 이

④ 감리회에서 제정한 권사 과정고시에 합격한 이

⑤ 권사는 가급적 인가귀도(引家歸道) 된 이로 한다.

⑥ 타교단 안수집사는 권사의 반열에 두고 담임자의 증서를 준다. 단 안수집사, 권사증서를 제출하여야 한다.

3. 권사의 직무

1) 성경상의 직무

사도 바울은 로마서에서 하나님께서 우리에게 주신 은사 가운데 '권위하는 자면 권위하는 일로' (롬 12:8)라고 지적하고 있는데, 이것을 우리는 '격려(또는 위로)하는 자면 격려(또는 위로)하는 일로' 라고 번역할 수 있습니다. 또 사도행전에 나오는 '권할 말' (행 13:15)이란, 사도 바울이 비시디아 안디옥의 회당에서 청중들로부터 '권할 말이 있거든 말하라' 는 청을 받는 가운데 나온 말입니다. 여기서 바울은 사도로서의 권위를 가지고 모인 무리들에게 권면하는 모습을 보여줍니다.

바나바는 구브로(Cyprus)에서 출생한 레위인으로서 원래 이름은 요셉이며, 예수를 영접한 후 사도 바울과 함께 이방인 전도의 개척자로서 활동한 인물입니다. 그의 이름의 뜻은 '위로의 아들' (Son of Consolation),

또는 '권위자'(勸慰者)로서, 희랍어로는 '권면', '격려'라는 뜻을 가졌습니다(행 4:36; 13:15; 9:31). 그의 이름에서 나타나는 대로 그는 성경에 나타난 권사 직무의 모형이라고 볼 수 있습니다.

그러므로 권사는 사랑의 은사를 받아 ① 교회를 사랑의 교회로 만드는 데 앞장서며(고전 12:31), ② 사랑으로 누구나 감싸주는 자가 되며(벧전 4:8), ③ 사랑으로 성령의 열매를 맺는 자가 되어야 합니다(갈 5:22-23).

2) 교회에서의 직무

(1) 교역자에 대한 직무

권사는 교역자의 눈, 귀, 손, 발의 역할을 담당하는 직분입니다(히 13:17).

권사는 서리집사로 오랫동안 봉사한 사람이나 전도의 경력을 가진 사람으로서, 여신도 중에도 지도급 인물 중에서 선출되는 일이 많습니다. 이러한 위치에 있는 권사가 교역자에게 잘 협조하지 않으면 교회 전체에 어려운 문제가 발생하게 됩니다.

권사는 교역자를 도와 교회에서 봉사하는 직책이지 교역자를 지배하거나 괴롭히기 위한 직책이 아닙니다. 겐그리아교회의 뵈뵈처럼(롬 16:2) 권사는 교역자의 보호자가 되는 것이 권사가 수행하여야 할 엄연한 직책입니다.

(2) 권사의 교회에서의 공적인 직무

권사의 교회에서의 공적인 직무는 교회에 덕을 세워 화목케 하며(롬 12:18), 구제와 공궤에 공정성을 기해야 합니다(행 6:1-2). 그리고 성도 간의 애경사에 헌신적 협력하며(행 9:36-43), 심방의 직무를 다해야 합니다.

특히 교우 중에 가난과 환란을 당한 형제를 심방하여 위로하는 일은 권사가 해야 할 직무입니다. 심방도 교역자를 도와주기 위한 심방이어야 합니다.

초신자, 낙심자, 병약자, 실패자, 불우아, 행운아, 노약자 등 여러 모양의 사람들을 위한 보호자가 될 수 있을 때 권사의 임무인 심방은 효과적인 것이 됩니다. 만일 그렇지 못하면 권사의 심방이 도리어 역효과를 가져오는 부덕이 되기 쉽습니다.

권사의 심방이 교역자에게 도움이 되고 교우들에게 덕이 되기 위해 다음 몇 가지에 조심해야 합니다.

첫째, 물질적인 가해자가 되지 않도록 조심해야 합니다. 권사가 심방을 통해 교인들과 가까워진 것을 기회로 교인들에게 금전을 차용하지 말아야 합니다. 약속한 시일에 갚는다고 해도 덕이 안 되고, 더구나 기일 내에 갚지 못하면 교회가 받는 손상은 너무나 크기 때문입니다.

둘째, 정신적인 가해자가 되지 않도록 조심해야 합니다. 권사가 심방하면서 이 집 저 집의 말을 옮겨 교인 사이의 이간을 붙이거나, 이 말 저 말을 퍼뜨려 명예를 손상시키는 것은 사생활 침해나 정신적인 가해 행위가 됩니다. 그러므로 심방을 임무로 하는 권사는 특히 이런 점에 주의하여 교회와 교인들에게 덕을 세우도록 힘써야 합니다.

셋째, 신앙적인 가해자가 되지 않도록 조심해야 합니다. 입신, 투시, 방언, 진동 등의 이상한 신앙 상태를 예수와 그의 십자가 이상으로 선전하여 순진한 교인들을 현혹케 하는 사람은 신앙적 가해자이며 정신적인 가해자입니다. 신앙적인 가해는 다른 어떤 가해 행위보다도 가장 무서운 죄악이라는 것을 명심해야 합니다.

3) 교회 헌법상의 직무

각 교단 헌법에 나타난 권사의 직무는 다음과 같습니다.

(1) 대한예수교장로회(고신측)
제69조 권사의 직무

권사는 당회의 지도 아래 교인을 심방하되 특히 병자와 궁핍한 자, 환난 당한 자, 시험 중에 있는 자와 연약한 자를 위로하고 격려하며 교회에 덕을 세우기 위하여 힘쓴다.

(2) 대한예수교장로회(통합측)
제52조 권사의 직무

권사는 교회의 택함을 받고 제직회의 회원이 되며 교역자를 도와 궁핍한 자와 환난 당한 교우를 심방하고 위로하며 교회에 덕을 세우기에 힘쓴다.

(3) 예수교대한성결교회

제48조 권사

1. 권 사

3) 직무

권사는 교역자를 도와 신자의 신앙생활을 돌보아 심방하며, 우환질고로 낙심한 이들을 권면하며, 불신자에게 전도를 한다.

(4) 대한예수교장로회(합동측)

3. 권사(勸師)

남ㆍ녀 전도인은 유급 사역자로 불신자에게 전도하는 자니 그 사업 상황을 파송한 기관에 보고하고, 다른 지방에서 전도에 착수할 때는 그 구역 감독기관에 협의하여 보고한다.

1) 권사의 직무와 권한 : 권사는 당회의 지도아래 교인을 방문하되 병환자와 환난을 당하는 자와 특히 믿음이 연약한 교인들을 돌보아 권면하는 자로 제직회 회원이 된다.

(5) 기독교대한감리회

제4절 권 사

제14조(권사의 직무) 권사의 직무는 다음 각 항과 같다.

①담임자의 지도에 따라 기도회를 인도한다.

②신자들을 심방하고 낙심한 이들을 권면하며 불신자에게 전도한다.

③속회를 분담하여 성경을 가르치며 신앙생활을 지도한다.

④자기가 수행한 직무를 정해진 서식에 따라 당회, 구역회에 보고한다.

4) 교회가 바라는 권사상

(1) 어머니로서의 권사

어머니 없는 가정은 쓸쓸한 가정입니다. 어머니의 직무를 감당할 직원이 없는 교회도 쓸쓸한 교회입니다. 목사와 장로가 아버지와 같다면 권사는 어머니와 같다고 할 수 있습니다.

권사는 교회에서 사랑의 직책을 감당하는 어머니이기를 바랍니다. 제직과 교인 사이, 또는 교역자와 제직 사이에서 권사는 사랑과 화목의 역할을 하는 어머니가 되어야 합니다. 권사는 교인들의 요구에 응해 주는 동시에, 어려운 일을 사랑과 이해심으로 해결해 주는 역할을 다하여야 합니다.

(2) 봉사자로서의 권사

교회의 직분은 봉사하기 위한 직책입니다. 권사는 보다 더 나타나지 않는 봉사의 역할이 요구됩니다. 그러나 권사가 봉사를 많이 해도 대접과 존경이 따르기가 쉽지 않습니다. 가정에서 어머니가 수고와 봉사를 많이 해도 칭찬과 명예는 아버지가 독차지하게 되듯, 교회에서도 권사의 수고와 노력이 많으나, 칭찬보다는 원망과 시비의 대상이 되기 쉽습니다. 그러나 권사의 봉사는 교회의 성장과 교인 융화에 크게 영향을 주고 있습니다.

예수의 제자 중에 여자가 한 사람도 없었으나, 예수와 그 일행을 도운 여자들은 많았습니다. 그들 중에는 천비 출신도 있고 귀부인도 있으나, 화합 단결하여 예수의 전도 사업의 봉사자가 되었습니다(눅 8:1-3). 오늘의 권사들도 합심 단결하여 교회에 봉사하여야 합니다.

(3) 협력자로서의 권사

권사는 종신적으로 취임을 거행하면서 교회 앞에 서약하였습니다. 그러므로 목사와 협동하여 교인들의 협력자로서의 역할을 하여야 합니다. 협력이란 세심한 주의와 통찰력이 없이는 어려운 일입니다.

교인들 중에 가난한 자, 병든 자와 시험 당한 자를 돌아보고 그 사정을 목사에게 알리고, 그들을 위해 기도해야 합니다. 브리스길라는 교회를 위해 수고한 여자 일꾼이요 생명을 아끼지 않고 죽기를 각오하고 바울의 사역에 협력한 일꾼입니다. 오늘의 권사도 뵈뵈와 브리스길라 같은 일꾼이 되어야 합니다.

(4) 전도자로서의 권사

한국의 복음이 일찍이 안방 문을 열고 들어왔듯이, 가정을 향해 복음을 전해야 할 사명이 너무나 크고 넓습니다. 교인의 심방이나 새신자 전도를 교역자에게만 맡겨서는 안 됩니다. 권사들이 새신자 육성과 병자 방문들을 맡아야 합니다. 어머니와 같은 권사들의 위로와 격려는 강단에서 외치는 설교보다 몇 배 깊은 감화가 될 수 있습니다. 믿음의 바른 길을 가르쳐 주며, 위로를 나누는 권사이기기를 교인들은 바라고 있습니다.

4. 권사의 자세

교회에서 권사로서 선택된 사람들에게 가장 필요한 것은 신앙적으로, 또는 인격적으로 올바른 자세를 갖는 것입니다. 사람이 신앙적으로 올바른 변화를 가져오려면 지식의 변화, 태도의 변화, 그리고 행동의 변화가 따라야 합니다. 여기서는 몇 가지 권사로서 지녀야 할 올바른 자세를 설명하고자 합니다.

1) 신앙적인 자세

권사는 바나바와 같이 믿음이 뛰어나고 성령 충만한 신앙을 가져야 합니다. 그러기 위해서는 다음과 같은 신앙적 자세를 확립해야 할 것입니다.

(1) 주일성수하는 신앙적인 자세

그리스도인이면 누구나 철저히 주일에 교회에 나와서 예배를 드리고, 하나님과의 신령한 교통을 통하여 그의 삶을 새롭게 하여야 합니다. 그러나 교회에 다니는 사람들 가운데는 주일을 성수하지 못하는 사람들이 많습니다. 물론 이유는 여러 가지가 있습니다. 사업, 직장, 애경상조 등으로 주일예배에 참석을 못합니다. 그리고 어떤 이들은 개인적인 취미생활인 등산, 낚시, 스포츠 관람 등을 즐기기 위해 교회에 출석을 못하는 사람들도 있습니다.

그러나 권사의 직임을 받은 사람은 이러한 이유를 극복해야 합니다. 주일을 철저히 지키는 신앙적인 자세가 없이 어떻게 남을 설득력 있게 신앙으로 지도할 수 있겠습니까? 주일성수는 그리스도인의 신앙적인 기본자세입니다.

(2) 기도하는 신앙적인 자세

기도는 성령을 받는 통로이며 영적인 권위와 능력을 얻는 길입니다. 시편에 보면 "여호와께서는 자기에게 간구하는 모든 자 곧 진실하게 간구하는 모든 자에게 가까이 하시는도다"(시 145:18)라고 하였습니다.

권사는 기도를 많이 하여 성령 충만한 신앙 인격을 구비해야 할 것이며, 남에게 멸시받지 않고 존경받도록 바나바와 같이 착한 성품을 가져야 합니다.

(3) 성경공부를 열심히 하는 신앙적인 자세

성경공부는 우리의 일생을 다 바쳐서 해도 모자랍니다. 진리를 이해하고 깨닫는 것은 끝이 없기 때문입니다. 권사의 직임을 받은 사람은 속회나 구역에서 책임을 맡고 남을 지도하는 입장에 있기 때문에, 성경을 진지하게 연구하고 공부하는 자세를 확립해야 합니다. 신앙적인 면에서 남을 권면할 만큼 능력을 가져야 하며, 가르치고 권면하는 직무를 감당하기 위하여 먼저 성경을 열심히 공부하고 연구하는 자세가 필요합니다.

2) 인격적인 자세와 태도

권사는 남을 위로하고 권면하는 직임을 가졌다는 점에서 자신의 인격이 성숙되도록 해야 합니다. 그러기 위해서는 자아훈련에 힘쓰고 인격적으로 남에게 존경을 받도록 노력해야 합니다.

특히 언어로 사람을 권면하는 직분이므로, 언어 훈련에 힘써야 합니다. 언어는 인간관계에 있어서 교통의 수단으로 쓰입니다. 의사소통이란 인간관계가 존재하고 발전하는 수단이기 때문입니다.

언어는 단순히 소리의 전달만이 아니라 그 사람의 마음의 표현입니다. 때문에 그 사람이 말하는 것을 보아서 그 사람의 인격을 알 수 있습니다. 남을 설득하고 신앙적으로 권면하는 직임을 맡은 권사는 특별히 다음과 같은 내용의 언어에 대한 훈련을 받아야 할 것입니다.

① 권사는 불평하는 말 대신에 남을 칭찬하는 언어를 사용해야 합니다.

② 남을 저주하는 말 대신에 축복하는 언어를 사용해야 합니다.

③ 이간질하는 말 대신에 화해의 다리를 놓는 언어를 사용해야 합니다.

④ 실망을 안겨 주는 말 대신에 용기를 주는 언어를 사용해야 합니다.

⑤ 속된 말을 지나치게 하지 말고 신앙적인 이야기를 해야 합니다.

그리고 권사는 자신의 태도를 바르게 하도록 날마다 훈련하여야 합니다. 그 사람의 태도는 그 사람의 인품을 나타냅니다. 특별히 신앙 인격을 가진 권사는 남에게 영적인 영향력을 끼칠 수 있도록 다음과 같은 훈련을 받아야 합니다.

① 권사의 태도는 항상 진실해야 합니다.

② 권사의 태도는 언제나 겸손해야 합니다.

③ 권사의 태도는 품위가 있어야 합니다.

④ 권사의 태도는 신앙적이어야 합니다.

⑤ 권사의 태도는 남에게 좋은 영향을 끼칠 수 있어야 합니다.

5. 권사가 받을 복

항상 기뻐하고 쉬지 말고 기도하고 범사에 감사할 마음이 가득하여 권사의 직분을 잘 감당하며 다음과 같은 복을 받게 됩니다.

첫째, 자녀가 복을 받습니다. "우리 아들들은 어리다가 장성한 나무 같으며 우리 딸들은 궁전의 식양대로 아름답게 다듬은 모퉁이 돌과 같으며"(시 144:12). 하나님께서 아들을 좋은 재목으로 자라게 해 주시며(고전 3:6-7), 딸들은 은혜를 받아서 가정을 아름답게 꾸며 가문을 빛나게 합니다. 가정에 보배로운 역할을 하여 가문을 화평케 하고 부요하게 합니다(잠 31:10-31).

둘째, 소산의 복을 받습니다. "우리의 곳간에는 백곡이 가득하며 우리의 양떼는 들에서 천천과 만만으로 번성하며"(시 144:13). 즉 곡물을 풍성케 하고 가축을 번성케 합니다.

셋째, 평안한 생활의 복을 받습니다. "우리 수소는 무겁게 실었으며 또 우리를 침로하는 일이나 우리가 나아가 막는 일이 없으며 우리 거리에는 슬피 부르짖음이 없을진대"(시 144:14). 즉 추수가 풍성하며, 적의 침략도 적을 방어하는 일도 없습니다. 아무런 피해를 입지 않게 하십니다. 왜냐하면 하나님께서 사랑하는 성도들을 눈동자처럼 지켜 주시기 때문입니다.

과연 이 세상에서 가장 복된 자가 누구입니까? 무엇이 가장 귀한 복입니까? "주는 나의 주시오니 주 밖에는 나의 복이 없다 하였나이다"(시 16:2). "하나님께 가까이 함이 내게 복이라 내가 주 여호와를 나의 피난처로 삼아 주의 모든 행사를 전파하리다"(시 73:28). "이러한 백성은 복이 있나니 여호와를 자기 하나님으로 삼는 백성은 복이 있도다"(시 144:15).

하나님의 약속의 말씀을 믿고, 주 앞에서 진실하게 직분을 잘 감당하는 것이 권사가 받을 복입니다.

제 5 장

지도자로서의
직분자 거듭나기

1. 직분자의 인간관계

좋은 인간관계를 맺기란 참으로 어렵습니다. 살다 보면 좋은 사람들과 만나서 행복하기도 하지만, 잘못된 인간관계 때문에 고통을 당하기도 합니다. 교회 내에서도 마찬가지입니다. 성도들이라고 해서 모두가 좋은 사람들만이 있는 것이 아니고, 모두 좋은 관계가 맺어지는 것은 아닙니다. 좋은 인간관계를 맺기 원한다면 대인관계 기술을 개발하는 것이 필요합니다. 이것을 위하여 교회의 직분자, 그 중에서도 장로와 집사들의 인간관계 기술은 매우 중요합니다.

1) 인간관계의 기본 자세

(1) 좋은 말을 사용해야 합니다.

좋은 인간관계를 맺기 위해서는 먼저 좋은 말을 사용해야 합니다. 좋은 말은 경우에 합당한 말입니다. 잠언에 보면 "경우에 합당한 말은 은쟁반의 금사과"라고 하였습니다. 즉 상황에 맞게 적절한 말을 사용하는 것을 의미합니다.

우리가 가끔 지하철역에서 전도를 하는 이들을 보는데, "예수를 믿으시오. 불신자는 지옥불에 떨어집니다. 예수 믿지 않는 사람은 마귀의 자식입니다."라고 외치는 것을 듣습니다. 우리 신자들이 들으면 옳은 말입니다. 그러나 불신자들이 들으면 매우 불쾌하고, 오히려 기독교에 대한 반감을 불러일으키기는 말이 됩니다.

① 좋은 말은 경우에 맞는 말입니다.
아무리 말을 잘해도 경우에 합당하지 않은 말은 상대방으로 하여금 오해나 불쾌감을 낳게 합니다. 특히 장례식장에서 해야 할 말이나, 병문안을 가서 해야 할 말들은 주의해야 합니다. 아직 신앙이 성숙하지 못한 초신자가 병원에 입원했는데, 장로님이 위로를 하면서 하는 말이, "그까짓 것 가지고 뭘 걱정하세요. 아무 걱정 마세요. 하나님이 다 고쳐 주실 것예요." 참 좋은 말입니다. 하나님은 어떤 병이라도 다 고쳐 주실 수 있는 분이십니다. 그러나 그 아픔은 그에게 '그까짓 것'은 아닙니다. "많이 아프겠네요. 하나님이 다 고쳐 주실테니까, 우리 하나님께 기도해요."라고 하는 것이 오히려 그를 위로하는 적절한 말이 될 것입니다.

② 좋은 말은 서로에게 유익한 말입니다.
성도들이 모이면 서로를 위로하고, 하나님의 말씀을 나누는 그런 삶이

되어야 합니다. 그러나 구역예배나 각 기관별로 모이고 난 후에 끼리끼리 모이게 되면, 자주 다른 사람들에 대한 말을 많이 하게 됩니다. 그것도 좋은 말을 하는 것이 아니라 흉을 보고, 흠잡는 말을 많이 하게 됩니다. 교회에서 문제가 생기는 이유를 살펴보면, 말을 잘 못하는데서 발생하는 문제가 가장 많습니다. 그래서 성경은 "혀를 조심하라"고 가르치십니다. 그러므로 성도들이 모이면 서로에게 유익한 말을 할 수 있도록 교회의 직분자들이 노력해야 할 것입니다.

③ 좋은 말은 정직하고 진실한 말입니다.

좋은 말은 마음 속에서 우러나는 것입니다. 즉 말과 행동이 일치하고, 말의 내용과 말하는 사람의 표정이나 동작이 일치해야 합니다. 한 성도의 자녀가 대학입시에서 떨어졌을 때 웃으면서, "아유, 어떻게 해? 많이 걱정되겠네."라고 말한다면, 그 말을 듣는 성도는 어떻게 받아들이겠습니까? 위로하는 것이 아니라 오히려 비웃는 격이 될 것입니다.

요즘은 무엇을 믿어야 할지 거짓이 난무하고 있습니다. 먹을거리도 믿을 수 없고, 정부나 정치인들의 말도 믿을 수 없고, 온통 거짓이 만연되어 있습니다. 거짓말이 일상화 된 분위기 속에서 세상 사람들이 요구하는 것은, 그래도 교회는 거짓되지 않기를 바라는 것입니다. 예수님은 손해가 되더라도 진실과 진심이 담겨있는 정직하고 진실한 말을 하라고 하셨습니다. 예수님은 산상수훈에서 제자들에게 "예"와 "아니오"를 분명하게 하라(마 5:37)고 하셨습니다.

④ 좋은 말은 근거가 있는 말입니다.

정확한 정보에 근거하지 않고 추측에 의해 내뱉는 말은 사람들에게 불필요한 생각을 하게 만들고, 나아가 오해와 불신을 낳습니다. 특히 교회에서 성도들이 근거 없는 말로 다른 이의 얘기를 만들어서 말하게 되면 교회에 큰 해가 됩니다. 우리는 남의 말을 할 때 확실한 근거가 없거나, 내가 듣지 못한 말은 하지 말아야 합니다. '누가 이런 말을 하더라' 는 식의 말은 교회 공동체에 전혀 도움이 되지 않습니다. 우리 속담에 '말 한 마디가 천 냥 빚을 갚는다' 는 말이 있다면, 말 한 마디로 사람을 죽이기도 하고 살리기도 합니다. 교회의 직분자들은 성도들이 근거 없는 말을 하지 않도록 주의해야 하고, 남의 말을 좋게 할 수 있도록 지도해야 할 것입니다.

야고보서 3:4-9을 보면, 배가 아무리 커도 또 거센 바람에 밀려도, 매우 작은 키로 조종하여, 사공이 마음먹은 곳으로 끌고 갑니다. 이와 같이 혀도 몸의 작은 부분이지만 큰 일을 할 수 있다고 자랑합니다. 아주 작은 불이 굉장히 큰 숲을 태웁니다. 그런데 혀는 불이요 불의의 세계입니다. 혀는 우리 몸의 한 부분이지만 온몸을 더럽히고, 인생의 수레바퀴에 불을 지르고, 마지막에는 혀도 지옥 불에 타버린다고 말씀하고 있습니다.

(2) 남의 말을 잘 들어주어야 합니다.

상담자의 자질 중에서 가장 중요한 것은 내담자의 말을 끝까지 잘 들어주는 일입니다. 즉 경청의 태도가 필요합니다. 경청할 줄 아는 사람은 삶을 변화시킬 줄 아는 사람입니다. 경청할 줄 아는 사람은 상대방의 말에 숨겨진 의중을 파악할 줄 아는 사람입니다.

교회에서 직분자들은 성도들과 대화하면서 그들의 이야기를 잘 듣고, 무슨 문제가 있는지 잘 파악하는 것이 중요합니다. 그래야만 성도들을 도와서 바른 길로 인도할 수 있기 때문입니다.

그리고 대화를 할 때는 내가 그 상대방의 말을 진지하게 경청하고 있음을 알게 하는 것은 중요합니다. 이를 위해서 상대방의 뜻을 명확하게 파악하기 위한 질문을 하거나, 적절한 반응을 보여 주어야 하며, 상대방의 눈을 보는 것과 같은 행동을 취하는 등 잘 듣는 자세를 유지해야 합니다.

그러나 대화의 흐름을 방해하고, 상대방으로 하여금 불쾌하게 하지 않게 하기 위해서 주의해야 할 것은 다음과 같습니다.

① 남의 말을 가로막지 않아야 합니다.

② 남의 말을 평가하지 말아야 합니다.

③ 남의 말을 비난하지 말아야 합니다.

④ 남의 말에 주의를 집중하여 들어야 합니다.

(3) 칭찬을 잘하고, 칭찬하는 법을 알아야 합니다.

'칭찬은 고래도 춤추게 한다'는 제목의 책이 나오기도 했듯이, 칭찬은 사람들을 좋게 만들어 줍니다. 칭찬을 들으면 아이나 어른이나 모두 선물을 받을 때처럼 좋아합니다. 장로나 집사는 성도들에게 칭찬거리를 찾아서 자주 칭찬해 주어야 합니다.

상대방을 칭찬할 때도 몇 가지 고려해야 할 사항이 있습니다. 칭찬하는 방법을 소개하면 다음과 같습니다.

① 정직하고 진지하게 칭찬해야 합니다.

만일 우리가 정직하지도 않고 진지하지도 않다면, 칭찬하는 것이 아니라 아첨하는 것이며, 이것은 사람들을 속이고 상처를 주게 될 것입니다. 신중한 분별력을 가지고 칭찬거리를 찾아야 하며, 적절한 때에 칭찬해야 합니다. 칭찬은 상대방의 유익을 위해서 그를 격려하고, 더 좋은 일을 하도록 영감을 불어넣는 일입니다. 그러므로 사소한 진보에도 칭찬을 아끼지 말아야 합니다.

칭찬에 인색하게 되는 것은 사소한 장점을 무시하기 때문입니다. 큰일에 대해서만 칭찬하려고 하면 칭찬할 기회를 한 번도 만들지 못할 수도 있습니다. 장로나 집사들이 성도들의 사소한 장점들을 찾아 칭찬을 해주었을 때 의외의 효과가 있습니다. 그렇게 하면 성도들이 더욱 분발하여 주님의 일을 힘쓰게 될 것입니다.

② 구체적이고 공개적으로 칭찬해야 합니다.

모호하고 추상적인 칭찬에 비해 구체적이고 분명한 칭찬은 상대방의 마음을 움직이게 합니다. "집사님은 기도를 참 잘하시네요."라고 하기보다는 "집사님은 기도하실 때에 조리 있게 하나님이 잘 들으시도록 기도하시네요."라고 하면 더 효과적인 칭찬이 됩니다. 모호한 칭찬에는 자신이 무엇 때문에 칭찬을 받는지 분명히 알 수 없기 때문에 칭찬인지 인사치레인지 모르게 되어 신뢰성이 떨어집니다.

그리고 "비난은 비공개적으로, 칭찬은 공개적으로 하라!"는 말이 있습니다. 칭찬은 많은 사람 앞에서 할수록 효과가 크다는 것입니다. 사람들은 누구나 칭찬받고 싶어 합니다. 그리고 많은 사람들 앞에서 칭찬받는 것을 원합니다. 남들 앞에서 칭찬을 받거나, 제삼자에게 간접적으로 칭찬을 전해 받으면, 칭찬받는 기쁨이 더욱 충만하게 됩니다.

③ 상황에 따라 칭찬의 내용과 방법을 달리해야 합니다.

아무리 좋은 칭찬도 때와 장소와 상대방에 맞추어 하지 않으면 칭찬의 효과가 감소합니다. 예를 들어, 눈이 작은 것이 늘 불만인 사람에게 "눈이 참 작아서 귀여워요."라고 말했다면, 그것이 칭찬인지 아니면 작은 것을 놀리는 말인지 모를 말입니다. 또 신임 집사가 장로님에게 "장로님, 오늘 기도 참 잘하셨어요."라고 한다면, 그것이 칭찬인지 아니면 지금까지 그 장로님은 기도를 잘 못했던 것인지 모르는 일입니다. 칭찬보다도 불쾌감을 줄 수밖에 없을 것입니다.

④ 결과 뿐 아니라 과정과 노력을 칭찬해야 합니다.

우리는 흔히 무슨 일에나 그 결과만을 놓고 따지는 경우가 많습니다. 칭찬을 효과적으로 하지 못하는 사람들의 공통적인 특성 중의 하나는 일의 결과에만 집착하는 것입니다. 이전보다 나아진 결과가 있을 때만 칭찬하려고 마음 먹으면 칭찬거리를 찾기가 어려울 뿐 아니라 상대방의 부담만 가중시키게 됩니다.

특히 교회의 일들은 대부분 결과보다는 과정이 중요하다고 볼 수 있습니다. 전도하는 일이나 기도하는 일, 구역예배에 참여하는 일, 교회의 여러 가지 일에 봉사하는 일들은 결과가 중요한 것이 아니라 얼마나 열심히 참여하고 노력하였는가가 중요합니다.

장로와 집사들은 교회의 일들에 있어서 결과를 놓고 칭찬하는 것보다 일을 하는 과정에서 쏟은 열정과 노력에 대해 칭찬할 때 상대방은 용기를 갖고 더욱 열심히 노력하게 된다는 것을 알고 칭찬하여야 할 것입니다.

2) 성경에 나타난 인간관계 기술

(1) 사람을 외모로 보지 말아야 합니다.

우리는 사람들을 대할 때 주님의 눈으로 보지 않고 편견을 가지고 보는 때가 너무 많습니다. 주님은 겉으로 드러난 모습을 보시지 않고 그 마음의 동기를 보십니다. 동기가 얼마나 순수한지를 보십니다.

또한 주님은 사람을 평가하실 때 현재의 모습만 보고 평가하지 않으십니다. 그 사람 속에 있는 가능성을 보십니다.

예수님은 자기를 따르는 모든 사람들을 형제와 자매로 보시고, 자신과 동일한 하나님의 자녀로 보신 것입니다. 그러면 자신을 따르지 않는 자들은 어떻게 보셨을까요? '마귀의 자식' 이라고 저주하셨습니까? 아닙니다. 예수님은 믿지 않는 사람들을 볼 때 그들을 불쌍히 여기셨습니다. 그는 목자 잃은 양처럼 방황하는 사람들을 긍휼히 여기는 마음과 애정으로 대하셨습니다. 장로와 집사들이 이런 눈으로 사람들을 바라본다면 세상은 많이 달라질 것입니다.

(2) 은혜로 인간을 대해야 합니다.

하나님이 사람을 선택하실 때에는 우리가 어떤 자격을 갖추어서 선택하신 것이 아니라 '은혜'로 선택하셨습니다. '은혜'란 받을 자격이 없는 사람에게 일방적으로 베풀어지는 호의입니다.

"하나님께서는 세상의 미련한 것들을 택하사 지혜 있는 자들을 부끄럽게 하려 하시고 세상의 약한 것들을 택하사 강한 것들을 부끄럽게 하려 하시며 하나님께서 세상의 천한 것들과 멸시받는 것들과 없는 것들을 택하사 있는 것들을 폐하려 하시나니"(고전 1:27-28)라고 말씀하셨습니다.

하나님이 쓰신 사람들은 모두 평범한 사람들이었습니다. 지위의 높고 낮음에 상관없이 하나님은 평범한 사람들을 통해서 위대한 역사를 행하셨습니다.

그런데 우리에게는 은혜로 사람을 바라보는 시각이 없습니다. 우리는 있는 사람과 없는 사람을, 내게 유익을 주는 사람과 유익이 없는 사람을 차별합니다. 교회의 장로와 집사들은 은혜로 사람을 대하는 훈련이 필요합니다.

(3) 인간을 사랑해야 합니다.

성경은 "네 이웃을 네 몸과 같이 사랑하라"(마 5:39, 약 2:8)는 말씀을 최고의 계명으로 주셨습니다. 따라서 이웃을 사랑하지 않는 것은 죄입니다. 사람들은 마음으로부터 사랑을 해야지, 사랑하지도 않으면서 사랑하는 척하는 것은 위선이라고 말합니다.

성경이 말하는 사랑은 단순히 감정적인 사랑이 아니라 의지의 결과입니다. 사랑이 단순한 감정에 의한 것이라면, 좋을 때는 사랑하고 싫어지면 갈라서게 될 것입니다. 그러나 참을 수 없을 때 참는 것이 사랑입니다.

사랑은 우리가 하나님의 명령 앞에 순종하려는 의지입니다. 보기가 싫어도 사랑해야 한다고 명령하셨기에 참아야 합니다. 인간은 하나님이 자신의 형상대로 창조하셨으므로 개개인이 모두 귀합니다. 우리가 사람을 이렇게 귀한 존재로 볼 수 있다면, 우리는 누구든지 사랑할 수 있을 것입니다.

그러므로 교회의 직분자들은 인간을 인간으로 볼 것이 아니라 하나님이 지으신 존재로 보아야 하며, 모두 하나님이 사랑하시는 존재들이기에 편견과 편애를 버리고 사랑해야 할 것입니다.

(4) 하나님을 신뢰하여야 합니다.

하나님을 신뢰한다는 것은 하나님이 창조하신 모든 것과 창조하신 방법, 그리고 창조하신 이유를 신뢰한다는 뜻입니다. 하나님에 대한 믿음은 또한 인간에 대한 믿음을 포함합니다. 사람은 하나님의 최고의 창조물이기 때문입니다. 사람에 대한 믿음을 상실할 때 우리는 사람들과 원만한 관계를 맺을 수 없고, 하나님에 대한 신뢰까지도 상실하게 됩니다.

하나님을 향한 믿음을 소유하고 있을 때 우리는 미래에 대한 소망을 소유하게 되며, 그 소망으로 인해 즐거운 삶을 살 수 있습니다. 교회의 직분자인 장로와 집사들은 하나님을 믿는 신앙을 바탕으로 서로를 신뢰하여야 온전한 하나님의 교회를 이루어나갈 수 있습니다.

3) 직분자의 인간관계

기독교 윤리의 표준이 무엇인가를 묻는다면, 그것은 예수 그리스도의 교훈이나 그 사업보다도 그의 인격 그 자체라고 말할 수 있습니다. 그러므로 예수 그리스도 그 자체가 모든 윤리의 기준이 되고 표준이 되는 것입니다.

직분자들의 생활과 행동의 반영으로 교회가 교회다워지기 때문에, 직분자들은 교회와 사회에서 가장 윤리적인 존재이어야 합니다. 또한 지도자로서 진정한 양심적인 사람이요 인간다운 생활인이 되어야 합니다.

(1) 목사와 직분자의 관계

직분자들은 목사를 이해하고 사랑해야 합니다. 사도 바울은 "원컨대 너희는 나의 좀 어리석은 것을 용납하라"(고후 11:1)고 했습니다. 바울과 같이 훌륭하고 능력이 있는 종에게도 어리석은 점이 있었다면, 하물며 오늘날 목사들이야 어리석은 점이 얼마나 많이 있겠는가? 그러나 인간은 역시 인간임으로 어리석은 점이 많은 것을 이해하고, 하나님의 사자라는 점을 감안하여 그 직분을 존경하고 사랑해야 합니다.

베드로는 "무엇보다도 열심으로 서로 사랑할지니 사랑은 허다한 죄를 덮느니라"(벧전 4:8)고 했습니다. 노아의 자녀들 중에 함은 아버지가 하체를 벗었다고 자기 형제들에게 폭로했고, 그의 형제 셈과 야벳은 아버지의 옷을 가지고 뒷걸음질하여 가서 덮어 주었습니다. 그때에 잠에서 깨어난 노아는 아버지의 흠점을 폭로하고 다닌 함을 향하여 종의 종이 되라고 저주했고, 허물을 덮어 준 아들들에게는 무한한 축복을 해 주었습니다. 이는 곧 주의 종의 허물을 폭로하는 것보다는 은밀히 충고하고 덮어 주어야 복이 온다고 하는 예가 되는 것입니다. 주의 종들도 허물이 있습니다. 그 허물을 덮어 주고 감싸 주는 장로가 복을 받는 장로이며, 목사를 목사 되게 만드는 좋은 집사입니다.

그러므로 교회의 직분자들은 할 수만 있으면 목사를 도와주어야 합니다. 교회가 목사를 위해서 존재하지 않고 목사가 교회를 위해서 있다는 것은 엄연한 사실입니다.

목사가 목회하는데 있어서 최고의 힘이 되어 주는 분은 오직 장로와 집사들입니다. 특별히 장로들이 힘있게 받들어 주면 목사는 더욱 충성하여 교회가 부흥하고 발전하는 것은 당연한 것이고, 그들의 후손들이 복을 받게 됩니다.

장로나 집사들이 주의 종을 심판해서는 안됩니다. 주의 종을 심판하는 것은 성경이 금하고 있습니다. 우리가 사울 왕과 다윗에 대한 사건에서 알 수 있는 바와 같이, 설령 목사가 잘못하고 실수했다고해도 장로와 집사들이 목사를 심판하는 일은 삼가야 합니다. 장로나 집사들은 목사에게 손해를 끼치거나 명예를 훼손하거나 추방하는 일은 말아야 합니다. 기름 부어 목자로 삼으신 하나님이 선악 간에 행하시기 때문입니다. 오직 목사를 위하여 기도해야 합니다.

그러므로 장로와 집사들은 목사를 위하여,

① 가장 귀히 여기고 아껴 주어야 합니다.

② 믿음으로 가깝고 마음으로 가까이 해야 합니다.

③ 대변자가 되고 원망을 하지 말아야 합니다.

④ 설교를 잘 듣고 순종하여야 합니다.

⑤ 대적하지 말고 존경하는 마음을 가져야 합니다.

⑥ 목사로 하여금 기도하는 일과 말씀 전하는 일에만 전무하도록 협력해야 합니다.

⑦ 장로는 정신적으로 목사의 좋은 협력자가 되어야 합니다.

(2) 직분자들 간의 관계

직분자들은 각자의 개성과 지식의 차이 또는 직업과 연령 및 환경이나 취미 등이 다양하기 때문에 조심하지 않으면 본의 아니게 불화를 조성하여 교회 봉사에 큰 지장을 일으킬 수 있습니다.

한 교회 안에서 이해가 상반되는 일이 있을 수 있으나, 비방과 중상이 있으면 교회 발전에 지장이 됩니다. 각각 받은 달란트가 다르고 받은 은사가 같지 않기 때문에 처리 방법이나 의견이 다를 수 있으나, 섬기는 종으로서 서로 이해하며 사랑할 수 있어야 합니다.

나아가 직분자들 중에는 연령의 차이가 많이 나기도 합니다. 노년층의 오랜 공로와 풍부한 경험과 원숙한 지혜를 젊은 직분자들이 인정하고 존경하며, 연장자들은 젊은 직분자들을 사랑하며 아끼면 노년층의 경험과 젊은 층의 박력의 조화를 이룰 수 있어서 조화로운 교회를 만들 수 있습니다.

교회의 일은 경쟁과 질투로 하는 것이 아니라 협동과 사랑으로 하는 것입니다. 그리스도의 피로 세운 교회 안에서 암투가 있어서는 세상에 부끄

러운 일입니다. 항상 서로 공경하며 자신에게 주어진 일에 충성을 다하는
자세가 필요합니다.

직분자들은,

① 온유함으로 피차 존경해야 합니다.

② 고집 없이 피차 양보하는 미덕이 있어야 합니다.

③ 서로 희생하는 일에는 앞장서서 해야 합니다.

④ 서로 비난하지 않고 사랑하는 마음이 있어야 합니다.

(3) 직분자와 성도와의 관계

직분자들과 교인 간의 윤리는 성도의 교제입니다. 교제는 초대교회의
생활이요 신앙이었습니다. 초대교회는 날마다 마음을 같이 하여 성전에
모이기를 힘쓰고 집에서 떡을 떼며 기쁨과 순전한 마음으로 음식을 먹고
하나님을 찬미하며 또 온 백성에게 칭송을 받았으니(행 2:46-37), 이것이
성도의 교제의 방법입니다.

직분자들과 성도와의 관계는,

① 나의 면류관이라고 자랑해야 합니다.

② 사랑의 대상으로 알고 주님의 양처럼 사랑해야 합니다.

③ 친절하고 웃으며 악수해야 합니다.

④ 신용 유지를 잘하며, 물질 거래는 삼가야 합니다.

2. 직분자의 의사소통

　우리는 의사소통이 안되는 사람을 일컬어 '대화가 안 통하는 사람이다' 라고 합니다. 의사소통은 모든 대인관계의 기초가 될 뿐만 아니라, 의사소통을 통해서 우리는 서로를 이해할 수 있고, 서로 좋아하고, 영향을 주고, 신뢰하는 것을 배울 수 있고, 인간관계를 시작할 수도 있고, 끝낼 수도 있으며 우리 자신에 대해서 상대방이 어떻게 지각하고 있는가를 배울 수도 있게 됩니다.

　또 우리는 언어적인 것 뿐만 아니라 비언어적인 것들을 포함한 의사소통을 통해서 내가 타인을 이해할 수 있고, 타인도 나를 하나의 개인으로 이해할 수 있습니다. 따라서 인간관계와 모든 조직은 효과적인 의사소통 기술이 기초가 되어서 형성되고 발전되는 것입니다.

1) 의사소통의 정의

의사소통(communication)의 어원은 '공통', '공유'의 뜻을 가진 라틴어 'communis'와 '공동체를 이룩한다', '나누어 갖는다'는 뜻의 'communicare'입니다. 어원으로 볼 때, '나누어 공유한다'는 의미로 볼수 있습니다. 따라서 사람들 사이에 감정, 태도, 사실, 믿음, 생각들을 서로 나눈다는 의미로 해석할 수 있습니다.

일반적으로 의사소통은 인간 사이의 정보, 신념, 의견, 감정, 태도, 사실, 생각 등을 공유 또는 일반화하는 행동으로서, 인간 상호 간에 주고받는 메시지를 통하여 서로의 감정과 의미를 이해하고 공유하는 것으로 정의하고 있습니다.

그러므로 의사소통은 대화를 통하여 상호 간에 의미를 창조하고 공유하는 과정으로 볼 수 있으며, 둘 이상의 사람들 간에 사실, 생각, 의견, 감정의 교환을 통하여 서로를 이해하고 영향을 미치는 과정으로 볼 수 있습니다.

2) 비효과적인 의사소통 유형

(1) 방어형

방어형이란 자신을 지나치게 보호하는 것을 말합니다. 또한 다른 사람을 평가하거나 조정하는 것, 자신의 우월함(부, 재능, 권력 등)을 지나치게 드러내는 것이나 항상 자기만 옳다고 하는 독단적인 사람들의 의사표

현의 형태를 말합니다.

(2) 왜곡형

사람들은 대인관계에서 상대방이 정말로 말하고 있는 바를 듣기보다는 자신이 바라거나 기대하는 방식으로 듣고 해석합니다. 즉 상대방이 의도하지 않는 방향으로 해석하거나, 마음 속에 떠오르는 대로 별 생각 없이 말하는 것, 그리고 의미를 정확하게 파악하지 못하고 말하면 정확한 의사전달을 할 수 없게 됩니다.

(3) 자기 중심형

자기 중심적인 사람은 상대방에게 자신의 이야기만을 듣기 바라며, 남의 이야기에 귀를 기울이지 않습니다. 다른 사람이 말을 할 때 경청하지 않고 다음에 자기가 이야기할 것에 대해서만 생각하고, 자신의 대화의 문제점을 깨닫지 못합니다.

이런 사람들은 주로 자기 자랑을 하거나 동조하기만을 바라는 등의 자기 입장만을 주장합니다. 그리고 자기 이야기만 하려고 하기 때문에 혼자 이야기하고, 상대방의 이야기는 들으려고 하지 않습니다. 이런 사람들과 이야기하고 나면 무시당했다는 느낌을 받게 되며, 가능한 피하고 싶어 하고 피할 수 없는 경우 가능한 대화를 빨리 끝내기 위해 반응을 하지 않게 됩니다.

(4) 회유형

회유형은 자신의 가치나 감정은 무시한 채, 다른 사람의 감정을 건드리지 않기 위해 비위를 맞추려 하는 사람입니다. 이들은 상대방에게 동의하는 말을 하고, 그들의 뜻을 따르는 것에 초점을 맞춤으로써, 결국 자신의 힘을 다른 사람에게 넘겨 줍니다. 이들은 대개 다른 사람과 그의 상황은 존중하지만, 자신의 내면은 존중하지 못하는 사람들로서 스스로 자존감 느끼지 못하고, 자신의 힘을 포기하고 다른 사람에게 의존하는 사람들입니다.

(5) 비난형

사람들은 자기 자신이 틀리거나 약해서는 안 된다는 굳은 신념하에 다른 사람이나 환경을 비난하려 합니다. 다른 사람의 가치를 무시한 채 자신만 중요하다고 여기고 상황만 따지며, 이들은 비판적이고 독재적이며, 다른 사람의 결점을 발견하여 질책하기를 즐겨합니다. 이들의 특성은 주로 분노를 느끼고, 쉽게 자기 자신의 감정을 폭발시킵니다. 자신의 약점을 수용할 수 없어 외로움을 많이 느끼며, 스스로에게 힘이 있는 것처럼 믿고 행동하지만 사실은 매우 의존적인 사람들입니다.

(6) 산만형

산만형은 생각과 말과 행동 등 모든 차원에서 부산스럽습니다. 자기에게 관심이 없거나, 자기가 있어야 할 곳이 아니라고 생각하는 경우에 산만한 행동을 하게 됩니다. 이들은 자기 자신이나 타인에게 초점을 못 맞추고, 상황 대처도 부적절하게 합니다. 대화에 집중하지 못하고 엉뚱한 대답, 엉뚱한 발언으로 대화의 질서를 문란하게 하고, 대화의 지속을 어렵게 만듭니다.

그러나 이들의 특성은 유머 감각이 뛰어나고, 늘 즐거워 보이며 모임에서 주도적인 역할을 하기도 합니다만, 아무도 자기를 진심으로 걱정하거나 받아들여 주지 않는다고 생각하거나, 내면 깊은 곳에서는 외로움과 무가치감과 같은 혼란스러운 감정을 느끼는 경우가 많습니다.

3) 비효과적인 의사소통의 원인

(1) 쌍방향이 아니라 일방향적 의사소통을 할 때

의사소통은 이쪽에서 의사를 송신하고 상대쪽에서 송신된 내용을 수신하는 과정입니다. 따라서 송신과 수신이 제대로 이루어질 때 효과적인 의사소통이 이루어지게 됩니다. 그런데 이것을 소홀히 하게 되면 의사소통은 제대로 이루어질 수 없게 됩니다.

(2) 상대방이 내가 의도한 것과는 다르게 이해할 때

이런 경우 자신의 과거의 경험, 선입견, 고정관념, 가치관, 태도 등에 의해 화자가 말한 내용이 왜곡되게 받아들여지는 경우입니다. 이렇게 되면 말하는 사람은 듣는 사람이 자신의 대화의 내용이나 자신의 감정을 이해하지 못한다고 생각하여 상대방을 신뢰하기가 어렵게 되고, 따라서 계속해서 대화하기를 주저하게 됩니다.

(3) 듣는 사람이 말하는 사람을 평가하려 할 때

의사소통은 내용과 전달하는 방법이 중요한데, 내용보다 전달하는 사람을 '좋다, 나쁘다,' '저래서는 안된다' 등으로 평가하는 것은 그 사람의 행동이나 말 또는 감정보다 사람 자체를 평가하는 것이 되어 의사소통을 지속하기가 어렵게 됩니다.

(4) 듣는 사람이 주의를 집중하지 않을 때

의사소통은 겉으로 표출된 언어 뿐만 아니라 말 속에 숨겨진 의미, 표정, 몸짓, 감정 등을 포착하지 않으면 효과적인 의사소통이 되기 어렵습니다.

대체로 듣는 사람은 자기의 할 말을 생각하느라고 잘 듣지 않거나 듣자마자 해결책을 제시하려는 경향이 있습니다. 나아가서 말에 숨겨진 비언어적인 의사소통에 무관심한 것도 주의 집중을 하지 못하는 경우입니다.

(5) 서로가 신뢰감이 형성되지 못할 때

상대방을 서로 불신하게 되면, 보내는 내용도 진실된 것이 되지 못하고 받아들이는 사람도 왜곡해서 받아들이기가 쉽습니다.

4) 원만한 인간관계를 위한 의사소통 원리

(1) 의사소통의 촉진

의사소통의 촉진(facilitative communication)은 상담 또는 조력과정에서 사용되는 언어의 유형을 개념화한 용어로, 형식적이든 비형식적이든 간에 근본적으로 인간의 성장과 발달을 촉진하는 요소를 증대시키고, 반면에 성장과 발달을 저해하는 요소를 감소하거나 제거시킬 수 있는 의사소통을 말합니다. 이러한 촉진적 의사소통은 상담이나 조력과정에서 단순하게 개인의 문제 해결에 그치는 것이 아니라 더 나아가서 인간의 잠재 능력까지도 성장, 발달시키는 의사소통을 의미합니다.

로저스(Rogers)가 말하는 촉진적 의사소통은 핵심적 인간관계 변인인 공감적 이해, 무조건적 존중, 진실성의 태도를 조력자가 피조력자에게 의사소통을 통하여 표현하고, 이를 피조력자가 지각하여 인성의 긍정적 변화를 일으키는 것을 말합니다.

① 구체성

개인의 감정과 경험을 논의할 때 모호함을 피하기 위하여 일반적이고 추상적인 말대신에 구체적인 용어를 사용하는 것입니다. 조력자가 구체적으로 반응함으로써 피조력자의 구체성을 증진할 수 있는데, 이 결과 감정과 경험을 보다 명료하게 변별함으로써 피조력자의 자기 탐색과 자기 이해를 촉진할 수 있게 됩니다.

② 직면

상담자가 내담자의 감정, 태도, 행동 상의 모순점, 불일치점을 지각하여 이를 명료하게 지적함으로써 내담자의 새로운 통찰과 행동의 변화를 촉진하는 것을 말합니다. 즉 직면이란 피조력자가 자기 자신에 관하여 이야기 한 내용과 실제 그가 행동한 것 사이의 불일치에 대하여 언급하는 것입니다.

③ 자기 공개

상담자 자신에 관한 정보와 경험을 공개하는 것을 의미하는 것으로, 상담자도 내담자와 비슷한 경험을 갖고 있음을 밝히는 것입니다. 이 때 경험의 유사성과 차이가 강조됩니다.

④ 즉시성

상담자는 내담자가 상담과정에서 자신과의 관계에 대해서 언급할 때 이를 회피하지 않고 반응을 보이는 것입니다. 상담자는 상담자-내담자의 관계를 구체적으로 명료하게 논의합니다.

(2) 공감적 이해

공감적 이해(empathic understanding)란 자신이 직접 경험하지 않고도 다른 사람의 감정을 거의 같은 수준으로 이해하는 것을 의미합니다. '공감적'이라는 것은 상대방이 말하는 내용처럼 관찰될 수 있는 것으로부터 그의 감정, 태도, 신념처럼 쉽게 관찰될 수 없는 것까지도 정확하게 의미를 포착하는 것을 말합니다.

공감(empathy)이란 'empatheia'로서 'em'은 'in, into'(안, 안으로)의 뜻을 지니며, 라틴어의 'pathos'에서 비롯된 'pathy'는 감정지각을 의미합니다.

로저스에 의하면 공감적 이해는 내담자의 세계로 들어가서 편안하게 느끼는 것을 의미하고, 내담자의 느낌에 대해 예민하고 방심하지 않으며, 불안과 두려움에 대해서 또는 부드러움에 대해서도 예민하며, 그것은 내담자의 세계 속에 임시로 살고 있는 것을 의미하며, 그 안에 조심스럽게 들어가면서도 그에 대해 판단하지 않는다는 것을 의미합니다.

상담자가 내담자의 개인적인 세계를 마치 자기 자신의 세계처럼 느끼고, 내담자가 의미하는 것이 무엇인지 아는 능력 그 이상의 것으로, 내담자의 지금 이 순간의 느낌에 적절한 언어로 상호 간에 의사소통하는 능력인 것입니다.

(3) 경청의 자세(수용)

우리는 보통 남에게 먼저 이야기하여 이해 받고 싶어 합니다. 그러나 대부분의 사람들은 이해하려는 의도를 가지고 듣는 것이 아니라 대답할 의도를 가지고 듣습니다. 따라서 사람들은 대부분의 경우 말을 하고 있거나 말할 준비만 하게 됩니다. 그러나 원활한 의사소통을 위해서는 경청 기술을 향상시키는 것이 우선이라고 할 수 있습니다.

예를 들어, 문제를 가지고 있는 자녀에게 가장 필요한 것은 그들의 말을 들어주는 일일 것입니다. 부모가 말을 많이 하게 되면 자녀들은 자신의 문제를 말하기가 어려워집니다. 유능한 상담자가 상대방의 말을 들어주는데 대부분의 시간을 보내듯이 교회의 직분자들도 마찬가지로 성도들의 말에 귀를 기울여 경청할 수 있어야 합니다.

성도들의 말을 경청하는 가장 효율적 기술은 자기의 메시지를 포함하지 않고 성도의 내면을 비춰 주는 거울의 역할을 수행하여 성도가 말한 메시지를 반영(되돌려)해 주거나 다시 확인하는 종류의 언어적 반응이라 할 수 있습니다. 이를 '반영적 경청(反映的 敬聽)', 또는 공감적 경청이라고 합니다. 공감적 경청은 상대방의 말을 잘 이해(공감)하고 또 경청하고 있음을 적극적으로 표현하는 방법입니다.

(4) 진실한 태도(성실성, 일치성)

진실성(genuiness)은 자기감정과 사고를 거짓 없이 진솔하게 표현하여 상대방과 진실된 관계를 맺고, 이를 기초로 상대방에게 진실된 인간적 관여를 표현하여 인간적 성장을 촉진하는 것을 말합니다.

대화가 이루어지기 위해 말하는 자와 듣는 자의 관계에서 통합되고 일치될 필요가 있습니다.

말하는 자와 듣는 자의 인간관계에서 어떤 가면을 쓰거나, 역할놀이를 하거나, 가식을 부리는 허구적인 태도를 벗어나서 진정한 자기가 되어야 하며, 듣는자의 경험과 그에 대한 인식과 표현이 일치되어야 합니다. 대화의 과정에서 상대방의 내면적 경험, 그에 대한 인식과 표현이 모두 일치되어야 내담자의 긍정적 인성 변화를 촉진할 수 있으며, 부정적 감정은 솔직하게 표현하되 비파괴적이고 건설적으로 표현하여 상대방과의 관계를 악화시키지 않게 합니다.

김종두는 원만한 인간관계를 위하여 7가지 의사소통 원리를 다음과 같이 제시하였습니다.

① 명료성 : 의사소통은 간결한 문장과 평이한 용어를 사용해야 한다. 그리하여 전달하는 내용이 보다 분명하고 체계적이어야 하며, 과거, 현재, 미래가 명확하게 비교될 수 있어야 한다.

② 일관성 : 의사소통은 일관성이 있어야 한다. 처음의 명령과 나중의 명령에 모순이 있어서는 안 되며, 명령은 조직의 목표와 부합되어야 한다.

③ 적기 · 적시성 : 의사소통은 알맞은 시기를 선택하여야 하며 때를 놓쳐서는 안된다. 필요한 정보는 필요한 시기에 적절히 입수되어야 한다.

④ 적정성 : 의사소통의 양은 적정량을 넘으면 안된다.

⑤ 분포성 : 정보는 전달자로부터 수신자에게 올바르게 전달되어야 한다. 즉 수신자가 누가 될 것인가를 확실히 정하면 사용할 의사소통의 수단도 달라진다. 의도, 정보 및 지시 등은 발신자로부터 일정한 경로를 거쳐 명확하게 수신자에게 전달되어야 한다.

⑥ 적응성과 통일성 : 의사소통에 있어 적응성과 통일성을 조화시켜야 한다. 즉 각각의 다른 내용의 대화는 상호 간에 수용될 수 있는 차원에서 전체적으로 통일된 시각으로 표현되어야 한다.

⑦ 관심과 수용 : 효과적인 의사소통은 수신자의 관심과 수용태도에 의해 결정된다는 것이다. 그러므로 수신자에 대해 이해와 수긍을 제고해야 한다.

3. 직분자의 갈등관리

집단 간에 동일한 목표를 추구할 때는 상호 적대감이 거의 없거나 전혀 없으며, 규칙이나 규정에 따라 행동할 때는 경쟁이 발생하기 쉽습니다. 반대로 한 집단의 목표추구가 다른 집단의 목표달성을 위협하고, 집단 간에 적대감이 있으며, 규칙이나 규정으로 행동하는 것이 아닌 경우에는 갈등이 발생하기 쉽습니다.

조직 내 갈등은 과도할 경우, 구성원들의 육체적 · 정신적 소모를 초래하고 건강한 조직 문화를 파괴시킬 수 있습니다. 그러나 갈등이 반드시 부정적 영향만을 초래하는 것은 아닙니다. 조직 내 어느 정도의 갈등은 구성원들에게 건설적인 긴장감을 줌으로써 생산성이나 창의성을 높이는 긍정적인 효과를 가져올 수도 있습니다.

1) 갈등의 개념

갈등(葛:칡 갈, 藤:등나무 등)은 견해나 이해 등의 차이에 의하여 생겨나는 불화를 비유한 말입니다. 칡(葛)과 등(藤)의 두 식물은 넝쿨과에 속하는데, 이 두 식물은 서있는 나무를 사이에 두고 서로 휘감아 올라갑니다. 하나는 좌측으로 하나는 우측으로 감아 올라가기 때문에, 이 두 식물이 같은 나무를 두고 서로 감아 올라가려고 하면 서로 서로 방해가 되기 때문에 결국은 올라가지 못하는 결과가 생기게 됩니다.

그러므로 이 말은 어떠한 일이 서로 얽히어서 풀리지 않는다는 뜻으로, 무슨 일이 몹시 까다롭게 얽히어 풀기 어려운 형편을 두고 하는 말입니다.

2) 갈등의 유형

하나의 동인이 목표달성 이전에 차단됨으로써 발생하는 것이 좌절에 의한 갈등이라면, 목표 갈등은 두 가지 이상의 동인이 서로를 차단시킴으로써 발생합니다. 개인의 목표는 긍정적인 측면과 부정적인 측면을 동시에 지니고 있어 상충되는 경우가 많은데, 목표 갈등은 이러한 두 가지 이상의 상호 양립할 수 없는 목표들(incompatible goals) 중에서 개인이 어느 것을 선택해야 할지 쉽게 의사결정을 내리지 못하는 경우에 발생합니다. 일반적으로 목표 갈등은 다음의 세 가지 유형으로 분류할 수 있습니다.

(1) 접근-접근 갈등

접근-접근 갈등(approach-approach conflict)은 두 가지 이상의 목표가 모두 개인에게 긍정적인 결과를 가져다주지만, 그러한 목표들이 상호 배타적일 때 주로 발생합니다. 예를 들어, 어느 미국유학 지망생이 자신이 지망한 모든 대학원에 장학금을 받고 갈 수 있게 되었지만, 어느 한 학교만을 선택하여야 하는 경우에 느끼게 되는 갈등입니다. 이러한 갈등은 개인에게 일시적인 불안감을 갖게 할 뿐 나쁜 영향을 미치는 것은 아닙니다.

(2) 접근-회피 갈등

접근-회피 갈등(approach-avoidance conflict)은 어느 특정의 목표가 긍정적인 속성과 부정적인 속성 모두를 갖고 있을 때 주로 발생합니다. 즉 개인이 어떠한 목표로부터 얻어지는 결과에 끌리기도 하지만 이를 회피하고자 하는 동기가 동시에 작용할 때 발생합니다. 예를 들어, 어느 공장의 직공이 새로 맡은 업무는 임금에 있어 이전의 업무보다 두 배 정도이지만, 업무 수행에 있어 발생할 수 있는 위험 또한 두 배인 경우, 이 직공은 갈등을 느끼게 되고 스트레스를 받게 됩니다. 이러한 경우 직공은 새 업무의 긍정적 속성(즉 두 배의 임금)과 부정적인 속성(즉 두 배의 위험) 중 어느 한 쪽에 비중을 더 두어 목표를 추구할 것인지(즉 새 업무를 수행할 것인지), 또는 회피할 것인지를 결정해야 합니다. 접근-회피 갈등은 당사자에게 상당한 스트레스를 주는 것은 사실이지만 어떠한 목표에 대한 긍정적인 속성과 부정적인 속성을 정확히 예측하도록 노력하게 만드는 효과가 있습니다.

(3) 회피-회피갈등

회피-회피 갈등(avoidance-avoidance conflict)은 두 가지 이상의 목표가 모두 부정적인 결과를 가져다주지만, 이 중 어느 한 가지 목표를 선택해야 할 때 주로 발생합니다. 예를 들어, 직장생활에서 상사와의 마찰로 인해 사직서를 제출하고 싶은 상황인데, 마땅히 갈 수 있는 다른 직장이 없는 경우, 그 사람은 사직서를 제출하고 다른 직장에 취업을 못해서 실업자가 되든지, 계속해서 마음에 들지 않는 상사 밑에서 일하든지 두 가지 중 한 가지를 선택하여야 합니다. 이러한 갈등은 당사자로 하여금 갈등을 일으키는 문제를 찾아내어 해결하도록 노력하는 계기를 마련해 줌으로써 궁극적으로 조직의 효과성을 제고시킬 수도 있습니다.

이러한 갈등이 조직에 미치는 영향에서 보면 크게 소모적 갈등과 생산적 갈등으로 나눌 수 있습니다.

① 소모적 갈등

갈등이 관리되지 않고, 당사자 간의 질시와 반목 등 부정적인 감정 표출을 유발시키는 경우를 말합니다. 이는 개인이나 조직에 전혀 도움이 되지 않고 오히려 막대한 폐해를 불러일으킬 수 있습니다.

② 생산적 갈등

구성원 개개인의 욕구보다 조직 전체의 이익을 위해 의견이 대립되는 경우는 생산적 갈등이라 볼 수 있습니다. 생산적 갈등은 문제의 핵심을 더 잘 파악하게 되고, 또 상대방과의 인간관계를 더욱더 돈독하게 하는 계기가 되기도 합니다.

3) 갈등의 유익

① 갈등 관계의 당사자들은 자신과 상대방의 능력이나 잠재력에 대한 확신을 가지게 되기도 합니다.
② 갈등은 개인적인 차원에서 심리적, 인격적으로 한층 성숙할 수 있는 계기가 될 수 있습니다.
③ 갈등의 발생은 문제의 시작이 아니라 해결을 위한 첫걸음이 됩니다.
④ 갈등을 회피하는 게 아니라 갈등을 인정하고 이를 해결함으로써 효과적인 조직을 이루게 됩니다.

그러므로 갈등은 사전에 억누르고 방지해야 하는 대상이 아니라 효과적으로 해소하고 지속적으로 관리해야 하는 대상으로 삼아야 합니다. 적정 수준의 갈등을 유지하는 것이 보다 조직을 생동감 있게 하는 한 방안이 될 수 있습니다.

4) 갈등관리의 유형

(1) 개인 갈등관리의 유형

대인적 갈등(interpersonal conflict)이란 개인과 개인 사이에서 발생하는 갈등으로, 조직구성원 각자의 역할, 추구하는 목표, 가치관, 신념체계, 사고방식, 태도 등이 서로 상이함으로 인해 발생하는 갈등입니다.

조직 내에서 발생하는 대인적 갈등은 수평적 갈등(horizontal conflict)과 수직적 갈등(vertical conflict)으로 분류할 수 있는데, 수평적 갈등은 같은 위계에 있는 관계 당사자들이 제한된 자금, 인력, 시설 등을 이용하는데 있어 또는 승진 등에 있어 상호경쟁을 하게 될 때 발생하는 것이고, 수직적 갈등은 조직 내 상하관계, 즉 역할 지시자와 역할 담당자 사이의 상호작용에서 발생하는 갈등입니다.

Thomas의 대인적 갈등의 해결방안을 다섯 가지로 제시하였습니다.

첫째, 회피(avoiding)란 자신의 이익이나 상대방의 이익 모두에 무관심한 대인적 갈등해결 방안이다.

둘째, 경쟁(competing)이란 상대방의 이익을 희생하여 자신의 이익을 추구하는 대인적 갈등해결 방안이다.

셋째, 순응(accommodating)이란 자신의 이익은 희생하면서 상대방의 이익을 만족시키려는 대인적 갈등해결 방안이다.

넷째, 협동(collaborating)이란 자신과 상대방의 이익 모두를 만족시키려는 대인적 갈등해결 방안이다.

다섯째, 타협(compromising)이란 자신과 상대방 이익의 중간 정도를 만족시키려는 대인적 갈등해결 방안이다.

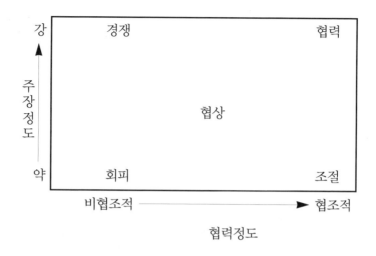

협력정도

    한편 레이힘(M. A. Rahim)은 개인 간의 갈등관리에 대하여 자신에 대한 관심의 정도와 타인에 대한 관심의 정도와의 관계로 다섯 가지로 분류하였습니다.

    ① 통합형(integrating) : 협력적 태도(collaborating)를 견지하면서 통합적 갈등해소를 위한 대안모색으로서, 가치관의 상충에서 오는 갈등에는 적합하지 못하다.

    ② 배려형(obliging) : 상대의 관심과 이익을 배려하여 해소책 모색하는 수용형(accomodating)으로서, 미봉적 해소에 그칠 가능성이 있다.

    ③ 지배형(dominating) : 상대를 강압적으로 굴복시켜 문제를 해소하려는 강압형(forcing)이다.

    ④ 회피형(avoiding) : 갈등의 소지가 있는 문제 자체를 회피하려는 형이다.

    ⑤ 타협형(compromising) : 제삼자에 의한 중재, 협상 등의 방법으로

주고받는 교환논리에 입각한 갈등관리 방안이다.

(2) 조직 갈등관리의 유형

개인이나 집단은 갈등에 직면하게 되면 나름대로의 방식으로 갈등을 처리하게 되는데, 이 때 불일치에 직면하여 취할 수 있는 방법의 차원은 자신의 관심사를 충족시키는 독단성의 차원과 상대방의 관심사를 충족시켜 주는 협조성의 차원이 있습니다.

독일의 심리학자인 토마스 킬만(Thomas Kilmann)은 협조성(타인의 관심을 만족시키고자 노력하는 정도)과 공격성(자신의 관심을 만족시키고자 노력하는 정도)의 두 차원을 중심으로 갈등의 해결 유형을 타협, 순응, 회피, 협조, 그리고 경쟁의 다섯 가지로 구분하였습니다.

① 경쟁

지도자는 조직의 목표달성을 강조하며 조직 구성원들의 개인적인 필요에 대해서는 협력하지 않습니다. 이는 승패의 접근방법입니다. 필요하다면 다른 사람을 희생시켜서 자신의 관심을 충족하고자 합니다.

경쟁에 적절한 상황은,

- 신속한 결정이 요구되는 긴급 상황,
- 중요한 사항이지만 인기 없는 조치가 요구되는 경우,
- 조직의 성장에 매우 중요한 문제일 때,
- 타인을 부당하게 이용하는 사람에게 대항할 때입니다.

② 회피

지도자는 조직의 목표를 강조하지도 않고 구성원들의 관심사항에 대해 협력하지도 않습니다. 갈등이 있는 것을 알고 있지만 갈등을 무시함으로써 갈등이 표면화되는 것을 억제하는 행동입니다. 그러나 갈등이 실제 해결되기 어렵거나 해결하기 위해 소요되는 자원이 과다하여 비경제적인 경우에 활용될 수 있으며, 갈등이 유발된 문제가 그대로 남아 있어 더욱 심각한 갈등으로 발전될 수 있습니다.

회피에 적절한 상황은,

– 쟁점이 사소한 것일 때,

– 해결책의 비용이 효과보다 훨씬 클 때,

– 사태를 진정시키고자 할 때,

– 더 많은 정보를 얻는 것이 꼭 필요할 때,

– 다른 사람들이 문제해결을 더 효과적으로 해결할 수 있을 때,

– 해당 문제가 다른 문제의 해결로부터 자연스럽게 해결될 수 있는 하위 갈등일 때입니다.

③ 수용

지도자는 자기의 주장을 하지 않는 대신에 협력하는 방법입니다. 행정가는 조직 구성원의 필요에 양보한다. 갈등을 해소하기 위하여 기꺼이 자기를 회생하며, 쌍방 간에 관계가 계속 유지되도록 노력합니다.

수용에 적절한 상황은,

– 자기가 잘못한 것을 알았을 때,

- 다른 사람에게 더 중요한 사항일 때,

- 보다 중요한 문제를 위해 좋은 관계를 유지해야 할 때,

- 패배가 불가피할 때 손실을 극소화하기 위해,

- 조화와 안정이 특히 중요할 때입니다.

④ 협력

지도자는 자기의 주장을 하면서 협력함으로써 갈등 당사자들 모두의 목적을 달성할 수 있도록 하는 행동입니다. 양쪽의 필요를 동시에 만족시키는 win-win 전략입니다.

협력에 적절한 상황은,

- 양자의 관심사가 매우 중요하여 통합적인 해결책만이 수용될 때,

- 목표가 학습하는 것일 때,

- 다른 관점을 지닌 사람들로부터 통찰력을 통합하기 위해서,

- 합의와 헌신이 중요할 때,

- 관계 증진에 장애가 되는 감정을 다루기 위해서입니다.

⑤ 타협

조직의 목표와 개인의 필요를 충족시키려고 노력하는 방법입니다. 서로 조금씩 양보함으로써 절충안을 얻으려는 방법으로서, 승자와 패자가 명백하지 않습니다.

타협에 적절한 상황은,

- 목표가 중요하지만 잠재적인 문제가 클 때,

- 당사자들의 주장이 서로 대치되어 있을 때,
- 복잡한 문제에 대한 일시적인 해결책을 얻기 위해,
- 시간 부족으로 신속한 행동이 요구될 때,
- 협력이나 경쟁의 방법이 실패할 때입니다.

5) 갈등관리의 전략

갈등관리의 목적은 최적 수준의 갈등을 유지하는데 있으며, 갈등의 발생 원인, 진행 과정, 갈등의 유형에 대한 정확한 진단과 이해를 바탕으로 갈등의 성질을 규명한 다음 역기능적 갈등은 제거 또는 감소시키며, 순기능적 갈등은 조직의 발전을 위해 적극적으로 조장해야 합니다.

(1) 갈등의 진단과 이해

다양한 정보를 획득하지 못하면 갈등의 진단과 이해가 부족하여 갈등을 효과적으로 관리할 수 없게 되므로 정보 확보 전략을 갖고 있어야 합니다.

① 조직의 제반사항들을 항상 주의 깊게 관찰하는 것을 습관화함으로써 갈등을 초기에 진단할 수 있도록 합니다.

② 다양한 정보채널을 확보하여 여러 방면의 정보를 획득할 수 있어야 합니다.

③ 자료의 해석을 정확히 해야 합니다. 자료의 해석이 잘못되면 개념화가 잘못되게 되고 이로 인해 또다른 갈등이 야기됩니다.

④ 충분한 정보를 획득하지 못했을 때에는 정확한 판단을 할 수 있는 충분한 자료가 확보될 때까지 갈등에 대한 개념화와 평가를 미루는 것이 유용합니다.

(2) 갈등의 해소 전략

① 의사소통을 원활하게 합니다. 상대방의 입장에서 감정이입적 의사소통을 하며, 간결하고 명확한 언어를 사용합니다. 그리고 피드백(Feed back)을 사용하며, 구두, 서신, 공식, 비공식, 직접, 간접 등의 다각적인 의사소통 방안을 활용하여 의사소통의 왜곡을 방지해야 합니다.

② 의사결정 내용과 개인적 이해관계와의 관련성을 고려하여 구성원들을 의사결정에 참여시킵니다. 그리고 다양한 소집단의 활성화를 통해 집단의 의사결정이 자연스럽게 이루어지도록 합니다.

③ 지도자는 개인의 욕구를 확인하고 성취를 도와주고, 조직원이 조직의 목표 달성을 위해 노력하도록 합니다. 그리고 한 쪽만의 의사를 생각하지 말고 다른 쪽도 이해하는 원만한 지도성을 발휘해야 합니다.

(3) 갈등의 순기능 조장

조직의 활력과 창의와 쇄신을 위해서는 순기능적인 갈등을 적절히 조장할 필요가 있습니다.

① 의사전달 경로의 변경 : 표준화 된 공식적 또는 비공식적 의사전달 경로를 의식적으로 변경시켜 갈등을 조장시킬 수 있습니다.

② 의사전달 정보의 조작 : 정보전달을 억제하거나 과다한 정보를 전달

함으로써 갈등을 조장하는 방법입니다.

③ 이질감의 조성 : 기존의 조직 구성원들과는 가치관, 경험, 배경 등이 다른 사람을 투입하여 침체된 조직을 흔들어 활기를 띠게 할 수 있습니다.

④ 경쟁 유도 : 조직 내의 부서나 집단 간의 경쟁적인 상황을 조성하여 갈등을 야기할 수 있습니다.

⑤ 지도자의 특별한 관심 : 지도자의 어느 부서에 대한 특별한 관심은 조직 내의 갈등을 조장할 수 있습니다.

이와 같은 갈등의 촉진은 아무리 순기능의 갈등이라도 잘못 관리하면 언제나 역기능의 갈등으로 변화한다는 것을 항상 주의하면서 갈등을 촉진시키도록 해야 합니다.

6) 성경의 갈등관리

사도행전에서 세 가지의 갈등의 모습을 찾아볼 수 있습니다. 교회 내적인 갈등, 교회 외적인 갈등, 그리고 개인적인 갈등의 모습입니다.

(1) 교회 내적인 갈등 문제(행 6:1-7)

초대교회의 겉으로 드러난 문제의 양상은 과부들을 구제하는 일에서 생긴 것입니다. 그러나 좀 더 속사정을 살피면 관심의 문제이고 파벌의 문제이며, 집단 이기심에 대한 문제입니다. 부부싸움도, 교회문제도, 사회문제도 사실은 큰 것으로 시작되지 않는 것을 우리는 알게 됩니다. 작은 무관심에서 일어나기 쉽습니다.

초대교회는 이 문제를 다룰 때 무척이나 진지하게 다룹니다. 원칙과 우선순위를 지킵니다. 문제 해결을 모색하되 인신공격은 하지 않습니다. 일처리를 분담합니다. 그리고 오히려 큰 부흥을 체험합니다. 목회자에게는 처음으로 교회에 부임하였을 때 위기를 어떻게 다루느냐가 매우 중요합니다. 교회만이 아닙니다. 직장생활, 이민생활, 교회생활, 결혼생활 등이 모두 다 그렇습니다. 위기를 어떻게 다루느냐가 매우 중요합니다.

교회에 이런 문제들을 문제로 아는 것이 중요합니다. 그래야 그 문제를 올바로 파악하고 대처할 수 있습니다. 나아가서 공동체의 존재 이유와 우선순위를 확인합니다. 존재 이유와 우선순위를 분명히 할 때 원칙을 벗어나지 않게 됩니다. 그리고 문제 해결을 모색하되 인신공격을 하지 않습니다. 그리고 소수의 실권을 가진 사람들이 그들의 좋은 대로 일을 처리하여 나가는 것이 아니라, 가능한 많은 사람들을 통원하여 공동적인 대처를 하고, 함께 일을 처리하려고 최선을 다하는 교회는 아름답습니다. 교회의 갈등 문제를 잘 다루게 되면 교회가 더욱 성장할 수 있습니다.

(2) 교회 외적인 갈등 문제(행 15장)

사도행전 15장에 제시되어 있는 것은 외부적인 문제이고, 교리적인 문제이며 큰 문제였습니다. 이 문제는 교회가 자체적으로 해결할 수 있는 것이 아니었습니다.

문제의 핵심은 율법으로 구원받느냐 아니면 은혜로 구원받느냐 라는 대전제였습니다. 이런 이야기가 나온 배경에는 예수를 믿는 유대인들 중에 이방인이 구원을 받으려면 율법을 지켜야 하며, 할례를 받아야 한다고 주장하는 사람들이 있었기 때문입니다. 이것이 이방인들 교회 사이에는 아주 큰 문제가 되어서 해결하지 않으면 안 되는 문제였습니다.

이것에 대하여 교회가 아주 철저하게 이야기를 나누는데 적지 않은 다툼과 변론이 있었습니다. 그리고 그것은 자체적으로 해결할 수 있는 것이 아니기에 바나바와 바울, 그리고 몇 명의 대표를 예루살렘교회로 보내기로 합니다.

예루살렘교회는 이 문제의 심각성을 알아 아주 진지하게 그리고 신중하고 바르게 의논하여 바람직한 결정을 내립니다. 이것이 최초의 예루살렘 총회의 모습입니다. 그리고 지방 교회에 알릴 때 객관성을 띠기 위하여 예루살렘교회의 대표를 안디옥교회에 피송하였으며, 이 소식을 들을 안디옥교회는 총회의 결정을 기쁘게 받아들이고 환영합니다.

총회의 결론은 몇 가지 조건을 두고 율법으로 구원을 얻는 것이 아니라 예수 그리스도를 믿는 믿음으로, 은혜로 구원받음을 결정한 내용이 전달되었는데, 총회의 결정에 반대하거나 동의하지 않는 사람들도 있었겠지만 기쁨으로 받아들이는 모습이 나오는 것입니다.

사실 우리가 필요하다고 하면 반대의사라 할지라도 기분 상하지 않게 분명하게 표시하고 소신 있게 행하는 것이 얼마나 중요한 일인지 모릅니다.

(3) 개인적인 갈등 문제(행 15장)

또한 사도행전 15장에는 사람과 사람 사이에 생기는 갈등 문제가 나타납니다. 바나바와 바울 간의 갈등입니다. 우리에게는 공동체 안에 있는 문제가 있습니다. 공동체 밖에 문제가 있습니다. 그리고 개인적인 문제가 있습니다. 사람과 사람 사이에 생기는 문제가 있습니다.

바울과 바나바가 2차 선교여행을 떠나기 전 두 사람의 의견이 달라서 갈등이 생겼습니다. 바나바는 마가를 데리고 가자는 의견을 제시합니다. 그러나 바울은 1차 선교여행 때 중간에서 포기하고 떠난 마가를 데리고 가는 것을 반대하는 것으로, 두 사람이 각자 다른 의견을 가지고 있는 것이 문제가 되었습니다. 두 사람 생각이 다 틀리지 않습니다. 두 사람의 생각이 다 옳습니다. 다만 의견이 다를 뿐입니다.

우리는 내 생각에 반대하면 잘못된 사람이며, 나와 적이 되는 사람으로 생각할 때가 많습니다. 나와 의견이 다를 뿐이지 원수는 아닙니다. 그러므로 서로 다른 의견이 있을 때 서로 불쾌하지 않도록 이견을 제시하고 더 나은 합의점을 찾아가는 것이 필요합니다. 그러나 그것은 그리 쉬운 일은 아닙니다.

바울과 바나바는 급기야 심하게 다투고 갈라지게 됩니다. 이렇게 극한 상황에 다다를 수도 있습니다. 그러나 그들의 결정은 하나님의 일에 방해가 되거나, 선교가 잘못된 것이 아니라 오히려 배가가 되는 결과를 가져옵니다. 그리고 나중에 보면 바울과 마가는 무척 가까워지게 되고, 결과적으로는 협력적인 선교를 한 것으로 짐작할 수 있습니다.

4. 직분자의 리더십

교회의 각 기관의 임원은 일반 사회단체의 임원과는 달리 하나님의 일 꾼으로 부름 받은 사람들입니다. 따라서 일반적인 지도자의 특성과 자질 은 물론 영적인 자질도 갖추어야 합니다. 영적 지도자의 특성은 사랑과 희생과 봉사입니다. 가장 모범이 되신 분은 그리스도이십니다.

마태복음 20:28에, "인자가 온 것은 섬김을 받으려 함이 아니라 도리어 섬기려하고 자기 목숨을 많은 사람의 대속물로 주려 함이니라"고 하셨습 니다.

여기서 두 가지의 지도자 특성을 제시되고 있는데, 첫째는 섬김이며, 둘째는 희생입니다. 이 섬김과 희생은 하나님이 우리를 사랑하신 까닭에 서입니다. 그러므로 섬김과 희생은 사랑의 터 위에서 나오는 것입니다.

빌립보서 2:1-8에서, "마음을 같이 하여 같은 사랑을 가지고 뜻을 합하 며 한 마음을 품어 아무 일에든지 다툼이나 허영으로 하지 말고 오직 겸손한 마음으로 각각 자기보다 남을 낮게 여기고 각각 자기 일을 돌아볼 뿐더러 또한 각각 다른 사람의 일을 돌아보아 나의 기쁨을 충만케 하라 너희 안에 이 마음을 품으라 곧 그리스도 예수의 마음이니" 라고 하였습니다.

요한일서 4:7-9에서는, "사랑하는 자들아 우리가 서로 사랑하자 사랑은 하나님께 속한 것이니 사랑하는 자마다 하나님께로 나서 하나님을 알고 사랑하지 아니하는 자는 하나님을 알지 못하나니 이는 하나님은 사랑이심이라 하나님의 사랑이 우리에게 이렇게 나타난바 되었으니 하나님이 자기의 독생자를 세상에 보내심은 저로 말미암아 우리를 살리려 하심이니라"라고 하셨습니다.

분명히 하나님이 사랑하신 그리스도를 우리 대신 보내 주셨고, 십자가에 죽으심으로 우리가 죄로부터 해방되었으므로, 우리가 서로 사랑하는 것이 마땅한 것입니다. 따라서 장로나 집사, 그리고 권사들은 다스리는 자가 아니라 섬기는 자이며, 희생정신이 있어야 합니다.

또한 빌립보서는 겸손의 자세를 강조하고 있습니다. 그리스도는 영광을 얻으시려고 오신 것이 아니라 겸손한 마음으로 섬기려 오신 것입니다. 따라서 우리들은 하나님의 사랑하신 그 사랑의 정신에서부터 성도들을 사랑하고 섬기는 자가 되어야 하며, 겸손한 태도로 대하여야 합니다. 교회의 지도자는 자기의 지식이나 수단과 방법, 또는 지위나 권력으로 다스리는 것이 아니라, 하나님의 말씀과 기도의 능력으로 말미암아 하나님의 함께 하심과 성령의 도우심에 의해서 그 지도력이 발휘되는 것입니다.

1) 지도성 이론

지도성이란 지도자의 특성을 나타냅니다. 지도성의 유형을 설명하기 위해서는 지도자의 특성이나 지도력이 미치는 상황, 그리고 지도자와 구성원과의 관계에서 지도자의 특성을 살펴 볼 수 있습니다. 또한 집단이나 조직의 발전과 목적 달성에 미치는 지도자의 특성은 매우 중요하기 때문에 유의하여 생각해 볼 필요가 있습니다.

(1) 특성론(traits theory)

특성론은 지도자나 개인이 가지고 있는 몇 가지의 특성이나 자질에 따라서 지도력이 발휘된다고 보는 입장입니다.

앤더슨(Anderson)은 지도자의 특성을 냉담(aloofness), 공격성(thrust), 배려(consideration), 생산성 강조(production emphasis)를 포함하는 것으로 보았으며, 버나드(Bernard)는 지도자의 자질을 지구력(vitality), 인내력(endurance), 설득력(persuasiveness), 책임감(responsibility), 지력(intellectual capacity)이라고 보았습니다.

한편 스토그딜(Stogdill)은 지도자의 효과성, 지도자와 추종자와의 관계, 효과적인 지도성과 비효과적인 지도성, 고위층과 하위층의 지도성을 조사하여 다음과 같은 결론을 내렸습니다.

① 생리적 특성으로 신장이 평균보다 크고, 체중이 무겁고, 건강한 편이며 외모가 남달리 뛰어나다.

② 지도자의 지적 능력, 즉 지각과 학력이 지도자가 아닌 사람에 비하

여 우수한 편이다.

③ 지도자의 인성특성은 집단 구성원보다 높은 자신감, 지배욕, 신뢰성, 책임감, 협동심, 인내심, 판단력, 선도성, 사교성 등이 있다.

그리고 지도성과 관련이 있는 요소들을 다음과 같이 분류하였습니다.

① 능력(capacity) : 지능, 민첩성, 말솜씨, 독창력, 판단력.

② 업적(achivement) : 학식, 지식, 운동의 소양.

③ 책임(responsibility) : 신뢰성, 솔선력, 견고성, 적극성, 자신감, 탁월성의 욕구

④ 참여(paticipation) : 활동, 사회성, 협동성, 적응성, 유머감각.

⑤ 지위(status) : 사회 경제적 지위, 인기.

⑥ 상황(situation) : 정신적 수준, 지위, 기능, 부하의 욕구와 흥미, 달성 목표 등.

특성론에 의하면 훌륭한 지도자는 어떤 특성을 가져야 하며, 버려야 할 성품은 어떤 것인가를 밝히고 있습니다. 따라서 각계각층의 지도자들이 가지고 있는 공통된 특성은 훌륭한 지도자의 지도성으로 판단하게 될 수 있습니다.

특성론에 의하면 집단의 목표 달성을 다음과 같이 나타낼 수 있습니다.

```
┌──────────────┐      ┌──────────────┐      ┌──────────────────┐
│     상황      │  →   │    지도자     │  →   │  집단의 목표 달성  │
│  (독립변수)   │      │  (매개변수)   │      │    (종속변수)     │
└──────────────┘      └──────────────┘      └──────────────────┘
```

즉 집단의 목표달성을 종속변수로 볼 때, 집단의 상황이 독립변수로 작용합니다. 지도자의 특성은 매개변수로서 집단의 목표달성에 직접적인 영향을 끼친다고 볼 수 있습니다. 그러나 특성과 지도성과의 상관관계는 매우 낮다는 연구 결과들이 있으며, 지도성 과정의 역동성 보다는 타고난 정태적(靜態的)인 자질만을 다루게 됨으로써, 지도성을 이해하고 연구하는데 별로 발전하지 못했습니다.

(2) 상황론(situational theory)

상황론은 지도자가 처해 있는 조직의 상황, 즉 조직 구성원에게 공통적으로 보여지는 것을 찾아 이를 중심으로 조직을 이끌고 영향력을 행사하려는 등의 통제 형태에서 힌트를 얻어 발전된 이론입니다. 따라서 상황론은 지도자의 특성이나 자질 등의 요인보다는 집단 조직의 상황에 의하여 지도자의 가치가 판단되고, 또한 집단의 목표 달성에 직접 영향을 미친다고 보는 입장이며, 지도성은 사회적 상황과의 관계의 산물로 봅니다.

피들러(Fiedler)의 한 연구에 의하면, 지도성 효과는 지도자의 유형과 상징적 요인, 즉 지도자와 성원과의 관계, 과제의 구조, 지도자의 지위와 권한 등에 따라서 달라지며, 이 두 가지의 관계가 적절하게 연관되어 질 때 지도력의 효율이 높아진다. 지도자는 자신의 유형을 분석하고 상황에 적합한 지도성을 가질 때에 효과적으로 리드할 수 있다고 보았습니다.

상황론은 지도성과 상관관계를 가지는 상황적 요소로서의 문화적 배경, 개인차, 조직의 특성, 직무의 특성, 조직 또는 집단의 역사 등을 들 수 있으며, 집단의 목표 달성은 다음과 같이 나타낼 수 있습니다.

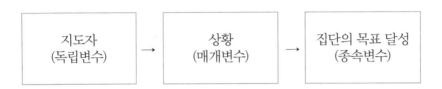

즉 집단의 목표 달성은 지도자의 요인이 상황에 의하여 간접적인 영향을 받는다고 볼 수 있습니다. 이 이론을 인정한다면 결국 지도성에 관한 정의는 무의미하게 되며, 지도성을 일반화 할 수 없다는 결론에 이르게 됩니다.

(3) 상호작용론(interactional theory)

상호작용론의 지도성은 가장 포괄적이고 종합적인 이론이며, 지도성을 많은 요인의 상호작용 현상으로 이해하려는 입장입니다. 깁(Gibb)은 상호작용론의 특징을 다음과 같이 요약하였습니다.

① 지도성은 집단의 사회적 상황에 따라 상대적으로 규정된다. 이에 따른 관련 요인은 집단의 목적과 과업, 집단의 구조와 조직, 구성원의 특성이다.

② 지도성 과정은 집단 내에 야기되는 다양한 사회적 상호작용 과정중

의 하나이다.

③ 지도성은 구성원 또는 추종자의 주관적인 평가에 의하여 규정될 수 있다.

상호작용론에 지도성은 지도자의 인격특성의 함수이며, 지도자가 처해 있는 상황의 함수임과 동시에, 다시 이 두 요인은 상호작용에 의하여 도출된 결과의 함수관계라고 할 수 있습니다. 즉 집단의 특성과 상황에 따라 상대적으로 규정되어 질 수 있습니다.

L = f (P · S)
L : 지도성, P : 지도자 특성, S : 상황

따라서 집단의 목표 달성은 지도자와 상황의 상호작용의 결과로 이루어지는 것이며, 지도자의 특성이나 또는 상황의 어느 하나만이 강조될 수 없습니다.

2) 지도자의 유형

(1) 태도에 따른 유형

지도자의 태도에 의한 구분은 지도자가 지도자로서의 태도에 의하여 분류되는 방식입니다. 메일(L.M. Meil)은 지도자의 유형을 자발형, 정돈형, 공포형으로 분류하였으며, 다음과 같습니다.

① 자발형(spontaneus) – 자기중심적이며, 요란함, 충동적임, 유머를 좋아함, 항상 동일한 일을 싫어함, 인간관계보다 사고와 지식 등에서 만족을 구하며, 지위에 대한 의욕이 적은 독자적인 지도자이다.

② 정돈형(orderly) – 정돈형의 지도자는 극기, 자기 통제력이 강함, 충동적 행동을 피하고, 권위에 순종적임. 모든 일이 질서정연하게 이루어져야 안정감을 갖게 되며, 과도하게 계획적이며 타인을 지배하기를 좋아한다.

③ 공포형(fearful) – 환경을 위협적인 것으로 지각하며, 의존적임. 고립을 싫어하고, 지나칠 정도로 양심적임. 규칙을 엄격히 지키고 따름으로써 자신을 변호하려는 지도자이다.

(2) 지도자의 행동 유형

① 지시형 – 구성원들에게 구체적인 행동을 지시하며, 그에 따른 결과를 분명히 제시하고, 규칙과 질서를 따르도록 강조하는 유형입니다.

② 설득형 – 지도자가 구성원에게 지시를 하지만, 대화를 통하여 의견을 듣고, 정당하고 긍정적인 방향으로 구성원이 참여하도록 이끄는 유형

입니다.

③ 참가형 – 지도자는 구성원의 하나로서 함께 의사 결정에 참여하고, 구성원들이 결정한 것에 따르는 유형입니다.

(3) 통합형의 지도성 유형

화이트와 리피트(White and Lippitt)는 지도성 유형을 전제형, 민주형, 그리고 자유방임형으로 구분하였습니다.

이 구분은 지도자의 지도 유형으로 널리 알려진 것으로, 지도자의 인격과 행동 특성이 집단의 목표 달성과 분위기 조성에 미치는 영향 등을 파악할 수 있습니다.

통합형의 지도성유형을 요약하면 다음과 같습니다.

유형 내용	민주형	전제형	자유방임형
일의 계획과 목표	· 지도자의 조언에 따라 스스로 결정한다.	· 지도자가 정한다.	· 지도자는 최소의 첨여로 결정한다.
과제수행	· 기술상의 필요가 있으면 지도자가 방법을 제시하고 선택하여 사용한다. · 과제는 계획대로 수행한다.	· 그때그때 지도자의 지시에 따라 진행하고, 그 이후의 일은 구성원들이 모른다.	· 지도자는 구성원의 요구에 따라 도움을 주지만, 직접 참여하지는 않는다.
과제	· 지도자가 과제수행의 분담을 하지 않고	· 지도자가 과제 분담과 동역자들을	· 지도자는 전혀 참여하지 않는다.

수행의 동역자	구성원 스스로 동역 자를 선정하고 과제 분담을 한다.	선장해 주고, 과제 수행을 지도한다.	
평가	· 지도자는 칭찬이나 비판을 할 때 객관적 태도를 가져야하며, 구성원의 입장에서 평가한다.	· 칭찬이나 비판은 직선적이며 주관적 으로 지나치게 과업 위주이다.	· 칭찬이나 비판 또는 평가는 일체하지 않는 다.
분위기	· 인간중심으로 단결 력이 높고 자율적이 다.	· 과업중심으로 사무 적이며 냉담하다.	· 산만하고 뚜렷한 성 과가 없다.

지금까지 지도성에 대한 이해와 함께 지도성의 중요성을 생각해 보았 습니다. 지도성 유형에 따라서 집단의 분위기나 사업과 목적 달성의 여부 가 달려있다고 할 수 있습니다. 집단의 지도는 대개 대집단 지도, 소집단 지도, 그리고 개인 지도의 형태로 이루어지는데, 대집단 지도는 집단이나 조직을 하나의 전체로 보고 획일적인 지도와 관리를 하는 것을 말합니다. 그리고 소집단 지도는 집단이나 조직의 구성원을 소집단으로 구성하여 관리하는 형태이며, 개인 지도는 집단 구성원 개개인을 대상으로 지도하 는 형태를 말합니다. 그러나 이러한 지도의 형태는 개별적인 것이 아니라 지도 한계상의 변화를 의미합니다.

교회의 각 기관 지도에 있어서 중요한 것은, 일반 사회의 단체가 아니 라 교회에 소속된 영적 집단이란 점입니다. 따라서 지도성도 일반적 지도성은 물론 영적 지도성을 갖추어야 합니다. 또한 각 기관의 지도자도 역시 하나님이 선택하신 것이며, 하나님으로부터 권리를 위임받은 사람들입니다. 영적 지도자는 하나님의 뜻을 찾으며, 자기를 죽이고 하나님의 뜻에 순종하며, 하나님을 의지하는데서 새로운 힘을 얻게 되는 것입니다.

베드로후서 1:5-7에서, "이러므로 너희가 더욱 힘써 너희 믿음에 덕을 덕에 지식을 지식에 절제를 절제에 인내를 인내에 경건을 경건에 형제우애를 형제우애에 사랑을 공급하라"고 하였습니다.

또한 베드로는 베드로전서 5:2-3에서, 영적 지도자의 자세를 요약 하였는데 ① 하나님의 뜻을 쫓아 자원함으로 하고, ② 더러운 이를 쫓지 말고 오직 즐거운 뜻으로 하며, ③ 주장하는 자세보다는 양무리의 본이 되라고 하였습니다.

샌더스(Sanders)는 디모데전서 3:2-4의 말씀을 가지고 지도자의 특성을 ① 책망할 것이 없는 자, ② 도덕적으로 깨끗한 자, ③ 정신적으로 건전한 자, ④ 인격적으로 온전한 자, ⑤ 가정적인 자라고 정리하였습니다.

예수님은 남을 '섬기는 것'(to serve)을 지도성으로 보았으며(눅 22:26, 마 20:26-28; 23:11), 남을 섬길 줄 아는 사람은 남에게 섬김을 받게 되는 것이 진리임을 가르쳐 주셨습니다. 예수님도 세상에 섬기려 왔다고 하셨습니다. 그러나 그는 교회의 머리요 성도의 지도자인 것입니다. 또한 영적 지도자는 그리스도와 같이 양떼를 인도하는(to guide) 자입니다.

토저(Tozer)는 "이상적인 지도자는 하나님의 음성을 듣는 자이며, 그 소리가 그와 그들을 부르는 것과 같이 부르는 자"라고 했습니다. 즉 하나님의 음성을 듣고, 다시금 그 말씀을 듣지 못한 자들에게 듣도록 하는 역할을 의미하는 것입니다.

교회 지도자들이 주의해야 할 사항은 다음과 같습니다.

① 명령은 권한과 책임의 한계를 분명히 인식할 때 할 수 있으며, 명령하는 식의 태도는 삼가야 합니다.

② 책망은 듣고 반성할 수 있는 대상에게 할 것이며, 감정을 앞세우거나 인격에 해가 되지 말아야 합니다.

③ 칭찬은 공개적으로 하며, 격려하여 하나님의 사업을 온전히 이루는 데 힘이 되어야 합니다.

④ 판단은 삼가야 하며, 어느 한 쪽 면만을 보고 쉽게 판단해서는 안됩니다. 또한 공동목표의 달성에 가장 효율적인 것이 무엇이며, 하나님이 기뻐하실 것인지를 먼저 생각해야 합니다.

⑤ 인간관계가 원만해야 하며, 회원 모두가 골고루 참여할 수 있는 사업을 기획하여야 합니다. 남을 비판하거나 험담을 삼가야 하며, 특히 남을 시기하는 태도가 있어서는 안됩니다.

⑥ 지도자는 권력의 행사자가 아니라 섬기는 자입니다. 하나님의 사역을 위임받은 자로서 기도하며, 말씀을 상고하며, 성령의 인도하심을 받아야 합니다.

⑦ 영적 지도자로서의 훈련과 말씀의 지혜, 통찰력과 하나님의 뜻에 의한 결단성, 진정한 용기와 겸손, 유머감각과 인내심, 우정, 행정능력, 재치와 사교성, 그리고 영감적 능력과 열심이 있어야 할 것입니다.

3) 지도자의 역할

영적 지도자는 사람들을 움직여 하나님의 일을 하게 하는 것입니다. 영적 리더는 자신이 이끄는 사람들의 목표와 야망을 채우려 하기보다는 하나님의 뜻을 이루어야 합니다. 지도력은 곧 '영향력' 입니다. 지도력은 궁극적으로 지도자(리더)의 기술이 아니라 지도자(리더)가 산출해 내는 결과로 평가됩니다.

영적 리더는 첫째, 사람들을 움직여 현재의 자리에서 하나님이 원하시는 자리로 가게 합니다. 둘째, 성령께 의존합니다. 셋째, 하나님께서 책임지심을 믿어야 합니다. 넷째, 하나님의 사람들 뿐 아니라 불신자에게도 영향을 미치게 됩니다. 다섯째, 하나님의 계획에 따라 일합니다.

예수님을 지도자의 모델로 하였을 때, 예수님은 계획을 세우거나 비전을 내걸지 않으시고 아버지의 뜻을 구하셨습니다. 예수님의 리더십의 핵심은 아버지와의 관계였습니다. 예수님 전체 사역의 특징은 "내가 아무것도 스스로 할 수 없노라"(요 5:30)는 고백에 압축되어 있습니다.

4) 교회의 영적 지도력

영적인 지도력이 행사되는 집단은 성장합니다. 교회의 집단은 하나님께 헌신적이며, 구성원들을 사랑하는 지도자를 필요로 합니다. 집단의 임원들을 영적 지도자로 성장시키는 것은 교회의 중요한 일입니다.

장로와 집사가 교회의 훌륭한 지도자로서 영적 지도력을 개발하기 위해서는 다음과 같은 사항을 고려하여야 합니다.

(1) 종의 지도력(리더십)

종은 주인에게 순종하는 특징이 있습니다. 종은 주인에게 명령하거나 주인을 지배하려고 하지 않습니다. 종은 다만 주인의 기쁨이 충만하기 위하여 주인을 섬깁니다. 이것이 성도를 향한 교회 지도자의 자세가 되어야 합니다. 교회 지도력은 교인들 위에 군림하거나 지배하는 지도력이 아닙니다. 교인들의 유익과 만족을 위해서 봉사하고 섬기는 리더십입니다(마 20:20-28, 막 10:20-28, 눅 22:24-30).

(2) 목자의 지도력(리더십)

목자는 양들을 푸른 초장으로 인도하여 꼴을 먹이고, 물가로 인도하고, 맹수로부터 양들을 보호하고, 양들에게 각각 이름을 지어주어 관심을 보여 주고, 양들이 번창하도록 양무리를 돌보는 역할을 합니다. 목자는 양들에게 화풀이하거나 손해를 입히지 않습니다. 이런 목자의 지도력이 교회의 리더십이 되어야 합니다. 교회의 지도자는 교인들을 돌보고 양육해야 합니다(요 10:1-18), 벧 5:1-4).

(3) 청지기의 지도력(리더십)

청지기는 주인으로부터 위임받은 일을 잘 감당하는 사람입니다. 그러므로 청지기는 맡겨진 일에 자율성과 적극성을 가지고 충성해야 하며, 책임감을 가지고 그 효율성도 높여야 합니다. 이처럼 교회의 지도자는 은사와 능력에 따라 그 효율성도 재고해야 합니다.

    이처럼 교회 지도자는 성도들을 위하여 그들을 섬기며, 돌보며, 효율적으로 사역하도록 부르셨다는 것을 믿어야 합니다. 그리고 이러한 주님의 부름에 강하고 담대하게 응답해야 합니다. 훌륭한 교회지도자가 되려면 하나님의 부름에 철저히 순종해야 하는 것입니다. 지도자가 되려면 먼저 따르는 자가 되어야 합니다.

    교회 지도자는 프로그램보다는 사람을 더 강조하고, 사람을 이용하기보다는 사람을 계발시켜 주는데 관심을 가져야 합니다. 그리고 왜 내게 양들을 맡기셨는가를 생각하고, 무엇으로 양들을 돌볼 것인가에 초점을 맞추며 잘 양육할 수 있는 능력을 갖추어야 합니다.

부록

회의와 의사결정

1. 회의

1) 회의의 의의

교회이건 사회이건 어떤 형식의 집단이 구성되면, 거기에는 회의가 구성됩니다. 회의란 집단이 공동문제를 해결하기 위해 집단 구성원들의 의견을 모아서 최선의 방법을 강구하는 수단입니다. 따라서 일반적인 대화나 단순한 토론 또는 토의가 아니라, 특정한 의제 또는 문제를 해결하기위한 조직적인 진행법에 의해서 규칙적으로 운영되어지는 것이 회의입니다.

그러므로 회의는 조직의 활동기반인 동시에 대화의 장이 되며, 하나의의견으로 일치를 기할 수 있는 의사소통의 창구 역할을 담당합니다. 따라서 인간관계와 의사소통의 장이 되며, 동시에 회원 개인의 사고와 창의성을 발휘할 수 있는 기회가 회의를 통하여 주어집니다.

특히 교회 각 기관의 회의는 하나님의 뜻을 발견하고, 그 뜻을 이루기 위한 것이므로 더욱 신중을 기하여야 합니다. 각 회원들도 인간이므로 서로의 의견이 차이가 있게 마련이며, 조그만 마찰이나 갈등도 큰 영향을 미치는 것이 교회의 일입니다.

그리고 회의란 회의 의결기구로서 의사 결정을 이루는 역할을 합니다. 의사결정에 있어서 몇 가지 중요한 내용을 요약하면 다음과 같습니다.

① 문제의 인식결정하고 해결해야 할 문제가 무엇인지를 정확하게 파악하도록 합니다. 문제의 가치성. 필요성, 목적 달성의 여부와 결과의 전망을 분명히 해야 합니다.

② 문제의 분석회의 전에 문제(안건)에 대하여 정확한 정보를 가지고 분석하고 평가하는 것이 중요합니다. 사전 지식이나 분석이 없는 의사는 회의를 지루하게 하고, 성과 없이 마치는 결과를 초래하기 때문입니다.

③ 의사결정 방향의사 결정은 가치, 필요, 시간, 효율, 위험율, 경제성 등을 충분히 고려하여야 하며, 특히 실행 가능한 것이어야 합니다. 충분한 토의와 연구를 하는 것이 바람직하며, 누구에게 떠맡기는 식으로 결정을 내리는 것은 피하여야 합니다. 결정한 사항은 회원 모두가 공동으로 실행하는 자세가 필요합니다.

2) 회의의 목적

회의란 조직이나 단체의 목적을 달성하기 위하여 회원들의 뜻을 한데 모으는 하나의 의사 활동입니다. 회원들로 하여금 주어진 문제나 업무에 대하여 의견을 발표하고, 서로 비교하여 봄으로써 가장 좋은 방향으로 해결의 방법을 모색하는데 회의의 목적이 있습니다.

회의를 개최함으로써 다음과 같은 효과를 얻을 수 있습니다.

① 참가자에게 정보나 지시의 내용을 확실하게 이해시킬 수 있습니다.

② 업무에 대한 조정과 정보교환을 통하여 중지를 모을 수 있습니다.

③ 의견의 교환을 통하여 참가자의 지식과 경험을 통합할 수 있습니다.

④ 참가자의 지식, 경험, 의견을 들어서 좀 더 좋은 계획을 수립할 수 있고, 문제해결을 꾀할 수 있습니다.

⑤ 참가자의 실행의욕을 높일 수 있습니다.

⑥ 다수를 참여시킴으로써 사기를 높이고 소속감을 기를 수 있습니다.

⑦ 자기 계발과 상호계발의 기회가 됩니다.

3) 회의의 종류

회의는 집단의 성격, 기능, 역할에 따라서 다양한 형태로 분류될 수 있으며, 회의의 형식은 크게 기간별, 의식별, 내용별로 구분할 수 있습니다.

(1) 기간별 분류

정기회의와 임시회의로 분류됩니다. 정기회의는 회칙에 명시된 기간에 소집되는 회의로서 정기총회, 월례회 등이고, 임시회의는 비정기적으로 소집되어지는 것을 말합니다.

(2) 의식별 분류

정식회의와 약식회의가 있습니다. 정식회의는 회의의 형식과 절차를 지켜서 진행되는 것이고, 약식회의는 비교적 자연스런 상태에서 진행되는 회의를 말합니다.

(3) 내용별 분류

공개회의와 비공개회의가 있습니다. 비공개회의는 정회원만 참가하며, 비밀이 요구되는 의제를 다룰 때에 취해지는 형식입니다. 그리고 보고회, 발표회, 설명회와 같은 것은 공개적이며, 회의의 형식과 절차를 따지지 않고 진행되는 것이 보통입니다.

(4) 목적별 분류

정보전달 회의, 토의회의, 토론회의가 있습니다. 정보전달 회의는 어떤 정보를 전달하기 위해서, 전달할 정보와 관계 있는 사람들이 함께 모여 그 정보에 대한 의견 교환을 나누는 것으로서, 강연회, 보고회, 발표회, 설명회 등이 있습니다. 토의회의는 주로 어떤 문제의 해결을 위해 의견을 나누고 결론을 이끌어내는 회의로서, 우리가 흔히 말하는 총회, 임원회, 월례회 등이 있습니다. 토론회의는 어떤 주제에 대하여 주제 설명을 하고, 그에 대하여 질의와 응답을 갖는 형태의 회의로서, 주로 연구나 정책 세미나와 같은 것으로, 패널토의(panel discussion), 심포지움 (symposium), 포럼(forum) 등이 있습니다.

4) 교회의 회의 종류

교회에는 우선 공동의회(연회), 당회, 제직회, 장로회, 집사회, 권사회, 청년회, 학생회, 전도(선교)회와 같은 조직 구성으로서의 회가 존재합니다. 그리고 찬양(성가)대, 주일학교(교회학교), 구역(속회)이나 셀조직 등등, 많은 기관이 존재합니다.

대부분의 회나 기관은 회의를 하게 마련이며, 그 회의의 종류는 다음과 같습니다.

(1) 정기총회

정기총회는 1년에 1회, 회칙에 규정한대로 회장이 소집하며, 회의의 의제도 회칙에 규정되어 있는 것이 예입니다.

① 회의 소집 – 회장은 정기총회 개최 1-2주 전에 회칙에 정한 바, 회의 일시, 장소, 시간, 회의의 의제를 분명히 밝혀서 회원들에게 공고하여야 합니다.

② 정기총회의 성수(成數) – 주로 회칙에 명시되어 있으며, 대개 재적회원의 과반수 이상으로 합니다.

③ 의제(議題) – 회의의 내용은 사업보고, 사업계획, 예·결산의 승인, 회칙의 수정, 임원의 개선, 기타 중요한 안건을 처리합니다.

(2) 임시총회

임시총회는 임원회의 요구나 재적회원 과반수의 서명된 요구가 있을 때에 회장이 소집하며, 임원의 보궐선거나 중요한 안건을 처리합니다.

(3) 임원회

회장이 필요하다고 생각하거나, 임원 과반수 이상의 요구가 있을 때 회장이 소집하며, 정기총회 또는 임시총회에서 위임한 사항이나 운영상 중요한 안건을 처리합니다.

(4) 월례회

월례회란 매월 정기로 소집되는 회원 전체회의로서, 지난달의 사업결과 및 재정사항에 대한 보고를 받고, 내달의 사업계획과 예산에대하여 승인하며, 기타 필요한 사항을 의논합니다.

(5) 각 부서회의

각 부서회의는 회장 또는 총무가 소집하며, 임원회 또는 월례회에서 위임한 사항이나 각 부서에서 필요한 사항에 대하여 의논합니다.

5) 회의의 원칙

(1) 발언 및 토론 자유의 원칙

회의에서 회원들에게는 발언 및 토론의 자유가 보장되는 것을 말합니다. 그러나 다음의 경우에는 '발언의 자유' 가 제한됩니다.

① 회의를 방해하기 위하여 고함치는 일

② 타인을 비난하거나 욕하는 일

③ 혼자서 계속 발언하는 일

④ 타인의 발언 도중에 이를 가로막는 일

⑤ 기타 회의 진행에 방해하는 경우.

(2) 회의 공개의 원칙

회의는 비공개로 해서는 안 되며, 공개되어야 한다는 원칙입니다.

(3) 정족수의 원칙

정족수란 회의가 성립할 수 있는 회원의 참석 수와 회의의 의결을 위해서 요구되는 수를 말합니다.

① 의사정족수(議事定足數) - 회의 진행에 필요한 인원 수를 말합니다.

· 재적인원의 과반수 이상(일반적임)

· 재적인원 1/4이상(국회법)

· 재적인원 2/3이상(비교적 구성원의 수가 작을 때)

② 의결정족수(議決定足數) - 안건을 결정할 때 필요한 인원 수

· 출석인원 과반수의 찬성으로 의결(일반적임)됩니다. 단, 가 · 부 동수이면 부결되거나(헌법 제85조), 의장이 결정권을 행사할 수도 있습니다 (영국의 캐스팅 보우트; casting vote).

· 대체적으로 재적인원 과반수의 출석으로 개회가 되며, 출석인원 과반수의 찬성으로 의결한다.

  * '반수 이상'이란 1/2 이상을 말함.

* '과반 수 이상'이란 1/2은 포함되지 않는 그 이상을 의미함.

예) 45명의 과반수는, 45 x 1/2 = 22.5

∴ 23명 이상이어야 합니다.

40명의 과반수는, 40 x 1/2 = 20

∴ 21명 이상이어야 합니다.

(4) 1의제의 원칙

처리해야 할 안건이 2개 이상이라도 한꺼번에 상정(上程; 의안을 올리는 것)하지 않고 따로따로 회의에 올려서 처리해야 된다는 원칙입니다. 이것은 안건에 대한 토의를 신중하게 하고 처리하기 위한 것입니다.

(5) 회기 불계속의 원칙

회기 중에 처리되지 못한 안건은 회기 종료와 더불어 폐기된다는 원칙입니다.

(6) 일사부재리의 원칙

일사부재리(一事不再理)란 한번 부결된 안건은 그 회기 중에 같은 내용으로 다시 제안 할 수 없다는 원칙입니다.

(7) 기타

① 다수결의 원칙

② 중립성의 원척

③ 평등보장의 원칙

④ 폭력부정의 원칙

⑤ 소수의견 존중의 원칙

6) 회의의 기본 용어

(1) 동의(motions)

동의(動議)란 어떤 안건을 제안하는 것을 말합니다. 이것은 "나도 그와 같은 의견입니다"라고 하는 동의(同意: agree- ment)와는 의미가 다른, "나는 이러한 안건을 제안합니다"라고 최초로 의견을 제시하는 것을 말합니다. 그리고 동의는 구두나 서면으로 할 수 있습니다.

① 원동의 - 원동의는 최초의 동의이며, 재청이 있어야 의안으로 채택되어집니다.

② 2차동의 - 원동의를 제외한 동의로서, 원동의를 수정하거나 보완, 또는 반대하는 동의를 말합니다.

동의를 처리하는 우선순위는 다음과 같습니다.

① 다음 회의의 일시에 대한 결정

② 폐회의 결정

③ 휴회의 결정

④ 보류의 결정

⑤ 토론의 종결

⑥ 유기 연기

⑦ 위원회 회부

⑧ 재수정동의(재개의)

⑨ 수정동의(개의)

⑩ 원동의

(2) 수정동의(개의 : amendment)

수정동의는 원동의에 대한 수정안(수정, 삭제, 보충, 대치 등)을 제시하는 것을 말합니다. 그리고 수정동의에 대한 수정안은 재개의라고 합니다. 수정안의 처리는 하나의 수정동의가 처리되지 않은 상태에서는 또 다른 수정동의를 할 수 없습니다. 수정동의는 "나는 원동의의 ~를 ~로 수정하여 동의합니다"라고 합니다.

(3) 긴급동의(urgent motions)

긴급한 의견을 우선 처리할 것을 요구하는 동의로서, 회의 일시를 정하는 것, 폐회나 휴회의 동의 등이 있습니다. 다만 발언 중이거나 투표가 진행되고 있는 중에는 할 수 없습니다.

또한 폐회 시간이 정하여져 있는 경우에는 폐회동의는 할 수 없으며, 다음 장소에 관한 토론이 진행되고 있는 경우에는 긴급동의를 할 수 없습니다.

(4) 동의의 철회(withdrawal)

동의의 철회란 자신이 제안한 동의를 취소하는 것을 말합니다. 동의의 철회 시기는 다음과 같습니다.

① 동의에 재청이 있기 전(기록에서 삭제함)에는 철회할 수 있습니다.

② 동의에 재청이 있고 의장이 재언명(再言明: 분명하게 다시 한 번 말하는 것) 하기 전에 철회할 수 있습니다.

③ 수정동의에 원동의자가 합의하면 원동의는 철회된 것으로 봅니다.

④ 철회의 반대자가 없으면 보류나 연기된 동의는 철회할 수 있습니다.

(5) 재청(seconding)

동의안에 대하여 관심의 표시를 하는 사람이 있어야 그 동의안을 안건으로 받아들일 수 있습니다. 재청은 곧 동의에 대하여 안건으로 받아들이기 원한다는 의미로서, 의장이 "재청이 있습니까?"라고 물을 때 "재청합니다" 라고만 하면 됩니다. 동의에 재청했다고 반드시 그 동의에 찬성해야 할 의무는 없습니다. 재청이 없으면 그 동의는 자동적으로 폐기 됩니다.

(6) 토론(debate)

토론은 동의에 대한 찬성 또는 반대의 의견을 듣는 과정을 말합니다. 동의와 재청이 있으면 의장은 "동의에 관하여 토론이 있습니까?"라고 물으면, 각자 동의에 대한 의견을 발표하게 됩니다. 이 과정을 통해서 이 안이 자세하게 이해되고 다듬어지게 됩니다. 토론은 어떤 한 사람의 주장이 아니라 문제의 해결을 위한 노력이므로, 엉뚱한 방향으로 흐르지 않도록 규칙 발언이나 질문을 통해서 의장은 잘 유도하여야 합니다.

토론의 우선순위는 원동의자, 반대 의견을 가진 자, 발언을 하지 않은 자, 동의안에 대한 경험이 있는 자 순으로 하는 것이 좋습니다.

토론의 종결은 토론 종결의 동의가 있거나, 심의의 반대, 보류, 위원회 피부, 연기 등의 2차동의, 또는 폐회동의가 있으면 종결됩니다. 폐회, 휴회, 토론종결, 보류, 규칙발언, 동의의 철회 요구, 회의 진행에 대한 발언에 대해서는 토론할 수 없습니다.

(7) 표결(voting)

표결은 안건에 대한 의사결정 수단입니다. 하나의 안건에 한 번의 표결 기회가 주어지며, 다수결의 원칙이 적용됩니다. 표결의 방법은 구두, 기립, 거수, 투표, 호명 등으로 할 수 있으며, 표결의 순서는 재개의, 개의, 원동의 순으로 하며, 찬성, 반대의 순으로 합니다.

표결은 회칙에 규정한대로 결정하며, 가부동수(tie vote)일 때는 의장이 결정을 할 수도 있습니다. 만일 투표표결 이외의 결과에 대해서는 회장이 가부동수임을 선언한 후에도 회원이 가에서 부로, 부에서 가로의 변경 요구가 있으면 승락할 수 있으며, 결과도 변경될 수 있습니다.

(8) 보류와 연기(postponement)

어떤 안건의 처리를 연기하는 것으로서, 보류, 유기연기, 무기연기가 있습니다. 보류된 안건은 재상정 가결이 있으면 다시 동의할 수 있으며, 유기연기는 일정한 기간이 지나야 합니다.

그러나 무기연기는 사실상 폐기된 것으로 보아야 합니다. 보류는 재청이 있으면 토론 없이 표결하며, 그 동의는 진행 중인 발언을 방해하지 않으면 언제나 가능합니다. 하나의 안건이 보류되면 2차동의도 함께 보류됩니다.

(9) 공소(appeal)

공소란 의장의 잘못된 회의 진행에 대하여 "규칙이오." 또는 "법이오" 라고 함으로, "본인은 의장의 ~에 대하여 공소합니다"라고 이의를 제기하는 것입니다. 공소 제기에는 어떤 경우에도 우선되며, 제청이 있으면 토론도 가능하며, 표결로 처리합니다.

공소는 다음과 같은 경우에 합니다.

① 회의 규칙이나 규정에 위반되는 경우

② 의장의 수정여부의 결정, 수정의 합법성 결정

③ 규칙발언에 대한 결정이나 발언 중지의 결정

④ 발언권에 관한 결정 등.

(10) 의사봉(gavel)

의사봉은 의장이 회의진행 과정에서 중요한 진행 내용을 참석자들에게 분명히 알릴 때 사용합니다.

① 회의의 시작

② 의안의 심의

③ 의안의 가결 또는 부결 결정

④ 회의의 종료

⑤ 정회나 휴회

⑥ 회의의 속개 등.

(11) 폐회(adjournment)

회기를 종료시키는 것을 폐회라고 하며, 정해진 시간에 의해서 폐회될 수도 있고, 폐회 동의로서 폐회를 할 수도 있습니다. 폐회 시에는 다음 회의의 일시와 장소를 결정해야 하며, 폐회시 미결 안건들은 모두 그 효력을 상설하게 됩니다. 그러나 다음 회기에 다루기로 결정하였을 경우에는 다음 회기에 다루게 됩니다.

7) 회의 진행과 순서

(1) 회의의 계획

회의의 사전준비가 잘되어 있으면 회의가 무리 없이 진행되고, 기대하는 바 성과를 거둘 수 있습니다. 회의의 사전준비가 완벽하게 되려면 사전에 회의의 목적을 명확히 파악하여야 될 것입니다.

① 회의를 열 것인지 말 것인지를 결정합니다.

② 회의진행의 계획을 세웁니다.

③ 필요한 자료를 정리하고 전원에게 통지합니다.

④ 회의장을 정리합니다.

(2) 회의의 준비

회의를 개회하기 전에 준비하여야 할 사항은 다음과 같습니다.

① 의제(議題)의 선정 – 회의를 소집하는 이유, 즉 회의를 통해서 해결해야 할 중요한 안건을 선택하는 일을 말합니다. 의제는 회의를 통해서 반드시 해결되어야 할 것인가를 미리 임원회에서 검토하여서 선정해야 합니다.

② 회의 장소 – 회의의 장소는 모이는 인원과 회의를 진행하기에 불편함이 없는 곳을 선택해야 합니다. 그리고 회의를 위한 준비가 되어 있어야 합니다.

다음 그림은 회의의 장소를 보여 줍니다.

회의장은 조명이 흐리지 않아야 하며, 인원이 많으면(약 30명 이상) 마이크가 준비 되어야 합니다. 그리고 회의 순서를 인쇄해서 나누어 주거나 또는 흑판에 기록해 두는 것이 좋으며, 회의에 필요한 모든 준비물을 검토해서 갖추어 놓아야 합니다. 특히 임원선거가 있으면 투표용지를 준비하는 것을 잊어서는 안 됩니다.

③ 회의 일시 – 회의의 일시는 모든 회원이 참석할 수 있는 날자와 시

간을 선택해야 합니다. 특히 중요한 안건을 처리하기 위해서는 회원들이 빠짐 있이 참석하도록 해야 합니다.

④ 회의의 공고 – 회의의 공고는 충분한 기간을 두고 모든 회원들에게 공고되어야 합니다. 공고의 내용은 회의의 의제, 회의의 장소, 회의시간, 회의의 참석 대상, 기타 필요한 사항을 명시하여야 합니다. 공고는 최소한 회의소집 1주일 전에 하여야 하며, 공고의 방법은 정식 공문서로 하는 것이 원칙이며, 게시판을 사용하거나 광고 시간에 공고하여도 됩니다.

8) 회의의 진행자

(1) 사회자 ; 의장(chairman)

회의를 사회하는 사람을 의장이라고 하며, 주로 각 기관의 회장이 의장이 됩니다.

의장은 회의를 소집하고 안건을 발제하며, 발언권을 부여하는 권리가 있습니다. 회칙에 따라 회의를 관장하며, 회의 결과를 선포합니다. 회의에 있어서 의장은 동의에 대한 찬성이나 반대에 관하여 토론할 수 없습니다. 다만 보충 설명이나 회원의 요구가 있을 때에만 동의에 관하여 발언할 수 있습니다.

표결 투표에는 의장의 투표권 행사는 가능하나, 구두 표결에는 참가할 수 없습니다. 다만 의장이 의장석을 떠나서는 가능합니다. 무엇보다 중요한 것은 의장이 본 회의의 목적과 해결해야 할 문제의 방향에 관하여 정확한 정보와 이해를 가지고 회의의 방향을 이끌어야 하는 것입니다.

의장의 역할은 다음과 같습니다.

① 회의를 소집하고 안건을 제시합니다.

② 회의를 진행하며 의사결정을 유도합니다.

③ 회원에게 발언권을 부여합니다.

④ 회의의 질서를 유지합니다.

⑤ 회의록에 정확한 기록 여부를 확인합니다.

의장은 회의에 대한 지식을 갖추고 경험이 많아야 합니다.

특히 토의할 안건에 대하여 자세히 알고 있어야 하며, 해결(결정)되어야 할 방향에 대하여 예측할 수 있어야 하며, 되도록 바람직한 방향으로 결정되도록 회의를 운영할 수 있어야 합니다.

(2) 서기(a clerk)

서기는 일반서기와 회의록 서기가 있습니다. 일반서기는 회의에 있어서 의장을 도우며, 회의의 사항을 정리, 기록, 보존하는 일을 담당합니다. 그리고 회의록 서기는 회의 진행의 전 과정을 상세하게 기록하여 보존하는데 필요한 회의록을 기록하는 일을 담당합니다.

① 회의장 및 회의의 준비를 합니다.

② 회의 사항을 정리 기록합니다.

③ 회원 점명을 하고 그 결과를 회장에게 보고합니다.

그리고 회의록 서기는 다음과 같은 사항을 기록합니다.

① 회의 일시, 장소, 사회자, 서기

② 회원점명 사항

③ 예배의 내용

④ 회의 순서에 따른 상세한 내용(표결 결과와 결의사항, 동의와 재청자의 이름, 표결방법과 결과 등)

⑤ 각종 보고사항과 기타 중요한 사항.

9) 회의 진행의 방법

(1) 의제 설명

회의를 원활하게 이끌어 가기 위해서는 먼저 참가자의 마음을 편안하게 한 다음 회의 의제를 소개합니다. 모두가 함께 의논할 문제를 확실히 명시하고, 문제에 관계되는 필요한 정보나 자료들을 설명하여, 회의 목적을 명확하게 합니다. 이렇게 하면 참가자의 관심도가 높아지고 문제에 대한 주의력이 집중됩니다.

(2) 의견 도출

문제에 관계되는 참가자의 생각이나 의견을 질문을 통해 이끌어 냅니다. 그리고 문제에 관계되는 참가자의 경험이나 정보도 이끌어 냅니다.

(3) 의사 결정

모두가 내 놓은 의견이나 생각이나 정보를 질문으로 비교하거나, 구별하거나, 통합하거나, 문제해결에 도움이 되는 의견이나 생각을 서로 식별하고 평가하도록 합니다. 그리고 점차 모두의 의견이나 생각을 일치시키고 결론으로 이끌어 갑니다.

(4) 정리

마지막으로 전체의 회의를 정리합니다. 동의를 얻은 결론이나 일부의
주요 의견을 다시 한 번 확인시킵니다.

10) 회의의 순서

(1) 정기총회

① 회원점명

② 개회선언

③ 회순채택

④ 전회록 낭독

⑤ 경과보고(서기)

⑥ 사업보고(총무, 각부)

⑦ 회계보고(회계)

⑧ 기타보고

⑨ 회칙수정

⑩ 임원개선

⑪ 각부조직

⑫ 사업 및 예산승인

⑬ 안건토의

⑭ 회의록 채택

⑮ 광고

⑯ 폐회선언

(2) 임원회, 월례회, 각 부서회의

① 회원점명

② 개회선언

③ 전회록 낭독

④ 회계보고

⑤ 각부보고

⑥ 안건토의

⑦ 회의록 채택

⑧ 광고

⑨ 폐회 선언

교회에서는 회의를 시작하기 전에 기도회 또는 예배를 드리는 것이 예의입니다. 예배를 드리는 이유는 회의가 하나님의 뜻대로 이루어지기를 간구하는 것입니다.

모의 회의

1. 회원점명

〈서기〉 "회원점명을 하겠습니다. 이름을 부를 때에 큰 소리로 '예'라고 답해 주시기 바랍니다"라고 한 후 회원 명단을 불러 출석을 확인하고, 재적인원과 출석인원을 기록하여 의장에게 보고합니다.

서 기 : "재적인원 00명중 00명이 출석하였습니다."

2. 개회선언

〈의장〉 의장은 서기의 회원점명 보고를 받은 후 성수 여부를 결정하여 개회를 선포합니다. 성수는 회칙에 규정한 대로 합니다.

의　장 : "회칙 제0조에 의하여 성수가 됨으로 회의 개회를 선포합니다." (의사봉을 세 번 두드린다)

3. 의장인사

〈의장〉 개회선언을 하고 간단하게 회의에 대한 안내와 끝까지 협조해 줄 것을 바라는 인사를 합니다.

4. 회순채택

회순의 채택은 서기가 흑판에 기록하여 놓거나 또는 인쇄물을 나누어 주고, 그 순서를 검토하여 회의의 순서를 정하는 일입니다.

의　장 : "회의 순서에 대하여 이의가 있는 회원은 말씀해 주시기 바랍니다."

회원 1 : "회의 순서는 나누어 준 유인물 그대로 진행하기를 동의합니다."

의　장 : "회원1이 나누어 준 유인물 그대로 진행하기를 동의하였습니다. 재청 있습니까?"

회원 2 : "재청합니다."

의　장 : "회원2가 재청하였습니다. 다른 분 이의 없습니까?" (없으면) "그러면 회의순서는 원안대로 승인되었습니다."

(의사봉을 세 번 두드린다)

의 장 : "전 회의록 낭독 순서입니다. 누락되었거나 정정할 부분이 있으면 말씀해 주시기 바랍니다. 서기는 전 회의록을 낭독해 주십시오."

서 기 : (전 회의록을 낭독합니다.)

회원 3 : "의장! 의견이 있습니다."

의 장 : "회원3, 말씀해 주십시오."

회원 3 : (정정할 부분에 대하여 말합니다.)

의 장 : (회원 3의 의견에 대하여 이의 여부를 확인하고, 이의가 없으면 통과시킨다. 만일 이의가 있으면 재차 토론과정을 거쳐서 정정합니다.)

회원 4 : "의장!"

의 장 : "회원4, 말씀하십시오."

회원 4 : "전 회의록은 정정할 부분이 더 이상 없으므로 정정된 유인물로 받기를 동의합니다."

의 장 : "회원4가 전 회의록은 정정할 부분이 더 이상 없으므로 정정된 유인물로 받기를 동의하였습니다. 동의에 재청 있습니까?

회 원 5 : "재청합니다."

의 장 : "이의 있습니까?" (잠시 후 이의가 없으면) "이의가 없으면 전 회의록은 정정한 대로 승인되었습니다." (의사봉을 세 번 두드린다.)

6. 서기보고

〈서기〉 서기는 1년간 경과보고를 합니다. (출석, 등록, 이사, 제명, 상벌 등등)

의 장 : (서기보고가 끝나면) "서기보고에 이의가 있으면 말씀해 주십시오."

회원 6 : "서기보고를 그대로 받기로 동의합니다."

의 장 : "회원6이 서기보고를 그대로 받기를 동의하였습니다. 재청 있습니까?"

회 원 7 : "재청합니다."

의 장 : "회원7이 재청하였습니다. 이의 있습니까?" (잠시 후 이의가 없으면) "그러면 서기보고를 그대로 받을 것이 승인되었습니다." (의사봉을 세 번 두드린다.)

7. 사업보고와 회계보고

경과보고와 같은 순서로 승인합니다.

8. 회칙수정

회칙은 정기총회에서만 수정이 가능하며, 미리 인쇄하여 회원들에게

나누어 주는 것이 좋습니다. 회칙의 전반적인 수정이 요구될 때는 '수정
안'을 나누어 주고, '수정안'에 대하여 토론한 후에 표결로 결정할 수도
있습니다.

　의　장 : "회칙수정 시간입니다. 회칙수정의 방법에 대하여 말씀해 주십
시오."

　회원 8 : "서기가 회칙을 읽으면서 수정하는 것이 좋겠습니다."

　의　장 : "회원6이 서기가 회칙을 읽으면서 수정할 것을 동의하였습니
다. 재청 있습니까?"

　회원 9 : "재청합니다."

　의　장 : "다른 의견 없습니까?"

　회원10 : "회칙수정이 필요하다고 생각되는 분은 먼저 의견을 제시한
후, 그 부분에 대하여서만 수정하는 것이 좋겠습니다."

　의　장 : "개의가 들어왔습니다. 개의에 재청 있습니까?"

　회원11 : "개의에 재청합니다."

　의　장 : "또 다른 의견이 있습니까?" (없으면) "표결하겠습니다. 먼저
개의에 대하여 찬성하시는 분은 거수해 주십시오." (서기가 숫자를 확인
합니다.) "다음은 동의에 찬성하는 분은 거수해 주십시오." (서기가 숫자
를 확인합니다.) "서기는 결과를 보고해 주십시오."

　서　기 : "개의집에 0표, 동의집에 0표입니다."

　의　장 : "개의집이 0표로서 참석인원 과반 수 이상이므로 개의가 가결
되었습니다. 그러면 회칙수정이 필요하다고 생각되시는 분은 의견을 말
씀해 주십시오."

회원12 : "의장. 회칙 제0조 0항에 '부회장 남 1명' 으로 규정되어 있는 것을 '남?여 각 1명' 으로 수정할 것을 동의합니다."

의 장 : "회원 12가 회칙 제0조 0항의 '부회장 남 1명' 을 '부회장 남 · 여 각 1명' 으로 수정할 것을 동의하였습니다. 재

청 있습니까?"

회 원13 : "재청합니다."

의 장 : "재청이 있습니다. 또 다른 의견이 있습니까?"

회원14 : "회원 13의 동의에 대하여 '부회장 남?여 각 1 명' 을 '부회장 여 1명' 으로 할 것을 수정동의 합니다."

의 장 : "수정동의가 들어 왔습니다. 재청 있습니까?"

회원15 : "재청합니다."

의 장 : "재청이 있습니다. 다른 의견 없습니까?" (없으면)

"이제 토론을 하도록 하겠습니다. 먼저 동의안부터 설명을 듣겠습니다. 회원 12는 동의에 대하여 설명해 주십시오."

회원12 : (동의에 대하여 설명을 합니다.)

의 장 : "동의에 대하여 토론하실 분은 말씀해 주십시오."

(토론이 끝나면) "다음은 개의에 대하여 설명과 토론을 하겠습니다. 먼저 회원 14는 개의에 대하여, 설명해 주십시오."

(회원14의 설명과 찬성과 반대의 토론이 끝나면) "다른 의견 없습니까? 없으면 이제 표결에 붙이도록 하겠습니다. 회칙제0조에 회칙의 수정은 참석인원 1/3의 찬성이 었어야 수정할 수 있습니다. 표결 방법은 거수로 하겠습니다. 먼저 개의에 찬성하시는 분은 거수해 주십시오." (서기는 숫

자를 확인합니다.) "다음은 동의에 대하여 찬성하시는 분은 손들어 주십시오." (서기는 동의에 거수한 숫자를 확인합니다.)

의장은 개의와 동의의 표결에 앞서서 개의와 동의를 다시 한 번 분명하게 알려 주어야 합니다.

의　장 : "서기는 결과를 보고해 주시기 바랍니다."

서　기 : "개의의 찬성은 00표, 동의의 찬성은 00표입니다."

의　장 : "개의집 찬성이 00표로 1/3의 찬성이 되었으므로, 회칙 제0조는 '부회장 남 1명'을 '부회장 여 1명'으로 수정되었음을 공포합니다." (의사봉을 세 번 두드린다.) "서기는 회칙 제0조를 결의대로 수정해 주시기 바랍니다." (의장은 서기에게 수정한 회칙을 다시 낭독하여 확인합니다. 그리고 계속 수정할 것을 수정합니다.)

9. 임원개선(선거)

의　장 : "지금 시간은 새해의 새로운 일꾼을 선출하는 시간입니다. 먼저 기도함으로서 임원선거에 들어가도록 하겠습니다." (의장이 기도를 합니다. 기도 후에) "그러면 먼저 임원선거의 방법에 대한 의견을 듣겠습니다. 의견이 있으면 말씀해 주십시오."

회원16 : "임원선거는 회칙 제4장에 규정한대로 시행하되, 회장과 부회장은 동시에, 기타 임원(총무, 회계, 서기)은 1회에 실시하도록 하는 것이 시간 절약이 되겠습니다."

의　장 : "시간 절약을 위하여 회장과 부회장을 한 번에, 나머지 임원을 한 번에 선출하자는 의견이 나왔습니다. 다른 의견 없습니까?"

회원17 : "의장, 임원선거는 우리 학생회의 일꾼을 뽑는 매우 중요한 일인 만큼 신중히 생각해야 하므로 한 명씩 각각 선출하는 것이 좋겠습니다."

의　장 : (회원16과 17의 의견에 대하여 재청 여부와 토론을 한 후 결정을 합니다. 결과는 회원16의 안이 결정되었다.) "그러면 임원선거의 방법은 회칙 제4장의 규정대로 하되, 회장과 부회장을 한 번에, 나머지 임원을 한 번에 선출하겠습니다."

선거위원을 소개하고, 다음은 후보자들을 소개한다.

"회칙 제12조에 의하여 등록된 회장과 부회장의 입후보자는 다음과 같습니다." (후보자를 소개합니다. 후보자는 간단하게 자기소개를 하도록 합니다.) "이제 투표용지에 기록되어 있는 회장과 부회장 후보자의에 각각 1명씩만 표하여 주시기 바랍니다. 선거위원은 투표용지를 나누어 주십시오." (투표가 끝나면) "이제 개표하겠습니다." (개표가 끝나면) "선거위원은 개표를 하여주시기 바랍니다." (개표가 끝나면) "선거위원은 개표 결과를 발표해 주십시오."

선거위원장 : (개표결과를 발표합니다.)

의　장 : "투표결과 회장에는 00가, 부회장에는 00가 1/3이상의 찬성을 얻었으므로 각각 회장과 부회장에 당선되었습니다." (의사봉을 세 번 두드린다.) "다음은 총무, 회계, 서기 투표를 실시하겠습니다. 회칙 제12조 제1항에 의하여 총무, 서기, 회계의 추천을 받겠습니다. 추천 수는 제14조의 규정대로 3명이며, 추천인은 2인 이상입니다. 이제 총무 추천을 받겠습니다."

　회원19 : "000을 총무로 추천합니다."

　의　장 : "재청(또 한 명의 추천자)이 있습니까?"

　회원20 : "재청합니다."

　의　장 : "재청이 있습니다. 000은 총무 후보로 등록되었습니다. 서기는 기록하여 주시기 바랍니다." (이와 같이 서기, 회계도 각각 추천을 받는다.) "후보자 인사를 받겠습니다." (후보자를 소개합니다.) "그러면 이제 투표를 하겠습니다." (투표, 개표가 끝나면 결과를 발표하고, 의사봉을 세 번 두드린다.)

10. 신 · 구 임원 교체식

　의　장 : "이제 신 · 구임원 인사와 교체식을 갖겠습니다.

　신 · 구 임원 모두 앞으로 나와 주시기 바랍니다." (모두 나오면 의장은 먼저 구임원들을 소개하고, 다음 신임원들을 소개합니다. 이때 임원들은 각자 간단하게 소개와 인사를 하도록 합니다. 회원들은 격려의 박수를 보낸다. 마지막으로 의장은 새 회장에게 의사봉을 전달함으로 임원 교체가 끝난다.)

11. 안건토의

　의　장 : "이번 총회에서 긴급히 다룰 안건은 이미 공고된 바와 같이 '어르신들을 위한 잔치에 관한 건' 입니다. 이제 제안자인 봉사부장의 제안 설명을 듣고 결정하기로 하겠습니다. 봉사부장은 제안 설명을 해 주시기 바랍니다."

봉사부장 : (제안 설명을 합니다.)

의　장 : "제안 설명이 다 끝났습니다. 질문할 사항이 있으면 말씀해 주십시오."

회원23 : "장소와 교통편은 어떻게 됩니까?"

봉사부장 : (질문에 답변을 합니다.)

의　장 : "다른 질문 없습니까? 질문이 없으면 토론에 들어가겠습니다. 토론하실 분은 말씀해 주십시오."

회원24 : "의장!"

의　장 : "회원24는 말씀하십시오."

회원24 : (어르신들을 위한 잔치에 대한 어려움을 말하면서 반대를 합니다.)

회원25 : "의장!"

의　장 : "회원25는 말씀하십시오."

회원25 (잔치의 의의와 자세한 방법을 설명하고, 계속해서 찬성과 반대의 토론이 계속 된다. 그러던 중에 회원26이 발언을 합니다.)

회원26 : "의장!"

의　장 : "말씀하십시오."

회원26 : "잔치 대신에 온천여행을 보내는 것으로 수정동의를 합니다."

의　장 : "회원26이 동의에 대한 수정동의 안을 내어 놓았습니다. 재청 있습니까?"

회원27 : "재청합니다."

의　장 : "회원26은 수정동의에 대한 자세한 방법을 설명해 주십시오."

회원26 : (방법을 설명합니다. 질문과 토론이 진행되는 중에 회원28이 발의합니다.)

회원28 : "의장, 토론종결을 동의합니다."

의　장 : "토론종결 동의가 들어왔습니다. 재청 있습니까?"

회원29 : "재청합니다."

의　장 : "이의 있습니까?"

회원들 : "없습니다."

의　장 : "그러면 표결에 들어가겠습니다. 표결은 거수로 하겠습니다. 먼저 수정동의안부터 묻겠습니다. 수정동의에 찬성하시는 분은 거수해주십시오." (이때 의장은 수정동의 안을 다시 한 번 분명하게 말해 주어야 합니다.) "서기는 확인해 주십시오. 다음은 동의에 대하여 찬성하는 분은 거수해 주십시오." (서기가 확인하고 결과를 발표합니다. 만약 수정동의가 부결되면 계속해서 원안을 표결에 붙인다. 의사봉을 세 번 두드린다. 그리고 다음 안건을 계속해서 처리합니다.)

12. 회의록 채택

의　장 : "서기는 회의록을 낭독해 주시기 바랍니다."

서　기 : (회의록을 낭독합니다.)

의 장 : "회의록에 대하여 이의 있습니까?"

회원30 : "의장! 회의록을 그대로 받기를 동의합니다."

의 장 : "회의록을 그대로 받자는 동의가 들어왔습니다. 재청 있습니까?"

회원31 : "재청합니다."

의 장 : "재청이었습니다. 그러면 가부를 묻겠습니다. '가' 하시면 '예' 하십시오."

회원들 : (모두들) "예."

의 장 : "이의 있습니까?"

회원들 : "없습니다."

의 장 : "회의록은 원안대로 채택되었습니다." (의사봉을 세 번 두드린다.)

13. 폐회

회원32 : "의장!"

의 장 : "말씀하십시오."

회원32 : "폐회를 동의합니다."

의 장 : "폐회동의가 들어왔습니다. 재청합니까?"

회원33 : "재청합니다."

의 장 : "재청이 있습니다. 이의 있습니까?"

회원들 : "이의 없습니다."

의 장 : "이것으로 OO회의를 모두 마치겠습니다. 폐회를

선언합니다." (의사봉을 세 번 두드린다)

2. 의사결정

1) 의사결정의 의의

의사결정(Decision making)은 회의에 있어서 모든 지도자가 수행하는 가장 중요한 기능의 하나로서, 조직의 목표달성을 위하여 수행하는 과정에서 필요한 의사결정에 대한 필요성은 모든 조직체에서 볼 수 있습니다.

그리피스(Griffiths)는 "의사결정이란 심사숙고 후에 도달한 결론"이라고 했으며, 캠벨(Campbell)은 "결정이란 본질적으로 조직구성원이 목표로 정한 것을 성취하기 위하여 어떤 방법을 선택하는 것"이라고 했습니다.

그러므로 의사결정은 결정을 의미할 뿐만 아니라 결정을 실행하는 데 필요한 행위까지를 포함하며, 의사결정 과정에서는 여러 가지 택일적 방안 중에서 특별한 가치나 행동진로를 선택하는 것을 포함합니다.

2) 의사결정의 모형

(1) 고전적 모형

고전적 의사결정 과정은 고도의 합리성을 추구하는 의사결정의 규범적이고 총괄적, 이상적이며 합리적 모형으로서, 조직의 목표달성을 극대화하기 위하여 최선의 대안을 추구합니다.

고전적 의사결정 과정은 다음과 같은 단계를 따릅니다.

문제 확인 → 대안 모색 → 대안 평가 → 최적안 선택 → 실행 → 평가

(2) 단계모형

① 문제규명 단계(Identification)

· 인식 : 의사결정자들이 문제가 존재함을 알게 되고 의사결정을 할 필요가 있음을 느끼게 됨을 의미합니다.

· 진단 : 문제상황을 보다 잘 정의하기 위해 보다 많은 정보를 수집하고 문제의 심각도에 따라서 체계적이거나 직관적인 진단을 수행합니다.

② 개발 단계(Development)

· 탐색 : 조직구성원들이 기존에 가지고 있는 기억, 관리자들 간의 대화, 조직의 공식적인 절차 등을 검토함으로써 해결방안을 탐색합니다.

· 설계 : 문제가 새롭기 때문에 기존의 경험이나 절차들을 이용해서는

해결할 수 없는 경우 새롭게 대안을 설계합니다.

③ 선택 단계(Selection)

· 판단에 의한 선택 : 최종선택이 한 사람의 의사결정자로 이루어지는 경우 경험에 입각한 판단을 합니다.

· 분석에 의한 선택 : 보다 체계적인 차원(비용, 효과, 위험성, 실현가능성, 조직의 저항도 등)에서 대안을 평가하여 선택을 합니다.

· 협상에 의한 선택 : 의사결정자들의 이해관계를 고루 만족시켜줄 수 있는 방향으로 의사결정이 이루어 질 수 있도록 협상을 통해 최종 대안을 선택합니다.

· 권한 위임 : 의사결정의 실행을 위해 실제 대안을 수립한 하위 구성원에게 권한이 위임되어 의사결정 내용이 실행에 옮겨지게 됩니다.

이상의 과정은 순차적으로 일어나는 것이 아니라, 계속적인 환류(Feedback)과정을 거쳐 최종결론에 도달하게 됩니다.

(3) 비단계형 모델

의사결정은 특정한 단계에서 의사결정의 특정한 한 단계만이 독립적으로 진행되는 것이 아닌, 즉 정보수집, 대안개발, 대안평가, 대안선택의 네 가지의 주요 의사결정 유형의 비슷한 빈도로 동시에 진행됩니다.

비단계형 모델은 모호한 우선순위, 해결기법에 대한 불분명하고 취약한 이해, 의사결정 참여자의 변동 등의 유기적 무질서한 극도의 불확실한 상황에서 나타나는 모형입니다.

이 비단계형에서는 의사결정의 흐름이 다음과 같이 나타날 수 있습니다.

① 문제점들 : 해결방안이 채택되어 실행되어도 모든 문제점이 해결되지는 않습니다.

② 해결방안들 : 해결방안의 실행에 뒤따르는 또 다른 문제점이 존재할 수 있습니다.

③ 참여자 : 생각, 문제의 인식, 경험, 가치, 숙련정도에 있어서 다양한 차이를 보일 수 있습니다

④ 선택의 기회 : 의사결정의 빈도가 급해지기도 하고 여유 있기도 합니다.

3. 의사결정을 돕는 토론 방법

1) 브레인 스토밍(Brain storming)

　브레인 스토밍이란 주어진 문제의 해결을 위하여 여러 사람의 지혜를 한데 모으는 방법의 하나입니다. 지도자가 문제를 제시하면 회원들은 그 문제에 대한 해결 방안을 제시하는 것으로, 각 회원들은 의견을 발표하는 데 제한을 받지 아니하고 마음대로 발표할 수 있습니다. 즉 한 사람의 제안 보다는 여러 사람의 생각이 문제 해결을 위해서 좋은 의견이 있을 수 있다는 것을 말합니다.

　〈지도자〉

　① 문제를 제시합니다.

　② 회원들이 제안하는 문제 해결의 방안을 기록하도록 서기를 임명합

니다.

③ 회원들에게 마음대로 문제에 대한 해결 방안을 제안하도록 격려합
니다.

④ 제시된 해결 방안들을 종합하고 평가하여 가장 합당하고 바람직한
방안을 선택합니다.

〈회원들〉

① 제시된 문제에 대하여 집중적으로 생각합니다.

② 문제 해결에 대한 아이디어가 생각나면 거리낌 없이 발표합니다.

③ 한 사람이 여러 가지 의견을 제시해도 무방합니다.

④ 다른 사람이 제시한 방안에 대하여 절대로 평가하지 않습니다.

⑥ 제시된 모든 방안을 종합하고 검토하여 최선의 방안을 선택하는데
협조합니다.

2) 그룹토의(Groups Discussion)

그룹토의란 어떤 문제를 해결하기 위해서 회원들을 소그룹으로 나누어
일정한 시간 동안 토론을 하도록 하여, 각 그룹의 의견을 종합하여 최선
의 방안을 선택하는 방법입니다.

〈지도자〉

① 회원들을 소그룹(5-8명 정도)으로 나눕니다.

② 문제를 제시합니다.

③ 각 그룹에 조장을 선발하고 의견을 기록하고 정리하도록 합니다.

④ 조장으로 하여금 그룹의 토의를 이끌어 가도록 합니다.

⑤ 각 소그룹으로 하여금 최선의 문제 해결 방안을 결정하도록 합니다.

⑥ 각 그룹별로 결정된 방안을 발표하도록 합니다.

⑦ 각 그룹의 의견을 종합하여 최선의 방안을 선택합니다.

〈그룹들〉

① 그룹의 조상을 선발합니다.

② 주어진 문제의 해결에 대하여 토의합니다.

③ 문제 해결의 최선의 방안을 협의하여 결정합니다.

④ 조장은 자기 그룹의 결정사항을 제시합니다.

⑤ 전체의 최선의 방안을 결정하는데 적극적으로 협조합니다.

3) 사례연구(Case Study)

사례연구란 제시된 문제와 유사한 경우의 문제와 해결방법들을 연구하고 분석하여 당면한 문제의 해결에 도움을 얻는 방법입니다.

〈지도자〉

① 문제를 제시합니다.

② 회원들로 하여금 문제와 관련된 사례를 연구하도록 합니다.

③ 그룹별로 사례 연구를 하도록 해도 좋습니다.

④ 인물, 역사적 배경, 인간관계, 사회적, 경제적인 모든 면을 세밀하게 검토하도록 격려합니다.

⑤ 연구한 사례를 발표하고, 제시된 문제의 해결 방안에의 적용점을 찾도록 합니다.

⑥ 결과를 종합하여 문제의 해결 방안에 대한 최선의 방법을 결정합니다.

4) 패널 토론(Panal Forum)

패널이란 미국의 법정에서 배심원을 의미합니다. 즉 문제에 대하여 일견을 가지고 있는 사람들의 의견을 듣고, 서로 질문과 응답을 통하여 결정을 내리는 방법입니다.

〈지도자〉

① 3-4명의 패널 봉사자를 정합니다.

② 패널 봉사사로 하여금 문제에 대하여 연구하고 주제발표를 하도록 준비시킵니다.

③ 지도자는 패널 토론의 사회자로서 패널 봉사자에게 질문을 하고 토론을 이끌어 나갑니다.

④ 전개되는 토론의 내용을 요약하고 명확히 합니다.

⑤ 토론의 결과를 명확히 합니다.

〈패널 봉사자〉

① 주어진 문제에 대하여 연구합니다.

② 지도자의 질문에 답변함으로 토론을 유익하게 합니다.

③ 문제의 해결 방안에 접근하도록 노력합니다.

④ 결론에 이르도록 협력합니다.

〈회원들〉

① 문제에 대하여 관심을 가지고 임합니다.

② 패널 봉사자의 토론을 잘 듣고 기회가 주어지면 질문을 합니다.

③ 문제의 해결에 적극 협력합니다.

4. 회칙

1) 회칙이란?

회칙(會則)은 어떤 회(會)를 운영해 나가는데 있어서 기준이 되는 규율을 말합니다. 국가에는 헌법이 있으며, 지방 자치 단체에는 지방 자치 단체법이 있는 것과 같이 교회에도 교회법이 있습니다. 또한 각 기관이나 단체들도 그 자체의 법을 가지고 있는데, 그것을 회칙이라고 합니다.

흔히 회칙을 회의(會議)를 하는데 필요한 것으로 생각지만, 회칙은 회의만이 아니라 회(조직)의 운영 전반에 관하여 그 기준과 원칙을 세워 놓은 하나의 규칙이라고 할 수 있습니다.

2) 회칙의 구성

회칙의 구성은 대체로 다음과 같습니다.

제1장 총칙

제1조 회의 명칭

제2조 회의 정체

제3조 회의 목적

제4조 회의 소재지

제2장 회원

제5조 회원의 자격

제6조 회원의 권리

제7조 회원의 임무

제3장 조직

 제8조 회장(임기와 임무)

제9조 임원

제10조 총무

제11조 각부 조직

제12조 위원회

제4장 회의

제13조 회의의 종류

전도회 회칙(예)

제1장 총칙

제1조(명칭) 본회는 대한예수교 장로회 OO교회 OO전도회라 칭한다.

제2조(목적) 본회는 성서에 입각한 복음적 신앙노선을 굳게 지키며, 교회에 대한 봉사와 전도 및 친교에 최선을 다하며, 회원 상호간의 친목과 영적 성장을 도모하며, 본 교회 타 기관과의 유대 및 타 교회 기간과 유기적인 관계를 맺는다.

제3조(위치) 본회는 OO교회 내에 위치한다.

제4조(사업) 본회는 다음과 같은 사업을 한다.

1. 회원의 신앙 육성

2. 전도사업

3. 회원 상호간의 친목과 단결

4. 교회와 사회의 봉사

5. 기타 본회의 목적을 달성하는데 필요한 사업

제2장 회원

제5조(자격) 본 회의 회원은 본회의 목적에 찬동하며, 결혼한 자로서 만 60세까지의 본 교회에 등록한 교인으로, 회원카드를 작성하여 제출한 자로 한다.

제6조(의무) 본 회의 회원은 회칙의 준수 및 본 회의 회의에서 결의한 사항을 실천할 의무가 있다.

제7조(권리) 본 회의 회원은 선거권, 피선거권, 회의의 발의권, 결의권이 있으며, 선거권은 등록한지 3개월이 지나야 하며, 피 선거권은 따로 정한 바에 의한다.

제3장 조직

제8조(임원) 본 회의 임원은 다음과 같다.

1. 회장 1명 : 본 회를 대표하며 본 회의 제반 행정을 총괄한다.

2. 부회장 1명 : 회장을 보좌하며, 회장 유고시 그 직무를 대행한다.

3. 총무 1명 : 본 회의 의결사항을 집행하며, 각 부서를 지휘한다.

4. 서기 1명 : 본 회의 제반 서무업무를 관장한다.

5. 회계 1명 : 본 회의 제반 재정업무를 관장한다.

제9조(임원의 임기) 본 회의 임원의 임기는 1년으로 합니다. 단, 보선된 임원은 전임자의 잔여기간으로 하며, 회계연도를 기준으로 한다.

제10조(부서) 본 회의 운영을 위하여 다음과 같은 부서를 두며, 부장 1

명을 두어 각 부의 사업을 관장하게 한다.

1. 전도부 : 본 회의 전도에 관한 사항을 담당한다.

2. 교육부 : 본 회의 교육사업에 관한 사항을 담당한다.

3. 음악부 : 본 회의 음악에 관한 사항을 담당한다.

4. 친교부 : 본 회의 친교와 체육에 관한 사항을 담당한다.

5. 문화부 : 본 회의 문화행사일체를 담당한다.

6. 대외부 : 본 회의 대외협력 사항을 담당하다.

7. 이상의 부서 외에 필요한 부를 증감할 수 있다.

제11조(위원회) 본 회의 운영을 위하며 회장 직속으로 위원회를 설치할 수 있다.

제4장 회의

제12조(종류) 본 회의는 정기총회, 임원회, 월례회 및 위원회와 임시회의가 있다.

제13조(소집) 본 회의 각종 회의의 소집권자는 회장이며, 회장의 위임에 의하여 부회장 및 총무가 소집할 수 있다. 단, 총회는 예외이다.

제14조(회의 내용) 본 회 회의는 다음 사항을 처리한다.

1. 정기총회 : 매년 12월 첫째 주에 소집하며, 임원선거, 회칙개정, 사업보고, 예·결산보고 및 승인과 기타 중요한 안건을 처리한다.

2. 임시총회 : 임원회의 결의 또는 회원 과반 수 이상의 서명된 요구가 있을 때에는 회장이 이를 소집하며, 임원의 보선, 긴급한 안건 등을 처리한다.

3. 월례회 : 매월 첫째 주에 소집하며, 임원회에서 결정된 사항을 의결하며, 월간 사업보고 및 계획과 재정 및 인사보고 등을 받으며, 회원들의 청원을 처리한다.

4. 임원회 : 매월 마지막 주일에 소집하며, 월간 사업계획과 예산의 집행 등을 심사하며, 제반 문제들을 처리한다.

5. 위원회 : 필요시 회장이 소집하며, 임원회와 정기총회에서 결의하여 위임한 사항을 처리한다.

제15조(정족수) 본 회의 의사정족수는 재적인원 과반수로 하며, 의결정족수는 출석인원의 과반 수 이상의 찬성으로 한다.

제16조(소집공고) 본 회의 모든 회의는 2주일 전에 서면 또는 기타의 방법으로 공지한다.

제5장 선거

제17조(선거권) 본회의 회원은 선거권을 가지며, 피선거권은 후보자의 자격에 의한다.

제18조(선거위원) 선거위원은 회장이 임명한다.

제19조(자격) 본회 임원의 자격은 다음과 같다.

1. 임원 : 세례교인이어야 하며, 본 교회에 출석한지 1년을 경과한 자로 한다.

2. 각부부장 : 각부 부장은 학습교인 이상으로 하며, 본 교회에 출석한지 6개월이 경과한 자로 한다.

제20조(선거방법) 본회의 선거방법은 다음과 같다.

1. 임원 : 의장의 사회로 구두 호천에 의하여 2인 이상의 후보자를 추천하고, 정기총회 및 임시총회에서 무기명 투표로 선출하되, 의결정족수에 의한다. 단, 3회 실시하여 동률일 경우에는 최종다수로 정한다.

2. 각부 부장 : 각부 부장은 임원회에서 선임한다.

제21조(인준) 본 회 임원은 선거결과를 당회에 보고하여 그 인준을 받음으로 본무를 담당할 수 있다.

제6장 재정

제22조(재정 확보) 본 회의 재정충당은 다음의 방법으로 한다.

1. 월정헌금(회비)

2. 특별헌금(찬조금)

3. 헌신헌금

4. 교회보조금

5. 기타

제23조(회계연도) 본 회의 회계연도는 1월 1일부터 당해 연도 12월 31일까지를 한다.

제24조(현금관리 및 출납) 본회의 재정 현금은 회장 명의로 금융기관에 예치하고, 통장은 회계가 보관하며, 재정의 출납은 회계가 임원회의 결의로 수납 또는 지출한다.

제25조(기록과 보고) 회계는 매 월간 재정 현황을 월례회에 보고하여야 하며, 정기총회에는 예, 결산보고를 하여야 한다.

제26조(감사) 본 회의 회계감사는 매년 12월에 당회의 감사위원에 의하

여 감사한다.

제7장 회칙개정

제27조(발의) 회칙개정의 발의는 임원회의 결의 또는 회원 2/3이상의 요구로 총회에 상정할 수 있습니다.

제28조(의결) 정기총회에서 출석회원 2이상의 찬성으로 개정을 의결한다.

제29조(효력) 회칙개정의 요구가 있으면, 개정안이 의결된 후에 개정된 회칙으로 대치한다.

부칙

제1조(상벌) 본 회의 건전한 발전을 위하여 상벌규정을 둔다.

제2조(회칙의 효력) 회칙의 효력은 통과 즉시로 발생한다.

제3조(기타) 본 회칙에 규정한 것 이외의 사항은 통상회칙에 준하며, 규칙으로 정할 수 있다.

참고한 책들

곽선희(2005). 네 직무를 다하라. 계몽문화사.

김광수(1982). 장로교회역사. 기독교문사.

김규정(1973). 신행정학원론. 서울 : 법문사.

김득룡(1985). 현대교회행정학신강. 서울 : 총신대학출판부.

김명훈(1975). 리더쉽론. 서울 : 대왕사.

김봉식(1975). 기획론. 서울 : 박영사

김운태(1984). 조직론. 서울 : 박영사.

김정기(1996). 교회행정신론. 서울 : 성광문화사.

김종두(2000). 교육과 의사소통. 양서원.

박종열(1975). 제직론. 성경통신대학 Vol.3. 대한예수교총회 교육부.

손병호(1993). 장로교회의 역사. 그리인.

　　　(1991). 교회정치학원론. 그리인.

　　　(1993). 목사직과 장로직의 원리. 한국 복음신학연구원.

　　　(2000). 교회행정학원론.

윤정한(1999). 여전도회 조직과 운영. 서울 : 예찬사.

　　　(1993). 임원교육교재. 서울 : 생명의떡집.

이　순(1995). 의사결정론. 자유아카데미.

이윤근(2007). 좋은 집사. 기독신문사.

이윤정(1999). 의사결정론. 대광문화사.

이재규(1998). 조직갈등 관리론. 박영사.

이평원(2001). 행정조직의 이해. 책과공간.

이형기(1998). 장로교의 장로직과 직제론. 한국장로교출판사.

임택진(1997). 집사 봉사 핸드북. 엠마오.

정상현(1998). 현대행정과 조직사회. 학문사.

천대윤(2005). 갈등 관리와 협상 전략론. 선학사.

최기채(1980). 장로가 장로에게. 성문출판사.

최성도(1999). 집사학. 목회자료사.

황대식(1999). 좋은 집사 되게 하소서. 생명의말씀사.

Dayton. E. R, T. W. Engstrom. 교회, 기독교 단체의 성공적 운영, 안정혜 역. 서울 : 신앙계, 1985.

Simon, H. A. 행정학. 김명훈 역. 서울 : 법문사, 1985.

Simon, H. A. 조직이론. 윤재풍 역, 서울 : 박영사, 1985.

Anderson, C. A(1982). "The Search for School Climate : A Review of the Research", Review of Educational Research, 52.

Barnard, C. 1(1946). The Nature of Leadership : Human Factors in Management. N. Y. : Harper.

Bass, B. M.(ed). Stogdill's Handbook of Leadership : A Survey of Theory and Research. revised and expanded, N.Y.: The Free Press, 1981.

Blacke, R. R. and James S. Mouton. The Managerial Grid. Haughton, Taxas : Gulf Pub. co., 1964.

Gibb, C. A. "Leadership", Gardner Lindsey(ed). Handbook of Social Psychology, 4. Massauchsetts : Addison −Wesley, 1981.

Koontz, H. and Cyril O'Donell. Principles of Management : AnInalysis of Managerial Function. N. Y.: Grow Hill, 1972.

Lippitt, R. and Ralph K. White. "An Exprimental Study of Leadership and Group Life", in Eleanor E.